박성훈 :)

그대와 나 뿐이오

천하의 영웅은

방구석 삼국지 기행

일러두기

1. 지명과 인명의 한자는 중국어 외래어표기법이 아닌 한국어 발음대로 표기했다. 다만 과거의 지명과 현대의 지명을 구분하기 위해 현대 지명에는 성省, 시市, 현縣, 진鎭, 촌村 등을 추가했다.
2. 연도는 황제의 연호를 기준으로 삼고, 그에 해당하는 서기 연도를 병기했다.
3. 책 이름은 《 》, 주석, 편명, 법령, 조문 등은 〈 〉로 표기했다.
4. 성의 규모 등 단위를 환산할 때에는 한나라 시기의 기준을 적용했다. 본 책에서는 1척尺은 약 23.1cm, 1장丈은 2.31m, 1보步는 1.155m, 1리里는 415.8m를 기준으로 삼았다.

기행장군 양양이의
다시 보는 삼국지 이야기

위나라, 촉나라 편

방구석 삼국지 기행

기행장군 양양이
지음

더퀘스트

차례

들어가며 "《삼국지》의 무대를 두 발로 걸으며"   8

1부. 위나라 이야기

1장. 넓디넓은 중원에서 조조의 카리스마를 느끼다
- 01. 선조들의 본국에서 태어난 영웅   18
- 02. 연주에서 시작된 패자의 운명   27
- 03. 조조의 칼끝이 향한 곳, 서주   40
- 양양이의 기행 루트   55

2장. 허현, 조조가 선택한 땅을 걷다
- 01. 한 편의 영화 같은 헌제의 장안 탈출기   58
- 02. 천자를 품은 땅, 허현   72
- 03. 찬란했던 과거와 쓸쓸한 현재의 모습   86
- 04. 여포의 마지막 숨결이 잠든 하비   95
- 양양이의 기행 루트   109

3장. 관도대전, 삼국시대의 서막을 열다

01. 무너진 리더의 초상, 원소 112
02. 관도대전의 시작을 알린 백마전투 119
03. 관도를 결전지로 택한 조조의 전략 129
양양이의 기행 루트 145

4장. 허창에서 업성까지 조조의 제국에 서다

01. 전설과 권력의 무대, 업성 148
02. 업성을 육조고도로 만든 조조의 전략 162
03. 잿더미가 되어버린 찬란한 도읍 168
04. 조조의 절대 권력을 상징하는 동작대 176
양양이의 기행 루트 185

2부. 촉나라 이야기

5장. 유비, 뽕나무 아래에서 천하를 꿈꾸다

01. 《삼국지·촉서》에서 본 촉한의 정통성　　190
02. 도원결의의 무대, 탁현　　195
03. 평원에서 서서히 이름을 알린 유비　　208
04. 서주, 새로운 기회를 향한 결단의 길　　218
05. 유비가 본거지로 삼았던 소패　　227
양양이의 기행 루트　　237

6장. 유비의 영웅들과 적벽을 찾아서

01. 신야에 숨겨진 《삼국지》와 얽힌 야사들　　240
02. '삼고초려' 제갈량의 땅　　250
03. 조자룡의 언덕, 장판파　　258
04. 진짜 적벽을 찾아가는 길　　265
05. 웅장한 기운이 서린 적벽대전의 무대　　277
양양이의 기행 루트　　291

7장. 은덕으로 익주를 얻다

01. 익주로 들어간 유비   294
02. 유비와 유장의 경계심 어린 만남   298
03. 익주를 사로잡은 유비의 전략   308
04. 면죽관전투와 방통의 죽음   316
05. 《삼국지》의 심장인 성도   332

양양이의 기행 루트   341

8장. 한중공방전, 촉나라의 신호탄이 울리다

01. 한중을 '계륵'으로 만든 조조   344
02. 탕거전투의 현장과 장비의 도시   351
03. 위와 촉의 운명이 걸린 양평관전투   361
04. 황충과 하후연이 대치한 정군산전투   367
05. 유비가 삼국의 문을 연 그 자리   377

양양이의 기행 루트   384

나가며 "상상 속 무대가 아닌 치열했던 100년의 현장으로"   385
주석   388
참고문헌   395

들어가며

"《삼국지》의
무대를 두 발로 걸으며"

《삼국지》로는 '전교 1등'

초등학교 시절, 부모님이 사주신 컴퓨터에는 코에이 KOEI의 〈삼국지 4〉 게임이 설치되어 있었다. 처음에는 그다지 흥미를 느끼지 못했다. 전략 시뮬레이션이라는 게임 장르도 낯설었고, 무엇을 해야 하는지도 막막했다. 눈앞에서 박진감 넘치는 액션이 펼쳐지는 것도 아니어서 재미를 느끼기 어려웠다. 그럼에도 하교 후 다른 놀거리가 없었기에 하루 한 시간씩 게임을 하곤 했고, 그렇게 시간이 쌓이면서 어느새 밤을 새울 만큼 빠져들었다. 수많은 인물을 등용하고, 병력을 모아 영토를 확장해 나가는 일련의 과정은 묘한 몰입감을 주었고, 나는 점점 더 깊숙이 그 세계에 끌려 들어갔다.

그 무렵, 학교에는 요코야마 미츠테루橫山光輝의 만화《전략 삼국지》를 즐겨 읽는 친구가 있었는데, 신기하게도 게임을 통해 익힌 내《삼국지》지식은 점차 그 친구의 수준을 뛰어넘기 시작했다. 이 이야기가 교실 안에 퍼지자 전교 1등을 도맡던 그 친구가 내게《삼국지》를 주제로 말을 걸어왔고 나는 답을 척척 해냈다. "유비劉備의 자字가 뭔지 알아?" "현덕玄德." "관우關羽는?" "운장雲長." "장비張飛는?" "익덕翼德." 단순한 지식이었지만 '《삼국지》로는 전교 1등'이라는 경험은 나를 더 깊이《삼국지》의 세계로 이끌었다.

그렇게 나는 게임을 넘어 오랫동안 책장 한편에 꽂혀 있던 정비석의《소설 삼국지》를 꺼내 읽기 시작했다. 이어 김원중의《정사 삼국지》에도 손을 뻗었다.《삼국연의三國演義》가 허구라는 사실, 실제로 삼국을 통일한 인물이 사마씨 가문이었다는 내용은 어린 나에게 큰 충격으로 다가왔다. 그러나 그 충격조차 흥미로웠다.《삼국지》에 등장하는 전장과 영웅들이 머물렀던 도시를 머릿속에 그려보며, 언젠가 꼭 그 땅을 직접 밟아보리라 다짐했다. 그 다짐은 자연스럽게 한문과 중국어 공부로 이어졌다. 게임에서 시작된 호기심이 역사와 언어, 공간을 향한 탐구심으로 자라나는 순간이었다.

시간이 지나 대학 시절에는 교환학생 자격으로 중국 대련大連으로 유학을 가게 되었다. 삼국시대의 양평襄平과도 가까운 곳이었다. 그때 떠났던 한 달간의 배낭여행은 지금 생각하면 반쯤은 상상의 여행이었다. 서안西安에 가서는 '여기가 장안長安이었겠지', 정주鄭州에 가서는 '허창許昌쯤 되겠지' 하며, 실제 장소를 정확히 파악하지 못한 채 주변 도시를 맴돌며 《삼국지》 무대를 상상했다.

유학을 마친 후에는 한국으로 돌아와 직장인이 되었다. 일에 치이며 내 머릿속 《삼국지》는 점차 옅어졌고, 시간은 속절없이 흘렀다. 그러던 중 2019년에 서안에서 잠시 일할 기회가 생겼다. 그 순간 나는 결심했다.

"이번에는 진짜 《삼국지》 기행을 해보자. 주변만 맴도는 게 아니라, 실제 장소를 하나하나 밟아보는 거야."

무작정 떠난 《삼국지》 기행

호기로운 마음으로 무작정 길을 나섰다. 스마트폰으로 촬영했고, 난생처음 영상 편집도 했다. 쉽지 않았지만 각종 역사서, 논문, 인터넷 자료, 책을 찾고 철저한 고증을 거치며 하나하나 유적지를 방문했다. 유튜브에 첫 영상을 올릴 때, "과연 봐줄 사람이 있을까?" 걱정도 했지만, 한두 개씩 댓글이 달리기 시작했고 그 응원에 큰 힘을 얻었다. 그때 댓글을 남겨준 분들의 닉네임은 아직도 기억하고 있다.

그렇게 시작된 《삼국지》 기행에서 내가 보고 듣고 느낀 것들을 이 책에 담았다. 유튜브 영상을 그대로 옮긴 것이 아니라, 영상에서 미처 다루지 못했던 이야기와 부족했던 설명을 보완했고, 그 후 다시 공부하면서 새롭게 알게 된 정보들도 정리했다. 영상과 조금 다른 점이 있다면 최신 자료와 나의 시각을 반영한 결과물이라는 것이다.

무엇보다 다른 《삼국지》 콘텐츠에서는 거의 다루지 않는 도성, 영웅들의 고향과 무덤, 전투 경로 등 세부적이고 전략적인 장소들을 보여주고자 했다. 단순히 유적지를 방문하는 데 그치지 않고, 역사적 사건의 흐름을 공간적으로 재구성했다. 총 2부로 나누었고 각각 위나라와 촉나라의 이야기를 담았다.

1부 위나라 이야기에서는 조조의 고향, 서주 정벌이 일어난 장소, 헌제獻帝의 장안 탈출 경로 등을 찾아간다. 예를 들어 '허창에서 업성鄴城까지 조조의 제국에 서다'에서는 허창에서 업성으로 이어지는 수로 개통지, 백마白馬 전투지, 동작대銅雀臺까지 연결하며 조조의 통치 전략을 읽어낸다.

2부 촉나라 이야기에서는 유비와 관련된 사건들을 다뤘다. 뽕나무가 서 있는 유비 고향부터 도원결의桃園結義 현장, 적벽대전赤壁大戰의 무대 등을 가본다. 예로 '은덕으로 익주益州를 얻다'에서는 유비의 공간적 동선과 전략을 함께 보여주며, 여러 인물들이 왜 하필 그곳에서 그런 선택을 했는지를 해설한다.

각 장 첫머리에는 '배경지식'을 넣어 해당 내용을 잘 모르는 사람도 쉽게 읽을 수 있도록 했으며, '기행장군 양양이' 유튜브의 QR코드를 삽입해 생생한 영상을 바로 시청할 수 있도록 했다.

또한 '기행 루트'를 한눈에 볼 수 있도록 지도를 첨부했다. 이 외에도 여포의 발자국이 남아 있는 비석, 조운이 어깨를 기댄 흔적이 있는 회장, 조조가 시를 읊조린 정자 등 흥미로운 장소를 소개한다. 현지 주민들이 직접 전하는 《삼국지》 이야기는 덤이다. 영웅들의 숨결이 깃든 그 땅을 실제로 밟아보고 싶은 역사 애호가라면 정말 즐겁게 읽을 수 있을 것이다.

본토에 남은 영웅들의 숨결을 느끼다

《삼국지》의 현장을 밟았을 때 첫 느낌은 사실 황량함이었다. 도성이나 도시는 이미 파괴되어 그 터만 남아 있거나 시간의 흐름에 따라 물길이 달라져 흔적조차 없는 곳이 많았기 때문이다. 상상 속에서는 너무나 크고 화려했던 곳이었기에 더욱 아쉽고도 쓸쓸했다.

하지만 그곳을 천천히 걸으며 이야기를 곱씹다 보니 점차 《삼국지》 100년 역사의 감동과 웅장함이 밀려왔다. 피 튀기는 치열함, 수많은 모략 그리고 그 시절 낭만까지. 우리가 사랑했던 영웅들은 사라졌지만 그 땅에는 영웅들의 숨결이 잠들어 있음을 느꼈다.

방방곡곡을 기행하며 느꼈던 설렘과 감동이 독자분들에게도 생생하게 전해졌으면 하는 바람이다.

2025년 9월
기행장군 양양이

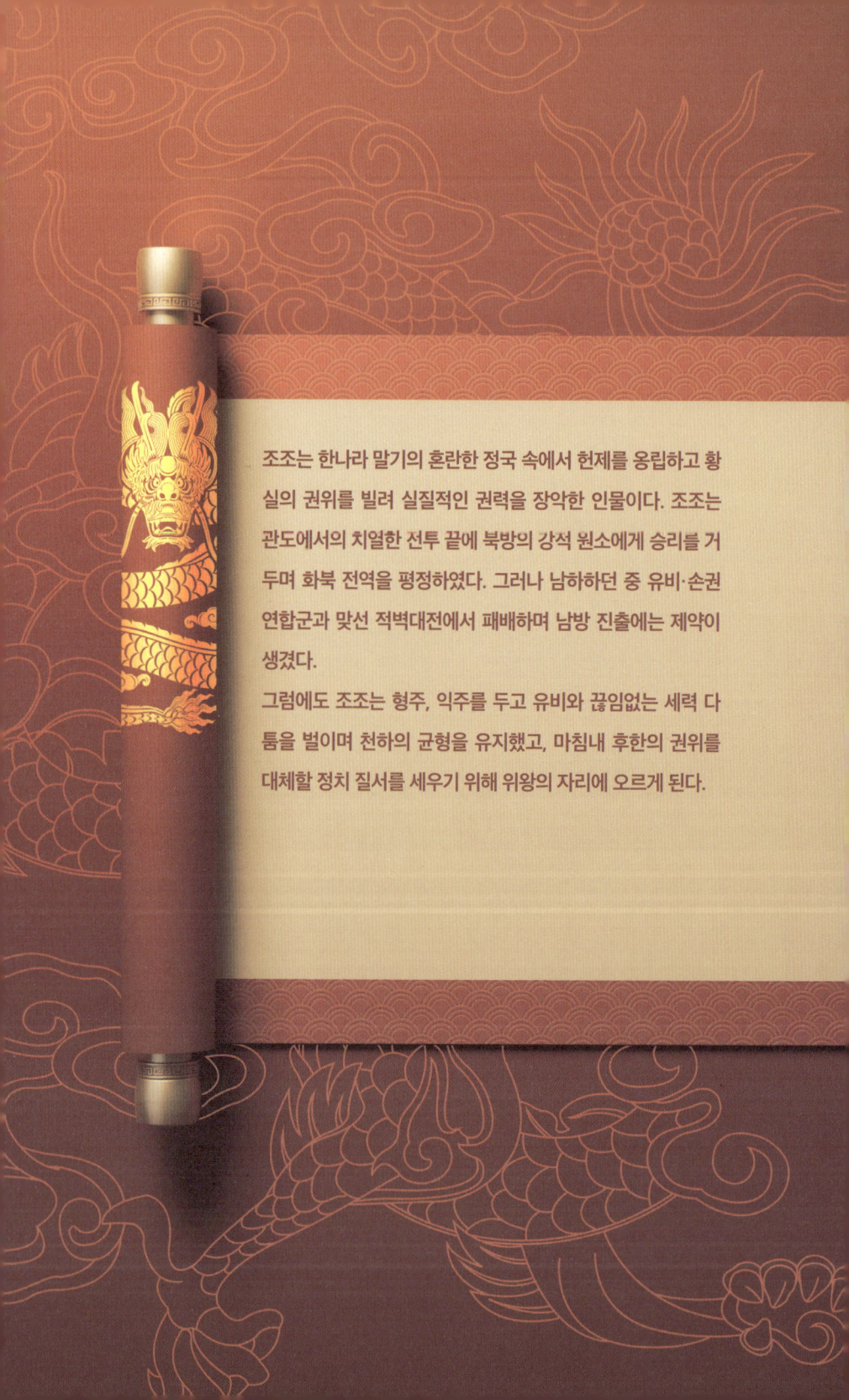

조조는 한나라 말기의 혼란한 정국 속에서 헌제를 옹립하고 황실의 권위를 빌려 실질적인 권력을 장악한 인물이다. 조조는 관도에서의 치열한 전투 끝에 북방의 강석 원소에게 승리를 거두며 화북 전역을 평정하였다. 그러나 남하하던 중 유비·손권 연합군과 맞선 적벽대전에서 패배하며 남방 진출에는 제약이 생겼다.

그럼에도 조조는 형주, 익주를 두고 유비와 끊임없는 세력 다툼을 벌이며 천하의 균형을 유지했고, 마침내 후한의 권위를 대체할 정치 질서를 세우기 위해 위왕의 자리에 오르게 된다.

1부
위나라 이야기

1장

넓디넓은 중원에서
조조의 카리스마를 느끼다

배경지식

조조曹操는 생전에 황제의 자리에 올랐을까? 조조의 일대기를 다룬 《삼국지·위서三國志·魏書》〈무제기武帝紀〉의 첫 구절은 이렇게 시작된다. "태조太祖 무황제는 패국沛國 초현譙縣 사람이다." 태조는 나라를 세우거나 국가의 기반을 확립한 군주에게 붙이는 칭호로, 정식 명칭은 묘호廟號다.

무황제武皇帝라는 칭호는 군주가 사망한 후 그의 업적을 평가해 내리는 시호諡號로, 주로 무력과 정복에서 뛰어난 업적을 보여준 군주에게 사용되었다. 후대에 군주를 지칭할 때는 국호를 앞에 두고 시호를 뒤에 붙이는 방식이 일반화되었으며, 조조는 '위나라의 무황제'라는 의미에서 위무제魏武帝라고 불린다.

그러나 조조는 살아 있을 때 황제의 자리에 오르지 않았다. 조조의 아들 조비曹丕가 위나라를 세운 뒤, 아버지를 무황제라 추존하고 묘호를 태조라 올렸다. 조조는 사후에 위무제라고 불리게 된 것이다.

▶ 함께 보면 좋은 기행 영상

'조조의 고향 초현'편

'연주공방전'편

'서주대학살'편

1

선조들의 본국에서 태어난 영웅

패왕이 탄생한 초현을 가다

《삼국지》에는 수많은 영웅이 등장하지만 가장 중요한 한 사람을 꼽는다면 바로 카리스마 패왕 조조일 것이다. 조조와 관련해서는 정말 많은 일화가 있고,《삼국지》초반에도 조조의 비중이 크다. 이에 조조에 관한 이야기와 기행부터 시작해보려 한다.

먼저 후한後漢(25년부터 220년까지 지속된 한나라의 후반기)의 지역을 살펴보자. 후한은 주州[1], 군郡, 현縣 순으로 지방 행정 체계를 갖추었는데, 황제의 자손을 왕으로 봉할 때는 해당 지역을 군에서 국國[2]으로 삼았다. 여기서 '봉하다'는 황제가 특정 작위

후한 13주 지도

를 내려주면서 한 지역을 통치하도록 명령한다는 의미다. 건무建武 20년(44년), 후한을 건국한 한광무제漢光武帝가 아들 유보劉輔를 패왕으로 봉하면서 패국(예주豫州에 속함)이 설립되었다. 그로부터 100여 년이 흐른 영수永壽 원년(155년), 패국의 서쪽 가장자리에 자리한 초현에서 조조가 태어났다.

조조의 고향인 초현은 오늘날 안휘성安徽省 박주亳州라 불리는 도시로, 여전히 같은 곳에 남아 있다. 위문제 조비는 초현을 오도五都[3] 중 하나로 지정해 '선조들의 본국'이라 부를 정도로 매우 중시했다. 과거에는 중요한 도시였지만, 현재의 박주는 조그마한 중소 도시일 뿐이며, 하루 만에 시내를 다 둘러볼 수 있을 정도로 규모가 작다. 그럼에도 시내를 남북으로 길게 관통하는

위 박주 기차역 앞에 서 있는 조조 동상
아래 '조조팔각대유적공원'이 쓰인 비석

위무대도魏武大道, 곳곳에서 보이는 문제로文帝路(조비의 시호를 딴 도로명), 건안로建安路(후한의 연호를 딴 도로명) 등과 더불어, 박주 기차역 앞에는 제법 풍채가 있는 모습의 조조 동상이 세워져 있어 길을 걷다 보면 자연스럽게 이곳이 조조의 고향이라는 것을 실감할 수 있다.

건안로를 따라 천천히 시내를 걷다 보니 '조조팔각대유적공원曹操八角台遺跡公園'이라는 간판이 나타났다. 조조의 이름을 보고 그냥 지나칠 수는 없는 법, 바로 팔각대유적공원으로 향했다. 명확한 기록은 없으나 팔각대는 조조가 초현을 조망하기 위해 세웠다는 누각이다. 이에 지역 주민들은 조조의 유적이라 기념하고 있다. 하지만 기대와 달리 공원 이름이 적힌 비석과 3층 누각 형태의 정자 외에 특별한 유적이 남아 있지는 않았다. 기차역처럼 조조의 동상이라도 있었으면 분위기가 달랐을 텐데, 괜스레 안타까웠다.

아쉬움을 뒤로한 채 팔각대에 오르자 박주 시내가 한눈에 들어왔다. 고층 빌딩이 많지 않아 시야가 탁 트였다. 박주 시내를 바라보며, 문득 조조가 이곳에 돌아왔을 당시의 심정이 궁금해졌다. 변해버린 고향을 바라보던 조조의 입장에서 그날의 풍경을 천천히 떠올려 보았다.

황폐해진 고향으로 돌아온 조조

189년, 조조는 동탁董卓이 실권을 잡자 그를 토벌하기 위해 거병을 일으켰고, 사방의 군벌들과 끊임없는 전쟁을 치르느라

쉴 틈이 없었다. 건안建安 7년(202년) 봄에 조조는 관도대전官渡大戰[4]에서 원소袁紹를 물리친 후, 고향 초현으로 돌아왔다. 오랜만에 돌아온 고향은 어린 시절의 기억과는 너무나도 다른 모습이었다. 곳곳에서는 전쟁의 참혹함이 느껴졌고, 황폐해진 풍경을 바라보며 안타까움이 끊이지 않았다.

이에 조조는 〈군초령軍譙令〉을 내려 변해버린 고향을 위로하고자 했다. 〈군초령〉이란 전란으로 피폐해진 지역사회와 흐트러진 민심을 안정시키기 위해 초현 사람들을 대상으로 발표한 군사적 성격의 행정 문서로, 일종의 계율령이라 볼 수 있다. 자세한 내용은 《삼국지·위서》〈무제기〉에 기록되어 있다.

"내가 의로운 군사를 일으킨 것은 천하의 폭력과 혼란을 없애기 위해서였다. 옛 땅의 백성은 대부분 죽었고, 나라 안을 온종일 다녀도 아는 사람 하나 만날 수 없는 시대가 되어 비통하고 슬프다. 의로운 군사를 일으킨 이래로, 죽어 후사가 없는 병사를 위해서는 그 친척을 찾아내어 뒤를 잇게 하고, 땅을 나누어 주고, 관가에서는 소를 지급해 농사짓게 하며, 학교를 세워 그 자식을 교육하도록 하라. 살아남은 병사를 위해서는 종묘를 세워 조상에게 제사 지내게 하라. 만일 죽은 자에게 영혼이 있어 이 일을 안다면 내가 죽은 후에도 후회가 있겠는가!"

—《삼국지·위서》〈무제기〉 중

나는 팔각대유적에 서서 끊임없는 전쟁을 치르던 중 잠시 고향을 찾아 휴식을 취하며 다시 일어설 힘을 얻었을 조조의 모습을 떠올려 보았다. 조조의 허망했던 마음을 느끼며 짧게나마 전경을 살펴본 뒤에 본격적으로 조조고리曹操故里를 찾아 다시 길을 나섰다. 고리故里란 넓은 의미로는 고향을 뜻하며, 좁은 의미로는 생가를 말한다. 조조고리에 관한 역사적 기록은 《수경주水經注》에서 찾을 수 있다.

> 성 동쪽에 조조의 옛집이 있는데 성곽과 인접하고, 상점들과 마주해 있으며, 해자의 옆에 위치해 물가에 접해 있다.
> —《수경주》 중

《삼국지·위서》〈무제기〉, 특히 배송지裴松之주[5]의 기록에 따르면, "조조가 관직에 부임한 지 얼마 되지 않은 젊은 시절, 권신들이 조정을 장악하고 외척들이 전횡을 일삼자, 조조는 병을 핑계로 고향으로 돌아가 성 밖에 집을 짓고 봄, 여름에는 책을 읽고, 가을과 겨울에는 사냥을 다녔다."라고 했다. "성 밖에 집을 짓고"라는 대목과 《수경주》의 기록으로 추측해 보건대, 조조고리는 박주 시내 북동쪽에 위치하며, 뒤편으로는 와수渦水(초현을 흐르는 강물)가 흘렀을 것이다. 그리고 실제로 조조고리는 그 위치에 위무고리魏武故里라는 이름으로 알려져 있었다. 《수경주》에 따르면 조조의 옛집은 성곽과 인접하다고 하니 상점이나 다른

위 '위무고리'라고 적힌 비석
아래 조조를 위해 향을 피울 수 있도록 만든 곳

집도 많지 않을까 하는 기대감이 들었다.

　기대를 품고 찾은 장소는 예상과 조금 달랐다. 오랜 세월을 견뎌온 듯한 은행나무만이 하늘 높이 솟아 있을 뿐이었다. 그

마을 어르신이 조조에 대해 많은 이야기를 해주었다.

옆에는 이곳을 찾은 이들이 조조를 위해 향을 피울 수 있도록 자리가 마련되어 있었지만 조조가 살던 집은 그 흔적조차 찾을 수 없었다. 대신 '위무고리'라 새겨진 비석만이 세워져 있었고, 마을 어르신들이 그 곁에 모여 담소를 나누며 여유로운 시간을 보내고 있었다.

은행나무만 보고 돌아가기는 너무 아쉬웠다. 조조의 흔적이 사라졌다는 안타까운 마음과 패왕의 흔적을 조금이라도 더 찾고 싶다는 절실한 마음에 용기를 내어 조심스럽게 주변에 있던 마을 어르신에게 말을 걸었다. 그는 환한 미소로 반겨주며 말했다. "조조는 전쟁만 하는 사람이었지." 짧지만 강렬한 한마디. 조조에 관한 책은 수없이 많고 그와 관련된 이야기도 방대하지만, 그의 삶을 이보다 더 간단명료하게 표현할 수 있을까?

마을 어르신의 이야기를 듣고 다시금 문헌을 찾아보았다. 조조는 〈군초령〉에서 자신의 군대를 '의로운 군사'라고 두 차례나 언급했다. 또한 자신이 군사를 일으킨 이유를 "폭력과 혼란을 없애기 위해서"라고 밝히며, 고향 사람들에게 자신이 일으킨 군사가 정당하다는 것을 알리려 했다. 이를 봤을 때, 조조는 〈군초령〉을 반포함으로써 "나는 단순히 전쟁만 하는 사람이 아니다."라는 것을 알리고 싶었던 게 아닐까. 난세에 휩쓸리고 있지만 고향 사람들만은 자신을 버리지 않고 끝까지 지지해 주기를 바랐던 것은 아닐까 생각해 본다.

이제, 조조의 고향을 떠나 조조가 연주兗州에 처음 발을 들인 순간부터 여포呂布에게 배신당하고 싸움을 거듭한 끝에 마침내 연주를 손에 넣기까지의 치열한 서사를 엿보도록 하자.

2

연주에서 시작된
패자의 운명

중원의 패자로 나아가기 위한 첫 번째 발판

　조조가 세력의 기반을 다지고 중원의 패자로 거듭날 수 있었던 이유는 여러 가지가 있었지만, 연주의 지리적 위치가 큰 역할을 했다. 조조는 연주를 중심으로 군벌들을 물리치며 세력을 확장했는데, 오늘날 연주는 산동성山東省 서남부, 하북성河北省 동남부, 하남성河南省 동북부 지역에 해당하며, 고대시대 연주는 황하黃河와 제수濟水 사이에 자리했다.
　연주에 대한 평가를 보면 이 지역의 양면성이 잘 드러난다. 순욱荀彧은 연주를 "황하와 제수 사이에 있는 천하의 요충지"라고 말한 바 있으며, 고유高柔는 "진류陳留[6]는 사방에서 공격받기 쉬운 곳이다."라고 하며 그 취약성을 지적했다. 즉, 연주는 동쪽으로 서주徐州, 서쪽으로 사예교위司隷校尉, 남쪽으로 예주, 북쪽으로 기주冀州와 맞닿아 있어 사방으로 진출하기 쉬운 교통의 요충지였으나 군웅할거의 시대에는 사방이 적으로 둘러싸여 있어 생존 자체가 위협받는 험난한 지역이기도 했다.

초평初平 원년(190년), 동탁이 원소를 중심으로 뭉친 관동 연합군의 압박을 견디지 못하고 장안으로 천도하자, "동탁 타도"를 외치며 모여들었던 군벌들은 각자 자신의 본거지로 돌아가기로 했다. 하지만 조조는 돌아갈 곳도, 기댈 곳도 없었다. 조조는 동탁 토벌을 위해 전 재산을 쏟아부었으며, 그가 가진 유일한 관직은 연합군의 맹주였던 원소가 임시로 부여한 분무장군奮武將軍(전쟁 시에 일시적으로 수여하는 직책)뿐이었기 때문이다. 이는 명목상의 직위일 뿐, 다스릴 영토나 든든한 군사적 기반도 없는 지위였다. 결국 조조는 하내河內(황하의 안쪽 지역)에서 주둔하며 다시 칼을 간다. 동탁 토벌 당시 원소가 하내에 주둔하고 있었기 때문에 그에게 의지하기 위해 찾아간 것으로 보인다.

그러던 중 조조에게 기회가 찾아왔다. 초평 2년(191년) 7월, 흑산적黑山賊이 연주로 진입해 동군東郡을 공격한 것이다. 동군은 하내 바로 동쪽에 있었기에 조조는 군사를 이끌고 동군 복양濮陽에서 흑산적을 격파했다. 이 공로로 원소는 조조를 동군태수東郡太守로 천거했으며, 조조는 연주 북서쪽 동군에 정착하게 되었다.

단단한 기반을 마련한 조조

재미있는 사실은 과거에도 조조는 중앙 조정의 명으로 동군 태수로 임명된 적이 있었다는 점이다. 하지만 조조는 그 명을 거절했었다. 황건적黃巾賊이 난을 일으켰을 당시, 조조는 그들을 토벌한 공로를 인정받아 제남국濟南國(황족이 다스리던 지역)의 국상國相(최고 관직자)으로 부임했다. 젊은 시절의 조조는 패기가 넘쳤으며, 법령을 엄격히 준수하고 잘못된 점이 있다면 바로잡으려고 했다. 제남국에서도 조조는 그 면모를 보여주었다.

당시 제남국 관할 10여 개의 현에서는 많은 관리가 황실 친척과 귀족들에게 아부하며 매관매직을 일삼고 있었다. 이를 두고 볼 수 없었던 조조는 상소를 올려 부패한 관리들을 파면시키고, 불법적으로 성행하던 제사를 폐지했다. 이에 제남국 전체가 크게 동요해 탐관오리들은 도망쳤으며, 치안은 안정되고 질서가 바로잡혔다. 그리고 얼마 뒤 조조는 동군태수로 임명되었다. 하지만 조조는 병을 핑계로 고향 초현으로 가버렸다. 조조가 동군태수라는 자리를 거절한 이유는 정확히 밝혀지지는 않았으나, 다음과 같이 추측해 볼 수 있다.

국상과 태수는 녹봉이 모두 2천 석石인 관직으로, 표면적으로는 동급 간의 인사 발령처럼 보일 수 있다. 그러나 그 속뜻은 달랐다. 조정과 황실 귀족들의 눈 밖에 난 조조를 국에서 군으로 좌천시키며 경고의 의미를 보낸 것이다. 이를 정확히 간파한 조조는 가문과 자신의 안전을 위해 동군태수 자리를 거절할 수밖에 없었다.

그러나 초평 2년, 흑산적을 격파한 조조는 과거와는 달리 스스로 동군으로 들어간 것이다. 원소의 보호 아래 조심스럽게 그리고 서서히 권력의 기반을 다져나가기 위해서였다. 조조와 함께 하내에 주둔했던 원소 또한 연진延津으로 장소를 옮겨 군을 주둔시켰는데, 이는 기주목 한복韓馥을 압박해 기주를 장악하려는 의도였다. 고대에 연진은 동군의 서쪽에 위치해 황하를 건널 수 있는 주요 나루터 중 하나였다. 이곳에서 황하를 건너면 곧바로 기주로 진입할 수 있었고, 특히 기주의 중심지인 업성으로 가는 중요한 거점이었다.

조조가 동군태수로 임명되었던 시기에 원소는 기주를 빼앗는 데 성공했고, 조조는 치소治所(중심지)를 복양에서 동무양東武陽으로 옮기게 된다. 복양은 황하 남안에 위치한 도시로, 공격을 받을 경우 후퇴할 길이 막혀 있었던 반면, 동무양은 황하 북안에 위치해 위급한 상황이 발생할 경우 기주에 있는 원소에게 지원을 요청할 수 있는 지역이었기 때문이다. 연주의 취약점을 제대로 이해하고 있었던 조조에게 이는 최선의 선택이었으며, 조조는 연주에 안정적으로 정착하면서 중원의 패자로 나아가기 위한 단단한 기반을 마련했다.

조조의 패기가 깃든 연주에 발을 딛다

조조가 군벌로 성장할 수 있었던 핵심 본거지였음에도 불구하고, 오늘날 연주에서는 조조와 관련된 유적을 거의 찾아볼 수 없었다. 그럼에도 나는 《삼국지》의 무대였던 연주를 직접 보고 싶은 마음이 가득했다. 조조가 서서히 그 존재감을 드러내고 세력을 확장할 수 있었던 중요한 장소였기 때문이다. 그곳을 찾는다면 나도 조조가 가졌던 호기로운 기세를 조금은 가슴에 새길 수 있을 것만 같았다. 조조의 패기가 나에게도 깃들었으면 하는 마음이었다.

연주의 대표 도시라고 하면 동군의 치소였던 복양을 들 수 있다. 하남성 복양시濮陽市가 현재까지 이어진 복양으로 볼 수 있으나, 삼국시대의 복양은 현재의 복양시와 다소 떨어져 있었다. 지금은 고현촌固縣村이라 부른다. 고현촌은 복양시 시내에서 남쪽으로 약 15킬로미터 떨어진 곳에 있다.

"그래! 이곳이라도 한번 찾아가 보자. 유적이 남아 있을지는 모르겠지만." 고현촌을 탐방하기 위해 머물고 있던 하남성 안양시安陽市에서 택시를 타고 무작정 복양시로 향했다. 복양으로 가는 길에는 평원이 끝없이 펼쳐졌고, 비로소 연주 땅 한복판에 들어섰다는 것을 실감하게 했다. 어느 지역에는 오래된 나무가 무성하게 줄지어 서 있기도 했다. 시베리아에서나 볼 법한 나무들이 가득한 이곳이 어디인지 궁금해 지역명을 확인해 보니 내황內

위 고현촌 입구의 모습
아래 고현촌의 넓은 평야. 고현촌 표지판이 서 있다.

黃이라는 곳이었다.

"내황이면 삼국시대의 그 내황인가?" 내황이라는 지명이 현재까지 존재한다는 사실이 무척이나 놀라웠다. 조조가 동군을 상악하던 시절, 흉노족 어부라_於夫羅_를 무찌른 곳이 바로 내황이었기 때문이다. 물론, 정확한 전투 지역이 어디인지는 알 수 없지만 복양으로 가는 길에 우연히 마주한 지명이 《삼국지》에서 읽었던 바로 그 지역이라는 사실이 신기하면서도, 조조가 살았던 과거와 연결된 듯한 기분이었다.

고현촌은 중국 어디에서나 볼 수 있는 여느 시골 마을과 별반 다를 바 없었다. 이곳을 찾아온 외지인이 오랜만이었기 때문일까? 처음에는 낯선 시선으로 바라보던 마을 사람들은 내가 이곳에 온 이유를 설명하자 어느새 친절한 표정으로 맞아주었다. 외지인의 입에서 조조라는 이름이 나오니 경계심이 사라진 듯했다. 오토바이를 타고 지나가던 한 어르신이 한쪽을 가리키며 "길을 따라가다 보면 오래된 비석이 하나 있다."라고 알려주셨다.

그 설명에 따라 길을 가다 보니 '고현_故縣_'이라고 새겨진 비석이 눈에 들어왔다. 비석은 검은 낙서로 뒤덮여 있었지만, 다행히도 새겨진 글씨만은 뚜렷하게 남아 있었다. 조심스럽게 글씨를 읽어 내려가니 이렇게 적혀 있었다.

> 이곳은 한나라 시대, 복양현의 옛 성터가 있었던 자리다. 이후 사람들이 정착해 마을을 이루었고, '고현'이라는 이름이 붙여졌다.

삼국시대의 복양성이 고현촌에 있었다는 이야기는 들어봤지

위 '고현'이라 새겨진 오래된 비석
아래 낙서로 뒤덮인 비석의 모습

만, 정작 그곳에 대한 설명은 어디서도 본 적이 없었다. 하지만 이 비석을 발견하고 나니 이곳까지 찾아온 여정이 헛되지 않았다는 생각이 들었다. 게다가 내가 이곳을 찾은 이유는, 고현을 무대로 한 중요한 사건이 하나 있기 때문이다. 바로 조조가 배신을 당했던 일화다.

장막과 진궁의 배신

원흥元興 원년(194년) 여름, 조조는 서주목 도겸陶謙(유비가 서주를 이어받기 전까지 서주를 다스리던 인물)을 정벌하기 위해 연주를 비운 사이에 믿었던 사람들에게 예상치 못한 배신을 당한다. 오랜 벗이었던 장막張邈과 모사 진궁陳宮이 조조를 배신하고 여포를 연주의 새로운 주인으로 끌어들인 것도 모자라, 단숨에 연주 땅을 장악한 것이다. 《삼국지·위서》〈무제기〉에 따르면, 당시 상황을 "군과 현이 모두 호응했다."라고 묘사하고 있다. 이는 장막과 진궁이 이미 연주 지역 호족들과 손을 잡고 반란을 모의했음을 의미하며, 그들이 연주 전역에서 상당한 지지를 받고 있었음을 뜻한다. 장막과 진궁은 정교하고도 세심하게 조조를 몰아낼 계획을 짜고 있던 것이다.

장막과 진궁은 연주 출신이며, 그들과 함께 주목받던 연주 출신 인물로는 왕광王匡과 변양邊讓이 있었다. 장막과 왕광은 의협심이 강한 인물로 유명했으며, 변양은 인재로 그 명성이 자자했다. 당대 최고의 학자로 손꼽히던 채옹蔡邕은 변양을 깊이 공경해 대장군 하진何進에게 그를 추천했으며, 공융孔融과 왕랑王朗

또한 그를 찾아가 인사를 나눌 정도였다.

하지만 조조가 연주를 장악한 뒤, 변양은 조조의 기분을 거스르는 발언을 했다는 죄로 멸문당했고 왕광 역시 조조에게 목숨을 잃었다. 조조의 통치는 강력한 만큼 거칠고 냉혹했다. 이에 장막과 진궁을 비롯한 연주의 호족들은 큰 충격을 받았고, 곧 분노로 차올랐다. 결국 그들은 연주의 다른 세력들과 손을 잡고 반란을 일으키기에 이르렀다.

반란의 여파는 엄청났다. 다급히 서주에서 돌아온 조조는 복양에서 여포와 치열한 전투를 벌였다. 조조는 복양성을 포위하며 승기를 잡는 듯했지만, 전세가 급변해 결국 여포에게 패하고 말았다. 당시 복양성에서의 긴박한 상황은 배송지주의 〈헌제춘추獻帝春秋〉에서 자세히 다루고 있다.

> 조조가 복양을 포위하자, 복양의 대족인 전씨가 반간을 써서 조조가 성에 들어갈 수 있었다. 조조는 동쪽 성문에 불을 질러 적대할 뜻이 없음을 보였지만 전투가 벌어지자 조조의 군대가 패했다. 여포의 기병이 조조를 붙잡았으나 조조를 알아보지 못했다. 여포의 기병이 물었다. "조조는 어디에 있는가?" 이에 조조가 대답했다. "황마를 탄 자가 조조입니다." 여포의 기병은 조조를 풀어주고 황마를 쫓아갔다. 성문에는 아직 불길이 거세게 타오르고 있었지만, 조조는 불길을 뚫고 빠져나왔다.
>
> ―《삼국지·위서》〈무제기〉 배송지주 중

조조가 여포를 피해 불길을 뚫고 탈출하는 이야기가 펼쳐지는 곳이 바로 지금의 고현촌이다. 《삼국지》에 등장하는 복양성은 황하 근처에 위치해, 황하의 잦은 범람으로 여러 차례 건설과 파괴가 반복되었다. 훗날 여진족이 세운 금나라 명창明昌 5년(1194년)에 황하가 회수淮水(중국 중부의 큰 강) 쪽으로 물길을 바꾸면서 복양성의 하천 환경이 크게 변했고, 이후 성도 점차 쇠퇴해갔다. 결국 세월이 흐르며 복양성은 토사 속에 묻혀 자취를 감추었고 고현촌이라는 이름만 남았다.

나는 복양성의 성벽 잔해라도 찾아보기 위해 북쪽으로 향했다. 얼마 지나지 않아 금제수金堤水와 금제하교金堤河桥가 나타났다. 하천에는 낚시하는 청년들이 보이기도 했다. 작은 하천이라고 했지만 실제로 보니 꽤 넓었다. 주위를 둘러보았으나 안타깝게도 복양성의 흔적은 찾을 수 없었다.

가까스로 복양성에서 탈출한 조조는 약 1년 동안 연주를 두고 여포와 치열한 공방전을 펼쳤다. 이 전투는 단순한 영토 싸움이 아니라, 조조가 다시 일어설 수 있을지를 가르는 시험대와 같았다. 그리고 시험대 위에 올랐던 조조는 마침내 승리를 거머쥐었다. 흥평興平 2년(195년) 10월, 헌제는 공식적으로 조조를 연주목에 임명했다.

조조는 초평 2년(191년) 7월에 연주 동군에 첫발을 내디딘 이후 무려 4년간의 치열한 전투 끝에 연주를 완전히 장악하는 데 성공했다. 이때 조조가 거둔 승리는 영토 회복에 그치지 않았다.

금제수와 금제하교

복양성이 있었던 자리

이는 그가 중원의 패자로 도약하기 위한 결정적 발판을 마련했음을 의미했다.

3

조조의 칼끝이 향한 곳, 서주

서주 1차 침공의 전말

조조가 연주를 차지하기 위해 동분서주하고 있던 시기인 초평 3년(192년) 4월, 장안에서는 격변이 일어났다. 헌제를 데리고 장안으로 천도를 강행했던 동탁이 왕윤王允과 여포에게 살해되고, 동탁의 죽음을 빌미로 그의 수하들이 군사를 일으켜 장안을 점령한 것이다. 이로 인해 관중關中(고대 중국 서부의 전략적 요충지로 장안 일대를 포함) 지역은 극심한 혼란에 빠졌고, 수많은 백성이 터전을 잃은 채 유랑 생활을 하게 되었다. 살길을 찾아 떠돌던 백성 중 일부는 동쪽으로 향했고 결국 서주로 흘러 들어가 몸을 의탁했다. 유랑민이 대거 유입되면서 서주는 인구가 급격히 증가했고, 인근에 비해 상대적으로 부유한 곳으로 주목받게 되었다.

《삼국지》를 한 번이라도 접해본 사람이라면, 도겸이 유비에게 서주를 양도했던 장면을 기억할 것이다. 당시 도겸은 병이 깊어지면서 자신의 뒤를 이을 후계자를 고민했고, 결국 유비에게 서주를 맡기고자 했다. 하지만 처음에 유비는 도겸의 청을 사양했다. 그러자 도겸의 수하였던 진등陳登이 유비를 설득하며 이렇게 말했다.

> "지금 한나라 왕실은 쇠약해지고 천하는 혼란해지고 있습니다. 공업功業을 세우기에는 지금이 좋은 기회입니다. 서주는 풍요로우며 인구가 1백만입니다. 당신이 서주를 맡아주시기를 머리 숙여 요청합니다."
>
> —《삼국지·촉서三國志·蜀書》〈선주전先主傳〉중

진등의 말은 서주가 얼마나 안정적이고 풍요로운지를 잘 보여준다. 하지만 군웅할거 시대에 안정과 평화는 오래가지 않았다. 서주 주변에는 수많은 군벌이 세력을 키우기 위해 각축을 벌이고 있었으며, 그중에는 부유한 서주를 차지하려는 자들도 많았다. 조조 역시 그들 중 한 명이었다.

당시 관동의 군벌들은 사이가 좋지 않았던 원소와 원술袁術을 중심으로 각각의 연합 구도를 형성하고 있었다. 원소는 조조와 유표劉表를 규합해 세력을 이끌었고, 원술은 공손찬公孫瓚, 도겸과 손을 잡고 연합을 꾸렸다. 초평 3년(192년) 12월, 결국 원소와 원술의 군벌들 간에 대규모 전쟁이 벌어졌다. 공손찬은 원소를 압박하기 위해 유비를 고당高唐에, 선경單經을 평원平原에, 도겸을 발간發干에 주둔시켰다. 이때 발간은 연주에 속해 있었기에 도겸의 발간 주둔은 곧 조조가 다스리는 영역을 침범하는 행태였다. 이에 조조는 원소와 힘을 합쳐 원술 연합군을 격파했다.

이듬해 초평 4년(193년) 여름, 서주 하비下邳에서는 새로운 혼란이 시작되었다. 스스로 천자라 자칭하는 자가 나타난 것이나. 그 이름은 궐선闕宣이었다. 궐선은 수천 명의 병사를 모아 스스로를 천자라 이르며 소란을 피웠다. 이 상황에서 서주목 도겸은 뜻밖의 행동을 보였다. 도겸은 궐선을 처단하기는커녕 그와 손을 잡고 약탈을 일삼았으며, 태산군泰山郡의 일부 영역을 점령하고 임성국任城國까지 공격했다. 주목해야 할 점은 태산군과 임성국 모두 연주에 속한다는 사실이다.

조조는 먼저 연주에 침입해 온 원술을 광정匡亭(연주 소속의 군현)에서 격퇴한 후, 도겸의 공격에 적극적으로 대응하기 시작했다. 그다음 본격적으로 서주를 정벌하기 위한 길에 나섰다. 조조는 정도定陶를 출발해 팽성彭城(서주의 중심 도시)으로 향했으며, 선봉은 조조의 사촌 동생 조인曹仁이 맡았다. 그는 기병대를 이끌고 도겸의 장수인 여유呂由를 격파한 뒤, 팽성에서 조조와 합류해 도겸의 군대를 크게 무찔렀다.

초평 4년(193년), 조조는 도겸을 공격해 10여 개의 성을 빼앗았으며 팽성에서도 싸웠다. 도겸의 군대는 패한 후 달아났는데, 죽은 자의 수가 수만 명이나 되었으며 사수泗水는 시체로 막혀 물조차 흐르지 않았다. 도겸은 후퇴해 담성을 지켰고, 조조는 군량이 부족해 병사를 이끌고 돌아왔다.

—《삼국지·위서》〈도겸전陶謙傳〉중

이것이 조조의 서주 대학살로 유명한 서주 1차 침공의 전말이다.

시체로 막혔던 강을 찾아서

당시 격전이 벌어졌던 팽성은 오늘날의 강소성江蘇省 서주시徐州市에 해당하며, 이곳을 가로지르던 강이 바로 사수다. "사수는 시체로 막혀 물조차 흐르지 않았다."라는 기록은 당시 전투가 얼마나 참혹하고 치열했는지를 생생하게 전해준다. 지금 서주시에는 강이 있지만 참혹한 전쟁의 한복판이었던 사수는 아니다.

기록처럼 사수는 조조의 서주 침공 때문에 사라진 것은 아니었다. 그 원인은 다른 역사적 사건에 있었다. 남송 건염建炎 2년(1128년), 금나라의 남하를 저지하기 위해 남송군은 화현滑縣 일대에서 황하 제방을 무너뜨렸다. 이 조치로 황하의 물길이 바뀌

서주시 시내 한가운데를 흐르는 강줄기

어 북쪽에서 흘러온 물이 사수로 유입되었고, 이후 사수는 황하의 흐름을 따라 남쪽으로 흘러 회수로 합류하게 되었다. 하지만 청나라 함풍咸豐 5년(1855년), 황하 수로를 발해渤海로 변경하면서 서주를 지나던 사수의 물길이 완전히 말라버렸다. 시체로 막혀 물조차 흐르지 않았다는 역사 속 강은 사실 시간과 자연의 흐름 속에서 그 모습을 감추어버린 것이다.

 현재 서주시 시내 한가운데를 흐르는 강줄기는 사수를 대신하는 황하의 옛 물길이다. 그나마 강변에 세워진 궐대 형태의 건물에 변사교회汴泗交匯(과거 변수와 사수 두 강이 만났다는 의미)라는 글씨가 새겨져 있어, 이곳에서 변수와 사수가 합류했음을 짐작하게 해준다. 또한 소녕광장蘇寧廣場에서 한나라 시대 유적을 찾아볼 수 있었다. 이 유적은 《삼국지》 시대에 이 일대가 팽성이

위 팽성 유적지 내부
아래 옛 사수 물길에 물고기를 풀고 소원을 비는 현지인

었음을 보여주는 중요한 역사적 단서였지만, 아쉽게도 도시 개발이 진행되면서 대부분의 팽성 유적지는 도심의 지하에 묻히고 말았다.

즐비한 고층 빌딩 사이로 많은 사람이 오가는 서주의 풍경
은 무척이나 활기차다. 옛 사수 물길에 물고기 두세 마리 풀어놓
고 무언가 소원을 비는 사람들도 볼 수 있었다. 소란스러우면서
도 평화로운 풍경 안에서 참혹한 전투의 흔적을 찾을 수 없다는
사실이 한편으로는 다행스럽게 느껴졌다. 시간은 상처를 덮었고,
역사의 고통은 오늘날 서주시의 번영과 발전 속에 조용히 잠들
어 있었다.

반역의 땅을 응징하다

한편 도겸이 팽성에서 패한 뒤 담성郯城으로 퇴각하자 조조
는 기회를 놓치지 않고 도겸의 뒤를 쫓아 담성까지 진격했다. 담
성은 서주자사부의 치소로, 서주목 도겸의 본거지이자 서주의
핵심 거점이었다. 조조는 담성을 함락시킴으로써 도겸의 본거지
를 무너뜨리고, 서주 평정을 더욱 굳건히 다지려고 했다.

나 또한 조조의 뒤를 쫓아 서주시에서 담성으로 이동했다. 서
주시에서 담현郯縣까지는 기차로 두 시간 정도 거리였으며 담성
역은 아주 작은 기차역이었다. 담성은 팽성에서 약 140킬로미터
떨어진 지역으로, 오늘날에는 산동성 남부에 자리하고 있으며
임기시臨沂市에 속한다. 현재는 담국고성郯國古城이라는 관광지를
조성해 춘추시대 담나라 도성을 재현해 놓았다. 하지만 관광객

은 그다지 많지 않았다.

뜨거운 햇빛을 피하기 위해 서둘러 담국고성 안쪽으로 들어갔다. 입장료는 20위안(약 3,800원). 고성 내부는 진나라와 한나라 때의 분위기를 충실히 재현해 놓았으며, 성벽으로 둘러싸인 구조를 갖추고 있었다. 잘 만들어진 고성을 걷다 보니 마치 역사를 거슬러 올라간 느낌까지 들었다. 성 위로 올라가니 바람에 펄럭이는 깃발들이 웅장한 분위기를 더해주었다.

고성 안에는 1만 명 이상을 수용할 수 있을 듯한 광장이 넓게 펼쳐져 있었고, 그 중심에는 웅장한 대전이 자리하고 있었다. 가까이 가보니 '인효전仁孝殿'이라 적힌 입구의 편액이 눈에 들어왔다. 인효仁孝란 말 그대로 어진 마음과 부모를 공경하는 효도를 의미한다. 조조의 서주 침공을 돌아보면 이 두 글자는 그의 선택을 이해하는 데 있어 중요한 의미를 함축하고 있다.

조조는 담성까지 도겸을 추격했지만, 견고한 성벽과 필사적인 방어에 가로막혀 끝내 담성을 함락시키지 못했다. 결국 군량이 부족해져 퇴각을 결심할 수밖에 없었지만 조조는 본거지인 연주로 바로 돌아가지 않았다. 《후한서後漢書》〈도겸열전陶謙列傳〉을 통해 담성 퇴각 이후의 상황을 확인할 수 있다.

> 초평 4년(193년), 조조는 도겸을 공격하여 팽성의 부양傅陽에서 격파했다. 도겸은 후퇴하여 담성을 지켰는데, 조조가 이를 공격했지만 이기지 못하고 철수했다. 조조는 돌아가면서 취려取

담국고성 입구

드론으로 본 담국고성 전경

慮, 저릉睢陵, 하구夏丘를 점령하여 모두 도륙했다. 남녀 수십만 명이 죽었고, 닭과 개조차 남은 것이 없었다. 그 참상으로 사수가 시체로 막혀 흐르지 못했다. 그로 인해 다섯 개 현의 백성들은 인적이 끊겼다. 관중 지역이 이각의 난으로 백성들이 피난하여 도겸에게 의지했으나, 이들 모두 목숨을 잃고 말았다.

—《후한서》〈도겸열전〉 중

    기록으로 본 조조의 서주 정벌은 상상보다도 더 참혹했고 전쟁의 참상을 생생하게 보여주었다. 서주 정벌은 인仁을 찾아볼 수 없는 명백한 참상이었음은 분명하지만, 나는 이 기록에 한 가지 의문을 들었다. 우선 이 기록은《삼국지》정사에는 등장하지 않으며, 배송지가《삼국지·위서》〈순욱전荀彧傳〉에서 인용한 〈조만전曹瞞傳〉에서 나온다. 또한《후한서》의 저자 범엽范曄은 〈조만전〉의 기록을 정사로 채택해《후한서》〈도겸열전〉에 포함시켰다.

    여기서 1차 서주 정벌 당시 선봉장으로 나섰던 조인에 대한 기록을 통해 조조의 퇴각 경로를 확인해 보자.《삼국지·위서》〈조인전曹仁傳〉에 따르면, "조인은 도겸의 군대를 격파한 후에 비현費縣, 화현華縣, 즉묵현卽墨縣, 개양현蓋陽縣을 공격했다."라고 나온다. 이 경로를 추적해 보면, 조조는 담성에서 북쪽 낭야국琅邪國으로 진격한 후 즉묵현과 개양현을 공격하고 서쪽으로 방향을 틀어 화현, 비현을 지나 연주로 돌아갔음을 알 수 있다.

    그러나《후한서》〈도겸열전〉에서 언급하는 취려, 저릉, 하구는 모두 담성 남쪽에 자리한 지역으로, 조조의 실제 퇴각 경로와 정반대 방향에 있었다. 조조가 담성에서 퇴각한 이유가 바로 군량 부족이었는데, 굳이 반대 방향으로 진군하며 학살을 벌였다는 사실은 언뜻 이해하기 어렵다. 더욱이 취려, 저릉, 하구는 사수가 흐르지 않는 지역이다. 따라서 이 지역에서 학살된 백성들의 시신으로 인해 사수가 막혔다는 〈조만전〉의 기록은 지리적으로도 맞지 않는 부분이 있다.

이 모순을 풀기 위해 약간의 추론을 해보자. 조인의 퇴각 경로와는 별개로 조조는 남쪽으로 진군을 이어갔으며, 두 경로 모두 궐선과 밀접하게 연관되어 있다는 점에 주목해 보겠다. 조인의 퇴각 경로 중 비현과 화현은 연주 태산군에 속해 있으며, 이전에 궐선과 도겸의 공격으로 빼앗겼던 지역이기도 하다. 또한 조조가 진군한 취려, 저릉, 하구는 모두 하비국에 속한 지역으로, 하비에서 천자를 자칭한 궐선의 본거지였다.

즉, 조조는 1차 서주 정벌 당시 도겸을 목표로 삼았으나, 담성 함락에 실패하면서 도겸의 연합군이었던 궐선을 2차 목표로 삼았을 가능성이 크다. 결국 하비국 세 개 현은 궐선과 밀접하게 연결된 지역이었기에, 조조의 공격은 참혹한 학살이 아니라 천자를 참칭한 '반역의 땅'을 응징한 것으로 해석될 여지가 있다. 군량이 매우 부족했던 상황에서 이는 도륙이 아니라 약탈에 가까웠으며,《삼국지·위서》〈순욱전〉의 "약탈하려 해도 수확이 없으면 열흘도 못 간다."라는 기록을 통해 당시의 약탈은 군사작전의 하나로도 볼 수 있다.

서주 정벌의 이유, 인과 효

조조의 1차 서주 정벌의 여파는 조조의 아버지 조숭曹嵩의 죽음으로 이어졌다. 조숭의 죽음은 다음과 같이 전해진다.

> 흥평 원년(194년), 전 태위인 조숭과 아들 조덕이 낭야국에서 태산군으로 왔는데 응소應劭가 군사를 보내 조숭을 영입하려고 했다. 그들이 도착하기 전, 도겸이 평소에 조숭의 아들 조조와 원한이 있어 자주 싸웠다. 이에 도겸은 경기병을 보내 조숭과 조덕을 추격하여 태산군에서 죽여버렸다. 응소는 조조의 복수가 무서워 군을 버리고 익주목 원소를 찾아가 의지했다.
>
> —《후한서》〈응소열전應劭列傳〉 중

도겸이 조조와 원한이 있어 자주 싸웠다는 내용은 앞서 충분히 언급했다. 여기서 주목해야 할 부분은 조숭이 낭야국에서 태산군으로 이동하던 중에 죽었다는 사실이다. 후한 말기 낭야국은 서주에, 태산군은 연주에 속해 있었으며《삼국지·위서》〈무제기〉에 인용된 〈세어世語〉[7]의 기록을 통해 "조숭은 태산군 화현에 있었다."라는 사실을 확인할 수 있다.

그런데 화현은 궐선과 도겸 연합군이 연주에 침입해 점령했던 지역이었다. 훗날 조인이 이곳에서 도겸의 군대를 격파하고 연주의 영토를 되찾기도 했다. 이러한 정황을 고려하면, 조숭은 태산군이 조조의 세력권으로 복구된 뒤에 안전하다고 생각해 태산군으로 향했으나, 여전히 남아 있던 도겸 혹은 궐선의 잔당에게 살해되었을 가능성이 크다.

조조는 1차 서주 정벌에서는 '인'을 내세우지 못했지만, 이번에는 아버지의 죽음을 되갚아 주겠다는 '효孝'의 명분을 얻었다. 도겸이 조숭을 죽이라고 명령했는지는 확실하지 않지만, 조조는 그 책임을 도겸에게 돌렸고 이는 2차 서주 정벌의 명분이 되었다.

2차 서주 정벌에서 조조의 이동 경로는 1차 정벌과는 명확한 차이를 보였다. 이미 한 차례 공격한 팽성과 하비는 제쳐두고, 서주의 본거지인 담성을 중심으로 동해군東海郡과 낭야 남부 지역을 집중적으로 공격하는 양상을 보였다. 이를 통해 2차 서주 정벌의 목표가 명확히 도겸이라는 점을 확인할 수 있다. 결국 도겸은 극도의 두려움을 느끼며 고향인 단양丹陽으로 도망쳐야 할지 고민할 정도였다. 이때 도겸의 입장에서는 다행스럽게도, 조조가 서주 정벌을 위해 연주를 비운 사이 장막이 조조를 배신하고 여포를 끌어들인 것이다. 결국 조조는 서주 정벌을 중단하고 연주로 돌아갈 수밖에 없었다.

두 차례에 걸친 조조의 서주 정벌은 마무리되었지만 그가 서주에 남긴 상처는 너무도 깊었다. 얼마 지나지 않아 도겸이 세상

위 인효전의 입구
아래 인효전의 내부 모습

을 떠났고, 조조는 기회를 틈타 서주를 완전히 평정하려 했으나 책사 순욱의 만류로 여포를 상대하는 데 집중하기로 했다. 순욱은 서주 정벌로 인한 후폭풍과 불안정한 민심을 반대 이유로 들었는데, 그는 전쟁의 승패보다도 서주를 안정적으로 다스릴 수 있는지에 대한 큰 그림을 바라보고 있었던 것이다. 조조가 감정에 휘둘리지 않고 냉정한 판단을 내릴 수 있도록 조언했다는 점에서 순욱은 뛰어난 책략가이자 훌륭한 모사였음이 분명하다.

담국고성을 떠나기 전, 뒤를 돌아보니 저 멀리 인효전의 편액에 새겨진 글자가 다시 한번 눈에 들어왔다. 그 순간, 피로 물든 전장을 하나씩 지나오며 서주를 짓밟았을 조조의 모습이 떠올랐다. 거친 세월을 견뎌온 이곳의 '인'은 마치 서주의 백성들이 조조에게 던지는 마지막 외침처럼 느껴졌나. '인'을 저버린 자가 '효'를 명분으로 내세운들 과연 무슨 의미가 있을까?

조조가 서주 정벌을 일으킨 이후 1800여 년의 시간이 흘렀다. 지금 서주시 사람 중에는 조조를 영웅이라 칭송하는 사람도 있지만, 되려 "조조가 누구야?"라고 물어보며 그 이름조차 모르는 사람도 있다. 조조의 이름은 시간이라는 무게에 흐려졌지만 인효라는 글자만은 담성에 남아 그날의 상처와 역사의 흔적을 묵묵히 증언하고 있는 듯하다.

양양이의 기행 루트

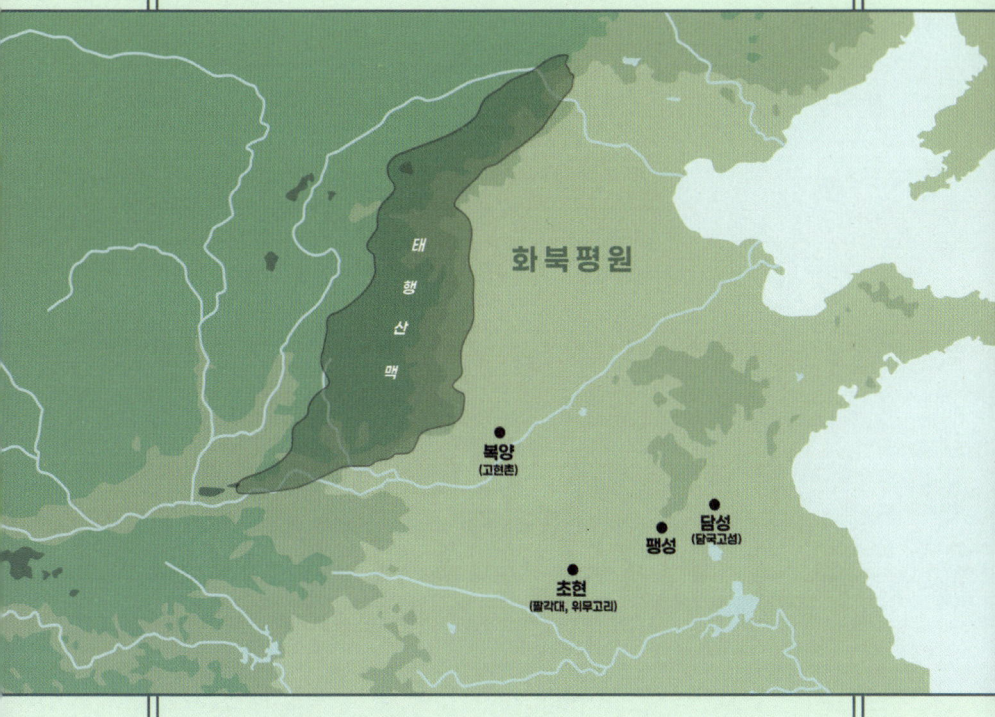

- 초현 조조의 출생지이자 '조조의 근본'을 상징하는 고장. 팔각대, 위무고리가 있는 장소
- 복양 고현촌이 있는 장소로, 조조가 황건적을 토벌했던 지역
- 팽성 조조가 부친 조숭의 복수를 명분으로 침공한 곳. '사수는 시체로 막혀 물조차 흐르지 않았다'에서 '사수'가 흐르던 장소
- 담성 담국고성이 자리한 곳으로, 조조가 도겸의 본거지를 무너뜨리고 서주 평정을 확실히 굳히려 했던 장소

2장

허현, 조조가 선택한 땅을 걷다

배경지식

후한 말기, 장안을 장악하고 황제를 좌지우지한 동탁이 살해당했으나 조정은 혼란에서 벗어나지 못했다. 더는 장안에 머물 수 없게 된 헌제는 195년 장안에서 탈출했으나 이후에도 헌제의 상황은 암울하기만 했다. 떠도는 신세 끝에 겨우 낙양洛陽에 도착한 헌제는 폐허로 변해버린 낙양을 바라만 볼 수밖에 없었고 천자의 위신은 바닥까지 추락했다.

헌제가 낙양에 도착했다는 소식을 들은 조조는 때가 왔음을 직감했다. 조조는 군을 이끌고 낙양으로 가 헌제를 영접했다. 마침내 196년, 조조는 헌제를 허현許縣으로 옮기며 스스로를 황제의 보호자이자 대리인으로 자처했다. 허현을 도읍으로 정한 조조는 그곳을 행재소行在所라 칭하며 중앙 관제를 복원하고, 정권의 실질적인 주인이 되었다. 헌제를 등에 업은 조조는 드디어 천하 제패의 대의명분까지 손에 넣은 셈이었다.

함께 보면 좋은 기행 영상

'장안성'편

'허도'편

'수선대에서 헌제의 무덤까지'편

'하비성'편

1

한 편의 영화 같은 헌제의 장안 탈출기

황량한 모습의 장안성

조조가 서주를 정벌하기 1년 전인 초평 3년(192년) 4월, 헌제가 머무르던 장안에서 변고가 일어났다. 왕윤과 여포가 힘을 합쳐 잔혹한 횡포를 일삼던 권력자 동탁을 제거한 것이다. 동탁을 죽인 왕윤과 여포는 헌제를 보필하며 조정을 총괄하기 시작했으나, 그 시기는 오래가지 못했다. 홍농弘農에 주둔하고 있던 동탁의 수하 이각李傕과 곽사郭汜가 병력을 이끌고 장안을 급습했기 때문이다. 결국 여포는 패해서 도망갔고 왕윤은 처형당했다. 이각과 곽사는 전장에서 잔뼈가 굵은 무인 출신으로, 그들이 권력을 잡자 관중의 정국은 크게 요동치기 시작했다. 장안 일대는 극심한 혼란에 휩싸였으며 《후한서》〈동탁열전董卓列傳〉에 그 참혹했던 장안의 모습이 생생히 기록되어 있다.

> 그때 장안에는 대낮에도 도적이 노략질을 했다. 이각, 곽사, 번조樊稠가 성안을 삼분하여 각 지역을 경비해도 제압할 수 없었고 그 자제들이 횡행하며 백성을 침탈했다. 그때 1곡斛이 50만 전, 콩이나 보리는 20만 전이었고 사람이 서로 잡아먹어 백골이 쌓였고 썩는 냄새가 거리를 진동했다. … 과거 헌제가 관중에 들어갈 때 삼보三輔의 호구戶口가 수십만이었다. 이각과 곽사가 서로 공격하고 천자가 낙양으로 떠난 뒤에 장안성은 40여 일간 주인이 없어 강자는 사방으로 흩어지고 약자는 서로 잡아먹어 2, 3년 동안 관중 땅에는 인적이 끊겼었다.
>
> —《후한서》〈동탁열전〉 중

과장된 기록일 수도 있지만, 당시 장안이 혼란스러웠다는 점은 분명히 보여주고 있다. 결국 이각과 곽사의 전횡을 견딜 수 없었던 헌제는 장안에서 탈출해 낙양으로 돌아가기로 결심했고, 그 탈출의 시작점은 장안성長安城 동북의 성문 선평문宣平門이었다.

나는 헌제의 탈출로를 따라가기 위해 우선 장안성을 찾아 섬서성陝西省 서안시西安市 중심지의 서북쪽으로 향했다. 장안성으로 가는 길에는 성을 둘러싼 해자도 보였고, 한성호漢城湖라는 공

패성문에서 확인한 장안 성벽의 흔적

원도 지났다. 그렇게 먼 길을 걸어 장안성 유적에 다다랐다. 견고했던 장안성의 성벽 일부가 여전히 남아 있어 반가운 마음에 성벽을 만져보니 굉장히 거칠고 단단했다. 다음으로 걸음이 향한 곳은 패성문霸城門 유적이었다. 패성문은 장안성 동쪽에 있던 세 개의 성문 중 가장 남쪽에 있던 문이다. 색이 푸른색이라 청문이라고도 불렀으며 패성문 밖에는 오이가 많이 자랐다고 전해진다.

점점 더 흥분되는 마음을 안은 채 장안성 안으로 뛰어 들어갔다. 장안성 안쪽은 평범한 시골 마을이었다. 한나라 때 장안성 서북쪽에는 동시東市와 서시西市라는 시장이 있었다. 중국어로 물건을 '동서東西'라고 하는데 이 단어가 바로 이곳에서 유래되었다고 한다.

장안성 안쪽의 마을과 거리

황제가 등장하는 미앙궁 유적지의 스크린

장안성의 시작인 장락궁長樂宮 유적을 간단히 보고 나서 전한前漢시대 황제들의 거처였던 미앙궁未央宮('미앙'은 국가의 번영과 장수를 기원하는 의미) 유적지를 찾았다. 장안의 서쪽에 있는 미앙궁까지는 거리가 멀어서 택시로 이동한 뒤 몇 분을 더 걸었다. 그럼에도 마치 황제를 알현하러 가는 듯한 기분에 하나도 힘들지 않았다. 미앙궁에 다다라 여기저기 둘러보니 거대한 스크린 하나가 보였다. 화면에서는 황제 복장을 한 사람이 나와 이런 저런 이야기를 하고 있었지만 그 말을 듣는 이는 아무도 없었다. 푸른 나무와 숲만이 그를 둘러싸고 있을 뿐이었다.

장안성에는 열두 개의 성문이 있었으며, 그중 선평문은 동쪽 성벽의 가장 북쪽에 있는 성문이었다. 선평문은 장안에서 동쪽으로 나가는 주요 출입문이자, 장안으로 진입하는 관문 역할을 수행했다. 이각과 곽사가 장안으로 진격해 오자 왕윤은 헌제를 모시고 선평문에 올랐고, 선평문 아래에서 이각이 "동탁의 죄가 무엇인가?"라며 왕윤을 압박했던 현장이기도 하다.

현재 선평문이 있었던 자리는 역사적인 장소라는 사실이 무색할 만큼 잡초로 뒤덮여 있으며, 도로와 공터로 둘러싸여 있었다. 한때 황제가 출입하던 관문이었지만 이제는 그저 공터에 불과했다. 선평문 유적지 인근에는 금문金門이라는 이름으로 조성된 한성영상기지漢城影像基地가 있어 장안성의 제1문이라 불렸던 선평문의 모습을 복원해 볼거리를 제공해 주었다.

다만 이곳은 서안시 도심에서 떨어진 외곽에 자리한 탓에 주

위 선평문 유적지
아래 선평문이 있었던 자리

변은 황량하기만 했다. 오히려 금문은 선평문이라는 상징적인 장소를 더욱 무색하게 만드는 것 같았다.

절벽에서 느껴지는 헌제의 무력감

헌제는 낙양이 그립다며 낙양과 가까운 홍농에라도 가겠다는 뜻을 거듭 밝혔고, 이각이 마지못해 허락하면서 헌제의 장안 탈출이 시작되었다. 표면적인 목적지는 홍농이었으나, 실질적인 목적지는 낙양이었던 셈이다. 흥평 2년(195년) 7월, 선평문을 빠져나온 헌제는 패릉霸陵과 신풍新豊을 지나 화음華陰에 이르렀다. 도중에 동승董承과 백파적白波賊[8]의 두목 양봉楊奉 등이 합류해 헌제를 호위하면서 헌제의 행치는 비교적 순조롭게 출발했다. 그러나 곧 이각과 곽사는 헌제를 동쪽으로 보낸 것을 후회하며, 그해 10월 홍농에 도착한 헌제를 뒤쫓기 시작했다. 함곡관函谷關을 빠져나온 헌제 일행은 동간東澗에서 격전을 벌였으나 대패했다.

헌제의 필사적인 탈출 기록을 보며, 그가 당시 어떤 기분을 느꼈을지 확인하고 싶은 마음에 함곡관으로 향했다. 함곡관은 하남성 삼문협시三門峽市 영보구靈寶區 함곡관진函谷關鎭 왕탑촌王塔村에 있었고, 규모가 정말 큰 관광지였다. 산 앞에 세워진 고대 관문답게 난공불락 요새 같았다.

안쪽에 서 있는 마차 한 대를 보니, 이각과 곽사가 온다는 말을 듣고 다급하게 마차에서 내려 도망치는 헌제가 보이는 듯했다. 망가진 마차나 병사 마네킹도 널브러져 있어 치열했던 전투 현장이 눈앞에 그려졌다.

《후한서》〈동탁열전〉에는 "동승과 양봉의 군대가 이각, 곽사

관광지로 조성된 함곡관 전경

난공불락의 요새 함곡관 관문

함곡관에 놓인 마차

의 군에 패했고 백관百官과 사졸士卒 등 죽은 자가 셀 수가 없었다. 부녀자와 수레, 각종 문서, 전적典籍 등을 모두 버렸다."라며 당시의 참혹한 상황을 전하고 있다.

  헌제는 조양曹陽에 이르렀으나 긴박한 피난길에 여러 번 노숙까지 해야 했다. 그 모습을 보다 못한 동승과 양봉은 이각 등과 화해하는 척하며, 황하 건너편 하동군河東郡에 주둔 중이던 백파적의 수령 이락李樂과 한섬韓暹 등을 불러들여 반격을 도모했다. 이 전투로 헌제 일행은 계속 동쪽을 향해 이동할 수 있었으나, 곧 군을 재정비한 이각의 추격이 시작되었고 다시 큰 전투가 벌어졌다. 이 전투는 동간전투보다도 사망자가 더 많았으며, 헌제를 따르던 후한 조정의 고위 대신들이 대거 전사하는 참변이 벌어졌다. 심지어 이각의 책사 가후賈詡가 대신들을 해치지 말라고 만류할 정도였다.

헌제를 호위하던 이락은 상황이 위급해지자 헌제에게 말을 타고 도망가야 한다고 아뢰었으나, 헌제는 "백관들을 버려두고 갈 수는 없다."라고 답했다. 이 한마디에는 황제라는 자리의 무게 그리고 인간으로서의 고뇌가 담겨 있는 듯하다. 마침내 헌제는 섬현陝縣에 도착했지만 이각과 곽사의 추격은 멈추지 않았고, 급기야 황제가 머무르는 군영을 포위하는 지경에 이르렀다.

긴박한 상황이 벌어졌던 섬현은 오늘날 하남성 삼문협시에 해당한다. 장안 선평문에서 섬현까지는 약 240킬로미터에 달하는데, 헌제는 이각과 곽사의 끊임없는 추격을 받으며 이 먼 거리를 달려 섬현에 도달한 것이다. 삼문협시 북쪽에는 황하가 잔잔히 흐르고 있으며, 이곳에는 예로부터 황하를 건너는 주요 도하渡河 지점 중 하나인 모진도茅津渡가 있었다. 헌제는 이 모진도를 건너 이각과 곽사의 추격을 피해 하동군으로 탈출한 것으로 전해진다.

섬현의 흔적을 찾아 삼문협시에 도착한 첫날, 나는 한참 동안 황하공원을 걸었다. 황하의 물안개가 아스라이 피어오르는 강변은 그저 평화롭기만 했다. 공기도 맑았고 나무와 꽃도 흐드러져 있었다. 그러나 한 고개를 넘어가니 풍경이 확 바뀌었다. 길은 점점 좁아지고 발밑으로는 작은 자갈이 바스락거렸다. 그 길의 끝자락에서 마침내 모진도에 다다랐다. 눈앞에 펼쳐진 것은 약 10미터 높이의 가파르고 험한 절벽이었다. 칼로 베어낸 듯 거칠게

위 모진도 안내판
아래 모진도 전경. 헌제는 저 절벽 중 한 곳을 타고 내려왔을 것이다.

깎인 낭떠러지 아래로는 황하의 흙탕물이 요동치며 흐르고 있었다.

《삼국지》를 읽을 때만 해도 헌제가 얼마나 궁지에 몰려 있었는지, 머리로는 알면서도 가슴에 와닿지 않았다. 그러나 황하를 걷고 이 모진도의 절벽 앞에 서는 순간, 절실했던 그때의 상황이 와닿았다. 어쩌면 헌제는 이 절벽을 내려다보며 자신이 떨어지느냐 구출되느냐의 갈림길에 서 있다는 사실을 처절하게 실감했을 것이다. 배송지가 《삼국지·위서》〈동탁전〉에서 인용한 〈헌제기獻帝紀〉에서는 모진도에서 일어난 하루를 생생히 전하고 있다.

> 헌제 일행은 북쪽으로 가 황하를 건너려 했고, 이락에게 배를 준비하라고 명했다. 황제는 걸어서 언덕으로 향했으나, 언덕이 너무 높아 내려갈 수 없었다. 동승 등은 말굴레를 서로 잇대어 황제의 허리에 매달려고 했다. 이때 황후의 시종 복덕伏德이 황후를 부축하고 한 손에는 비단 열 필을 들어, 그 비단을 잇대어 줄을 만들었다. 행군교위 상홍尙弘이 힘이 세었기에 그가 황제를 등에 업고 내려가 배에 태웠다. 그러나 미처 건너지 못한 자들이 매우 많았고, 다시 배를 돌려 태우려 하자 사람들이 서로 먼저 타겠다고 다투며 배에 매달렸다. 배 위에 있던 자들이 칼로 손가락을 자르기 시작했는데, 배 안에는 잘려 나간 손가락이 한 움큼이나 쌓였다.
>
> ―《삼국지·위서》〈동탁전〉 배송지주 중

다행히 헌제는 배를 타고 도망쳤지만 배 주위에는 미처 타지 못해 물에 빠져 죽거나 추위에 얼어 죽은 이들이 가득했다. 뒤늦

헌제의 탈출 경로는 붉은색, 이각·곽사의 추격 경로는 초록색이다.

게 절벽 위에 도착한 이각은 헌제가 배를 타고 황하를 건너는 모습을 보고 크게 소리쳤다. "너희들이 천자를 데리고 가는 것이냐!"

절벽 위의 이각을 바라보며 헌제는 무슨 생각을 했을까? 드디어 역적들의 손에서 벗어났다는 안도감을 느꼈을까? 아니면 절벽 위에서 소리치는 이각의 모습이 소름 끼칠 만큼 섬뜩했을까? 황제로서 아무것도 할 수 없는 그 참담한 현실 앞에서 무력함에 빠져 깊은 슬픔을 느끼지는 않았을까? 모진도에서 황하를 건너는 헌제의 모습을 떠올리면, 그 순간 그를 지배한 감정은 황제로서의 책무보다는 한 인간으로서의 공포와 절망이 아니었을까 하는 생각이 들었다. 어쩌면 그는 말없이 눈물만 흘리고 있었을지도 모른다. 물론 모두 지나간 옛이야기에 불과하다. 하지만 모진도에 서서 황하를 바라보며, 헌제가 느꼈을 감정의 일부나마 떠올려보고 싶었다.

결국 헌제는 황하를 건너 이각과 곽사의 추격에서 벗어났고, 하내태수 장양張楊이 식량을 바치며 헌제를 영접했다. 헌제는 안읍安邑을 거쳐 동쪽으로 태행산맥太行山脈을 넘어가 드디어 꿈에 그리던 낙양에 도착했다. 헌제는 흥평 2년(195년) 7월에 장안 선평문을 출발해 건안 원년(196년) 7월에 낙양에 도착했으니 무려 1년에 걸친 긴 탈출이었다.

그 탈출 과정은 실로 참담했으며 헌제에게는 절박함 그 자체였다. 장안에서부터 그를 따르던 충직한 신하들이 대거 참변을 당했고, 이는 후한 황실의 크나큰 손실이었다. 낙양에 도착한 후에도 헌제의 거처를 둘러싸고 많은 이들이 갈등을 일으켰으며 이는 훗날 조조를 낙양으로 불러들이는 결정적인 계기가 되었다.

2

천자를 품은 땅, 허현

잡초만 무성한 도읍에 천자의 깃발이 돌아오다

헌제는 온갖 고난 끝에 낙양에 도착했지만, 여전히 상황은 녹록지 않았다. 〈동탁전〉에 따르면, 낙양 궁궐은 이미 불타 사라졌고 거리에는 잡초만 무성했다. 각지의 제후들은 자신들의 지역을 지키기에 바빴으며 황제의 복귀를 받드는 자조차 없었다.

황제가 낙양으로 들어가니, 궁전은 이미 불타 없어졌다. 길에는 잡초만 무성해 백관은 가시나무를 꺾고 폐허가 된 성벽 사이에 머물렀다. 주나 군에서는 병사를 거느리고 자신들을 지키느라 낙양으로 오는 자가 없었다. 굶주림과 곤궁함은 심해졌고, 상서랑 이하의 백관은 직접 들에서 땔나무를 꺾고 채소를 뜯었다. 어떤 이는 성벽 사이에서 굶어 죽었다.

―《삼국지·위서》〈동탁전〉 중

마땅히 머물 곳조차 없었던 헌제는 전 중상시 조충曹充의 집에서 임시로 머물며 장양에게 궁실을 수리하라고 명령했다. 장양은 이를 자신의 공로라 여겨, 새로 지은 전각에 자신의 이름을 넣어 양안전楊安殿이라 이름 지었다. 한 달 뒤인 8월이 되어서야 헌제는 양안전으로 거처를 옮겼다.

사실 헌제가 하동에 도달했을 무렵, 원소의 참모였던 저수沮授는 원소에게 헌제를 영접해 업鄴을 도읍으로 삼을 것을 권했다. 그러나 곽도郭圖와 순우경淳于瓊의 반대로 무산되었고, 원소는 헌제를 받들어 천하의 주도권을 잡을 기회를 놓치고 말았다. 반면 조조는 휘하의 장수들을 소집해 황제 영접 문제를 논의했다. 일부 장군들은 의혹을 품고 "산동이 평정되지 않았고, 한섬과 양봉이 막 천자를 데리고 낙양에 왔고, 북쪽으로는 장양과 동맹을 맺었으므로 빠르게 제압할 수 없다."라며 반대 의견을 내놓았으나, 순욱은 반드시 황제를 영접해야 한다고 주장했다.

"진나라 문공文公이 주나라 양왕襄王을 수도로 영접하자, 제후들은 마치 그림자가 드리워진 것같이 따르고 복종했습니다. 또한 한고조漢高祖가 항우項羽를 정벌하러 가서 항우에게 살해된 의제義帝를 위해 상복을 입자, 천하의 인심이 따르고 복종했습니다. … 지금 천자의 수레가 수도로 돌아왔지만 잡초만 무성합니다. 정의로운 선비는 근본을 보존하려는 생각을 품고 백성은 옛날을 생각하면서 슬픔에 빠져 있습니다. 이 기회를 이용해 천자를 받들고 백성의 희망을 따르는 것이 순리입니다."

—《삼국지·위서》〈순욱전〉 중

순욱의 말에 따르면, 지금이 천하가 안정될 수 있는 절호의 기회이며 민심을 얻을 명분이었기 때문이다. 조조는 수년간 치열하게 이어진 연주 쟁탈전에서 마침내 승리를 거두었고, 허현의 황건적까지 평정하며 중원에서 입지를 다지고 있었다. 순욱의 의견을 받아들인 조조는 조홍曹洪에게 병사를 이끌고 하동으로 가서 천자를 영접하도록 명했으나, 낙양을 지키던 동승의 군대에게 막혀 더 이상 진군할 수 없었다. 이때 동소董昭가 조조가 헌제를 영접할 수 있도록 적극적으로 도와주었다.

동소의 자는 공인公仁으로, 제음군濟陰郡 정도현定陶縣 사람이다. 그는 본래 원소의 부하였고, 동생 동방董訪은 장막을 섬기고 있었다. 장막과 원소 사이에 불화가 생기자 원소는 동소의 충성심을 의심하기 시작했다. 이에 실망한 동소는 원소를 떠나 장안으로 향하던 도중 하내에서 장양의 휘하에 들어가게 되었다.

이 시기에 조조가 장안으로 가는 길을 마련하기 위해 장양에게 사신을 보내 잠시 길을 열어달라고 요청했다. 장양은 이를 거부했으나 동소가 장양을 설득하며 말했다. "원소와 조조가 비록 한 집처럼 보이지만, 그 형세가 지속될 수 없습니다. 마땅히 길을 내어주어야 합니다." 결국 장양은 조조의 사신에게 길을 내어주었고, 이 사건으로 조조와 동소가 친분을 만들게 되었다. 동소는 안목이 탁월했고, 훗날 관도대전과 번성전투樊城戰鬪에서도 통찰력을 발휘해 조조가 전략적 승리를 거두는 데 크게 기여했다.

조용히 천하를 움직인 자, 동소

헌제가 황하를 건너 하동으로 들어오자, 동소는 장양을 따라 헌제를 보필하며 낙양까지 함께했다. 한편 조홍의 군대는 동승의 저지로 낙양 진입이 좌절된 상황이었다. 조조의 의도를 단숨에 파악한 동소는 헌제를 보필해 낙양까지 온 한섬, 양봉, 동승, 장양의 사이가 좋지 않다는 점과 양현梁縣에 주둔 중인 양봉이 군사는 강하지만 세력 기반이 약하다는 점을 간파하고, 조조의 이름으로 된 거짓 편지를 작성해 양봉에게 전달했다. 조조가 양봉과 협력할 뜻이 있는 것처럼 작성한 편지였다.

"저는 장군의 명망을 듣고 그 도를 사모하여 일편단심이었습니다. 지금 장군께서는 천자의 어려움을 구원하고, 옛 도읍으로 천자를 모셨으니, 천자를 보좌한 공은 세상에 필적할 만한 사람이 없으며, 어찌 위대하지 않겠습니까! … 장군께서 마땅히 안의 주인이 되시면, 저는 바깥에서 돕겠습니다. 제게는 양식이 있고 장군께서는 병사가 있으니, 있고 없음이 서로 맞아 충분히 서로를 도울 수 있습니다. 지금 이후로 죽고 사는 것과 헤어지고 만나는 것은 장군과 함께하겠습니다."

―《삼국지·위서》〈동소전董昭傳〉중

흥미롭게도 조조는 동소가 벌인 일을 전혀 알지 못했다. 동소의 계책에 완전히 속아 넘어간 양봉은 크게 기뻐하며 제장들에게 조조를 추천했다. 또한 표문을 올려 조조를 진동장군鎭東將軍으로 삼고, 비정후費亭侯[9]의 작위를 세습하게 했다. 동소의 조용하지만 강한 계책으로 조조는 군사적 충돌 없이 낙양에 입성하게 된다.

낙양에서 헌제를 알현한 조조는 동소와 나란히 앉아 향후 계책에 대한 조언을 구했다. 동소는 헌제를 허현으로 모시고 갈 것을 제안하는 한편, 이 결정에 불만을 가지는 자들을 무력화시킬 수 있는 계책까지 제시했다. 여기서 불만을 가질 수 있는 자들이란 헌제를 낙양까지 모시고 온 한섬, 양봉, 장양을 말한다.[10]

이들은 헌제를 낙양까지 보필한 공로를 인정받아, 장양은 대사마大司馬(군사를 총괄하는 최고위 무관직), 한섬은 대장군 겸 사예교위司隸校尉(고위 감찰관), 양봉은 거기장군車騎將軍(군 지휘권을 가진 고위 무관직)의 직책을 받았다. 이후 장양은 본거지인 하내로 돌아갔고, 양봉은 양현에 주둔해 낙양을 방어하도록 배치되었으며, 한섬과 동승은 낙양에 남아 헌제를 보필하고 있었다. 이들의 직급이 조조보다 훨씬 높았으므로 조조가 헌제를 허현으로 데려간다는 계획은 반발을 사지 않을 수 없었다.

이를 위해 먼저 조조는 한섬과 장양에게 죄를 상주하여 그들의 영향력을 약화시켰다. 다만 한섬과 장양이 어떤 죄를 지었는지 구체적인 기록은 남아 있지 않다.[11] 헌제는 한섬과 장양의 낙양으로 후송한 공로를 인정해 그들에게 죄를 묻지 않았지만, 한섬은 두려움에 싸여 양봉이 주둔 중인 양현으로 도주했다. 또한 조조는 동소의 계책에 따라 양봉에게 후한 예물을 보낸 후 "낙양은 식량이 부족하니 천자를 잠시 노양魯陽으로 옮기면 허현의 양식을 충분히 공급할 수 있다."라는 핑계를 내세워 양봉의 동의를 얻었고, 바로 헌제를 모시고 허현으로 이동했다.

양봉은 뒤늦게 자신이 속았음을 깨닫고 허현으로 이동 중인 조조군을 추격했으나, 복병에게 패배한 뒤 한섬과 함께 원술에게로 달아났다. 훗날 양봉은 서주와 양주 일대에서 약탈을 일삼다 유비에게 죽임을 당했고, 한섬은 병주幷州로 도주하던 중에 저추현杼秋縣의 현령 장선張宣에게 살해당했다. 장양은 조조의 침략으로 하비에서 포위된 여포를 돕고자 했으나, 부하 양추楊醜에게 암살당했다. 동승은 건안 5년(200년) 정월에 조조를 암살하려다 발각되어 멸문을 당하고 만다.

마침내 건안 원년(196년) 8월, 헌제는 조조와 함께 허현에 도착했고 허현은 후한의 새로운 도읍지가 되었다. 이 모든 일에는 새로운 권력의 이면을 설계한 인물, 동소가 있었다.

사방이 열린 허현, 중원의 심장이 되다

치열한 전투 끝에 황제가 도달한 허현은 과연 어떤 기운이 서러 있을지 호기심을 한가득 안고 발길을 옮겼다. 허현에 처음 당도한 옛 영웅들의 눈에 허현은 어떤 모습이었을까? 오늘날의 허현은 허창시許昌市에서 동쪽으로 약 18킬로미터 정도 떨어진 곳에 있다. 현재는 장반고성張潘故城으로도 불리며, 옛 성을 뜻하는 고성촌古城村이라는 이름이 여전히 남아 있어 과거의 흥망을 전해준다. 지금은 주변에 남아 있는 작은 마을 몇 개를 제외하면 온통 들판뿐이라 이곳이 후한의 마지막 수도였다는 사실이 의아할 뿐이다. 그럼에도 여러 기록에서 등장한 것처럼 사방이 열린 곳임은 분명했다.

《한서漢書》〈지리지地理志〉에 따르면, "허현은 본래 허국許國으로 태숙太叔의 봉지였으나, 24대에 이르러 초나라에 의해 멸망했다."라고 했다. 춘추전국시대에는 진나라가 한나라를 멸망시키고, 영천군潁川郡을 설치하면서 허현은 영천군에 속하게 되었다. 그리고 고제高帝 5년(기원전 202년)에 한고조 유방劉邦이 한왕韓王

신信을 영천 지역의 왕으로 삼고, 영천 지역은 "북쪽으로는 공珙과 낙雒에 가깝고, 남쪽으로는 완宛과 섭葉에 인접하며, 동쪽으로는 회양淮陽이 있어서 모두 천하의 강력한 군대가 집중된 곳"이라 여겼다. 즉, 천하의 전략 요충지라 평가한 것이다.

허현의 지정학적 의미는 당대 최고의 책사 순욱도 인지하고 있었다. 동탁이 반란을 일으켰을 때 관직을 버리고 고향으로 내려갔던 순욱은 마을 사람들에게 이렇게 말했다.

"영천은 사방에서 공격을 받기 쉬운 곳입니다. 천하에 변이 있으면 이곳에서 군대가 부딪힐 것입니다. 서둘러 이곳을 떠나야 합니다. 오랫동안 머무르면 안 됩니다."

―《삼국지·위서》〈순욱전〉 중

천하를 통일한 한고조의 안목에 더해 당대 최고의 명사로 손꼽히는 순욱의 경고까지, 이 이상의 설명은 필요 없지 않을까. 허현은 사방이 탁 트인 평원에 위치해 지형을 활용한 방어막을 형성하기가 어려웠다. 고대 도읍지의 이상적인 조건은 산과 강으로 둘러싸여 사방이 요새화된 지역이면서 비옥한 토지를 가진 곳이다. 그러나 허현은 이러한 조건을 갖추지 못했다. 군웅할거 시대에 각 지역의 군벌들은 자신의 영역을 넓히기 위해 끊임없이 전쟁을 일으켰고, 조조의 본거지인 연주와 예주는 지형적으로도 전쟁을 피할 수 없는 땅이었다.

그럼에도 조조는 허현을 허도許都[12]라는 이름에 걸맞은 후한의 도읍지로 만드는 데 성공했고, 이곳에서 천자를 등에 업고 정권의 주도권을 장악했다. 누구도 주목하지 않던 허현을 권력의 중심지로 탈바꿈시킨 조조의 선택은 결과적으로 옳았다. 조조는 허도에서 천하의 중심으로 발돋움하며 중원의 패자로 우뚝 설 기반을 다질 수 있었다. 허현은 더 이상 열려 있는 들판의 도시가 아니라, 제국의 무게가 내려앉은 심장이 되었다.

왜 하필 허현이었을까

《삼국지·위서》〈순욱전〉에 따르면, "조조는 황건적을 토벌한 후, 하동에 도착한 헌제를 영접해 허현을 수도로 정하는 문제를 상의했다."라고 했다. 여기서 말하는 황건적 토벌은 《삼국지·위서》〈무제기〉에 기록된 건안 원년(196년) 2월, 여남과 영천 지역에서의 토벌을 말한다. 헌제가 낙양에 도착한 시점이 7월이므로, 조조는 헌제가 낙양에 도착하기 5개월 전부터 후한의 새로운 도읍지로 허현을 염두에 두고 있었다는 사실을 알 수 있다. 그렇다면 조조가 허현을 점찍어둔 이유는 무엇일까?

그 선택의 내막을 들여다보자. 조조가 허현을 도읍지로 선택한 결정은 당시 조조의 상황에서 최선이었다는 것을 알 수 있다. 그 이유는 크게 네 가지로 정리된다.

첫째, 건안 원년(196년)에는 조조의 본거지인 연주와 예주를 중심으로 북쪽에는 원소와 장양이, 동쪽에는 원술, 여포, 유비가, 서쪽에는 이각과 곽사가, 남쪽에는 유표와 장수張繡가 주둔해 사방에서 군벌들이 패권을 놓고 할거 중이었다. 연주는 북쪽의 원소와 가까워 피해야 했고, 낙양은 폐허가 되어 재건할 여력이 부족했을 뿐만 아니라, 장안에 주둔 중인 이각과 곽사와도 너무 인접했다. 조조의 고향인 초현 역시 가능성 있는 선택지로 보였으나 원술과 여포의 세력권 안에 있어 적합하지 않았다. 남쪽으로 눈을 돌리면, 완성宛城을 근거지로 삼은 장수가 있었으나 세력이 미미했고 가장 큰 위협은 원소와 동맹 관계를 맺었던 유표였다.

조조 입장에서 다행스러운 점은 유표가 황실의 종친이라는 사실이었다. 유표는 헌제가 낙양에 도착했을 때 궁실 보수를 지원했으며, 허현으로 수도를 옮긴 뒤에도 공물을 바쳤다. 이러한 점에서 조조는 유표가 반역을 저질러 천자가 거주하는 도성을 공격할 인물이라고 생각하지 않았을 것이다. 실제로 건안 12년(207년)에 조조가 북방의 이민족인 오환烏桓 정벌에 나섰고, 이때 유비는 유표에게 허도를 습격하자고 제안했으나 유표가 받아들이지 않았다.

또한 조조는 헌제를 영접하면서 원소와의 충돌이 불가피하다는 점을 직감했다. 이에 동서남북 중 군사적 충돌을 최소화할 수 있는 비교적 안전한 지역을 도읍지로 삼으려 했고, 결국 자신의 영역 중에서도 형주荊州와 가장 가까운 남서쪽에 위치한 허도를 선택한 것으로 보인다.

둘째, 조조는 헌제를 영접하기 전에 참모 모개毛玠를 불러 자문을 구한 적이 있었다.

> "지금 천하는 어지럽고, 나라의 주인은 밖으로 옮겨 다니며, 백성은 농사 짓지 못하고 굶주림으로 떠돌고 있습니다. 공의 집에는 1년을 넘길 식량이 준비되어 있지 않고, 백성에게는 안정을 지키려는 마음도 없으니 혼란이 지속될 것입니다. … 부디 천자를 받들고, 신하답지 못한 신하들을 호령하여 농경에 힘쓰며, 군수물자를 축적하십시오. 이와 같이 한다면 천하를 제패할 수 있습니다."
>
> —《삼국지·위서》〈모개전 毛玠傳〉 중

사실 허도는 비옥한 토지라는 조건만 갖추고 있어 '최고의 도읍지'라고 보기는 어려웠다. 방어하기 쉬운 곳이 아니었기 때문이다. 그러나 모개가 말했듯 끊임없는 전란으로 백성들은 농사를 짓지 못하고 굶주림으로 떠돌고 있었다. 허도는 사방이 평원으로 이루어져 있어 농업에 적합한 토지가 많았지만, 이를 제대로 활용하지 못하는 문제가 있었다. 따라서 조조는 모개의 조언에 따라 허도를 기반으로 농경에 힘쓰며, 군수물자를 축적하기 위한 정책을 펼치게 되는데 이것이 바로 둔전屯田[13]이다.

건안 원년(196년) 10월, 조조는 조지棗祗와 한호韓浩 등의 의

과거 수자원이 풍부했음을 보여 주는 허창시 주변

견을 받아들여 둔전제를 시행했다. 임준任峻을 전농중랑장典農中郎將으로 삼아 유랑 중인 백성들을 모으고, 허현 일대에서 둔전을 일으켰다. 《수경주》에는 "영수潁水는 다시 동남쪽으로 흘러 영음현潁陰縣[14] 남서쪽을 지나고, 다시 남쪽으로 흘러 영향성潁鄕城 서쪽을 지난다. 영음현의 옛 성은 북동쪽에 있으며, 과거 허창의 전농도위典農都尉[15]가 있던 곳이다. 이수洧水는 동남쪽으로 흘러 허창성 남쪽을 지나며, 유수洧水는 동남쪽으로 흘러 두 갈래로 나뉘어 한 물줄기는 동쪽으로 허창현을 지난다."[16]라는 기록이 있다.

허창시를 돌아다니다 보면 곳곳에 유유히 흐르는 도랑을 심심치 않게 찾아볼 수 있다. 물론 오랜 세월이 흘렀기 때문에 지금의 도랑이 과거에 둔전으로 사용되었던 물줄기라고 단정할 수는 없지만, 도랑의 물줄기는 도시 남쪽을 흐르는 영수와 연결되어 여전히 동남쪽으로 흘러가고 있다. 《수경주》의 기록과 허창시 주변을 지나는 여러 물줄기의 존재는 당시 이 지역에 수자원이 풍부했음을 말해주고 있다.

풍부한 수자원은 둔전을 시행하기에 유리한 환경을 제공했을 뿐만 아니라, 남쪽으로 흘러 영수와 합류해 회수까지 이어지는 이수와 영수의 수로는 교통을 편리하게 만들어 경제적인 효과까지 가져올 수 있었다. 그 결과 첫해에만 곡식 1백만 곡을 수확하는 큰 성과를 거두었고, 이는 조조가 중원에서 군벌을 정벌하고 세력을 확장하는 데 큰 힘이 되었다.

셋째, 영천군은 예로부터 걸출한 인재들을 배출해 온 지역이었다. 허현 또한 영천군에 속해 있었다. 영천 출신 인물 가운데 조조를 섬긴 대표적인 인물로는 순욱과 희지재戱志才가 있다. 희지재가 요절하자 조조는 깊은 아쉬움을 드러내며 이렇게 말했다. "여남과 영천에는 본래 뛰어난 인물이 많소. 그렇다면 누가 희지재를 계승할 수 있겠소?" 그러자 순욱은 곽가郭嘉를 추천했고, 곽가 외에도 순유荀攸, 종요鍾繇, 진군陳群, 두습杜襲, 조엄趙儼 등 많은 인물이 조조를 섬기게 되었다. 이들 대부분은 조조가 허현을 도읍으로 삼은 이후에 본격적으로 등용된 인재들이었다.

넷째, 허현의 남쪽에 위치한 여남군汝南郡의 존재 때문이었다. 여남군은 여남 원씨, 즉 원소의 본적지로 잘 알려져 있다. 여남 출신 인사들은 대부분 원소를 따랐다. 하지만 조조는 헌제를 영접한 그 순간부터 원소와는 결코 공존할 수 없는 운명임을 인식하고 있었을 것이다.

 허현을 도읍으로 삼은 조조의 선택은 지리적으로는 원소의 기반인 여남과의 연결을 차단하는 동시에, 정치적으로는 황제를 앞세워 여남 지역에 대한 영향력을 행사할 수 있는 전략적 거점을 마련하는 포석이기도 했다. 실제로 관도대전이 벌어졌을 무렵, 여남 출신의 유벽劉辟을 비롯한 지방 세력들이 조조를 배신하고 원소에게 가세하자, 조조는 이통李通과 조인을 보내 반란을 신속하게 진압했다.

 흥미로운 점은 조조의 막강한 진영 안에는 여남 출신 인물이 거의 없었다는 사실이다. 대표적인 여남 출신 인물인 여몽呂蒙과 여범呂範은 조조가 아닌 손권孫權을 섬겼다. 이는 여남이라는 지역이 조조의 세력 확장에 있어서는 제한적 지지 기반이었음을 보여주며, 동시에 그가 왜 허현에서 인적·지리적 우위를 확보하고자 했는지를 보여주는 대목이다.

3

찬란했던 과거와 쓸쓸한 현재의 모습

수선대에서 만난 현지인

건안 25년(220년) 3월, 헌제는 연호를 연강延康이라 바꿨다. 평안이 오래 지속되기를 바라는 염원이 담긴 연호였지만, 그 바람은 이루어지지 못했다. 연강 원년 10월, 조조의 아들 조비는 번양繁陽의 수선대受禪臺에서 헌제로부터 황제의 자리를 넘겨받고 위나라를 건국했다. 후한 왕조의 마지막 장면이자, 위나라의 서막이었다.

조비가 헌제로부터 선양을 받은 장소인 수선대 터가 남아 있다고 하여, 하남성 허창시에서 남서쪽 17킬로미터 지점에 위치

위 **수선대 비석**
아래 **수선대의 거대한 흙더미**

한 루하시漯河市 임영현临颍县 번성진繁城镇으로 향했다. 수선대에 도착하니 높이가 약 20미터에 이르고, 둘레가 약 30미터에 달하는 거대한 흙더미가 보였다. 위나라가 시작된 장소에 서니 '드디어 도착했구나' 하는 두근거림이 멈추지 않았다. 과거에 이곳에서는 수많은 문무백관이 모여 헌제가 조비에게 선양하는 모습을 지켜보며 만세를 외쳤을 것이다.

헌제가 수선대를 오르던 모습을 상상하며 나 또한 한발 한발 수선대에 올랐다. 이곳을 오르던 헌제의 심정은 어땠을까? 황제의 자리에서 선조들에게 물려받은 나라를 지켜내지 못했다는 자책, 백성들을 잘 다스리지 못했다는 부끄러움으로 하늘조차 마주할 수 없는 참담함이 아니었을까. 걸음을 옮길수록 그 마음의 무게가 느껴졌고, 헌제의 심정을 김히 헤아릴 수 없다는 생각만 들었다. 반면 조비는 천하를 모두 가진 기분이었을 것이다.

괜스레 무거워진 발걸음을 내디디며 천천히 정상을 향해 올랐다. 수선대 정상에 도착하자 현지인 한 명이 향을 피우며 무언가를 기원하고 있었다. 외지인을 반갑게 맞아준 뒤, 그는 세상이 평화로워지기를 바라는 마음으로 조조를 위해 향을 피운다고 했다. 잠깐 주위를 둘러보고 오니 향은 이미 꺼져 있었다. 문득 후한의 마지막 연호인 연강이 떠올랐다. 헌제의 마음과는 달리 위나라가 세워진 후 익주에서는 유비가 황제를 칭하며 본격적으로 삼국시대에 접어들었고, 세상은 더욱 혼란한 국면으로 치닫게 되었기 때문이다.

수선대에서 황제 자리에 오른 위문제 조비는 낙양을 도읍으로 정했고, 허도는 후한의 마지막 수도로서 한 왕조의 문을 닫았다. 그럼에도 조비는 허현을 놓지 않았다. 허현을 허창으로 개명하고, 낙양, 장안, 초, 업과 함께 오도의 하나로 지정해 한때 수도였던 허창이 새로운 시대에도 그 위상을 이어가도록 했다.

경복전과 승광전의 탄생

조비의 뒤를 이어 황위를 계승한 위명제魏明帝 조예曹叡는 태화太和 6년(227년) 9월에 허창에서 대규모 토목 공사를 시작했다. 그때 건설한 대표적인 전각이 바로 경복전景福殿과 승광전承光殿이다. 안타깝게도 조예가 지은 허창의 궁전들은 이름만 전해질 뿐, 그 흔적은 이미 오래전에 사라져 지금은 기록을 통해서만 그 모습을 상상할 수밖에 없다.

시문 선집 《문선文選》에 인용된 〈낙양궁전부洛陽宮殿賦〉에 "허창궁許昌宮의 경복전은 일곱 칸이다."라는 기록이 있는데 이는 경복전이 허창궁 내에 있었음을 알려준다. 이어지는 〈전략典略〉에서는 "위명제가 동쪽으로 순행하려다가, 여름 더위를 염려하여 허창에 전각을 짓고 이를 경복景福이라 이름 지었다. 완공 후 신하들에게 부賦를 짓도록 명하였고, 이에 하안何晏(위나라에서 활동한 철학자이자 정치가)이 이 작품을 지었다."라고 전한다.

하안이 남긴 〈경복전부景福殿賦〉는 오늘날까지 전해진다. 이 작품은 황제를 찬미하는 내용으로 시작하며 궁전 건축을 기념하기 위한 작품으로 실제 모습보다 다소 과장되고 미화된 면이 있다.

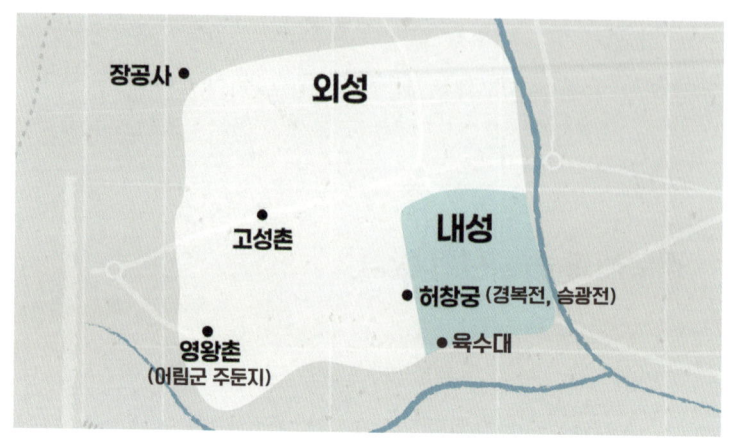

민국 13년(1924년), 《허창현지》에 수록된 허창성 평면도를 바탕으로 재구성한 모습

그럼에도 허창의 옛 영화를 상상할 수 있다는 점에서 역사적 가치를 지닌다. 하안은 경복전의 모습을 다음과 같이 묘사했다.

> 경복전 층층의 집들은 깊고 우뚝하며 칸칸의 방들은 높고 넓다. 채색 무늬로 장식된 기둥들이 가지런히 나열되어 빛이 나고, 높고 장엄한 터 위에 전당이 솟아 있다. … 전당에는 금빛 기둥들이 가지런히 서 있고, 옥으로 된 주춧돌이 기둥뿌리를 떠받치고 있다. 청색의 연결고리 문양과 은으로 만든 문고리 받침판이 궁전 내실을 장식하고 있다. … 온방전은 동편에 있고 양실전은 서편에 있다. 건양문을 열면 붉은 태양빛이 들어오고, 금광문을 열면 맑은 바람이 불어온다. 겨울에도 혹한이 없고, 여름에도 혹서가 없다. 온도가 적당해 이곳에서 살면 장수

할 수 있다.

―《문선》〈경복전부〉 중

하안의 문장은 경복전의 구조와 특징을 상세히 묘사하며, 전각이 웅장하고 화려하면서도 정교함을 가지는 동시에, 자연과의 조화를 통해 실용적이고 이상적인 주거 환경으로 설계되었음을 설명한다. 또한 다음 구절을 보자.

> 경복전의 남쪽에는 승광전이 있다. 승광전은 정령을 반포하는 곳으로 현명한 자를 맞이하고 능력 있는 자를 쓰며, 치국의 도를 나누고 알맞은 대책을 강구하는 장소다.
>
> ―《문선》〈경복전부〉 중

경복전 남쪽에는 승광전이 있었는데 이곳은 정령을 반포하고, 현자를 등용하고, 인재를 기용하며, 나라의 근간을 세우는 중요한 전각이었다. 이 모든 건물은 단순히 건축의 미학을 넘어 위나라 정권이 후한의 유산을 계승하면서도 새로운 질서를 세우려 했다는 의지를 담고 있다. 수선대에서 시작된 새로운 시대는 허창을 통해 제도화되고, 궁전의 전각 하나하나에 그 정신이 새겨졌다. 후한의 마지막 숨결과 위나라의 새로운 기개가 허창이라는 도시 위에 겹겹이 쌓인 것이다.

역사 속으로 사라진 허창

《삼국지·위서》〈무제기〉에 따르면 황초黃初 3년(222년) 5월, 조비는 허창으로 행차해 인재 등용에 관한 조서를 반포했다. 〈경복전부〉의 기록을 토대로 추측해 보면, 조서가 반포된 장소는 승광전이었을 가능성이 높다. 이는 조비가 수도를 낙양으로 옮긴 뒤에도 허창이 정치적으로 중요한 거점이었음을 보여준다. 위나라가 들어선 뒤에도 허창은 배도陪都, 즉 수도를 보좌하는 도시로서의 역할을 수행했다. 서주시대 성주成周[17]가 동도東都로 기능하고, 후한시대 장안이 서경西京으로 불리며 도성인 낙양과 동등한 위상을 가졌던 사례와 마찬가지로 위나라에서는 허창이 이와 같은 역할을 담당한 것으로 보인다.

허창궁 북쪽에는 음당전陰堂殿이 위치해 있었으며, 그 오른쪽 측면에는 청연전淸宴殿이 자리했다. 청연전은 동서 회랑을 통해 영녕전永寧殿, 안창전安昌殿, 임포전臨圃殿과 연결되어 백자전百子殿에 이르는데, 이곳은 후궁들이 거처하는 곳이었다. 중국 각지의 행정 정보를 정리한 문헌《원화군현지元和郡縣志》에 따르면, 경복전의 위치는 허창성의 남서쪽 가장자리에 자리 잡고 있었다.

허창성의 규모는 민국民國 13년(1924년)에 편찬된《허창현지許昌縣志》에서 확인할 수 있다. 기록에 따르면, "허창성은 내성과 외성으로 나뉘며, 둘레는 15리다."라고 했다. 당시 허창성은 비교적 작은 규모의 도성이었다. 15리 크기(성벽 둘레 약 6.2킬로미터)

허창성의 흔적이 남아 있는 유적지

헌제가 제사를 올리던 육수대 유적

의 도성은 주요 도성인 낙양이나 장안과 비교하면 상당히 협소한 편에 속했다. 조조가 허현을 도읍으로 정했을 당시의 상황을 고려하면, 대규모 도성을 세우는 것은 여건상 어려웠을 것이다.

이어서 "지금 궁실은 완전히 사라져 아무것도 남아 있지 않고, 오직 전각의 토대와 흙으로 된 대臺가 남아 있으며, 그 높이는 3장에 이른다. 오래된 성곽과 옛 성터만 남아 있다."라고 기록되어 있다. 이처럼 중요한 거점 역할을 했던 허창성을 가보지 않을 수 없었다. 나는 역사의 한복판으로 가기 위해 버스를 타고 허창성으로 향했다. 허창성이 위치해 있던 마을의 현재 이름은 고성촌古城村으로, 허창 시내에서 동쪽으로 20킬로미터 떨어진 곳에 있다. 마침내 다다른 허도의 유적지에는 정말 아무것도 남아 있지 않았다. 주위는 논밭으로 둘러싸여 있고, 조금 걷다 보니 헌제가 제사를 올리던 장소로 알려진 육수대毓秀臺 유적을 발견할 수 있었다. 그래도 다른 유적지보다는 관광객도 제법 보였다.

조조가 헌제를 허창으로 모시며 이곳을 허도로 삼았고, 이후에도 허창은 위나라의 상징적인 중심지로 기능했다. 그러나 삼국시대의 무대가 막을 내리고 남북조시대로 넘어가면서 허창 역시 역사의 뒤안길로 사라지게 되었다. 경평景平 원년(423년), 북위北魏(북조의 왕조)의 장수 주기周幾가 유송劉宋(남조의 첫 왕조)의 장수 이원덕李元德에게 허창을 빼앗은 뒤, 철저하게 파괴하면서 옛 허창성은 완전히 무너지고 말았다. 그리하여 한 시대를 관통하던 허창의 이름도 오랜 세월과 함께 땅속으로 묻혀버렸다.

4

여포의 마지막 숨결이
잠든 하비

하비성의 흔적을 찾아서

서주에서 가장 유명한 도시를 꼽자면 단연 하비[18]가 아닐까. 후한 말, 중원은 《삼국지》의 주요 무대였고 그중 하비는 숱한 역사적 장면을 낳은 중심지였다. 특히 조조와 유비가 연합해 천하무쌍의 무력을 자랑하는 여포를 물리친 일화는 독자들에게 강한 인상을 남긴다. 여포가 포로로 잡히는 장면 또한 그야말로 《삼국지》의 백미다. "드디어 여포가 잡히는구나!" 하는 긴장감과 기대감을 불러일으키며, 독자의 손에 땀을 쥐게 하는 명장면 중 하나로 손꼽힌다. 또한 관우도 하비에서 조조에게 항복하기도 했다.

하비는 북쪽에는 기수沂水, 남쪽에는 사수가 흐르고 있어 토지가 비옥하고 수로가 편리할 뿐만 아니라, 강을 활용한 방어에도 유리한 지역이었다. 즉, 하비는 지리적으로도 경제적으로도 뛰어난 입지 조건을 갖추었으며, 군사적으로도 행정적으로도 서주의 중심지 역할을 톡톡히 했다.

《삼국지》에서 가장 인기 있는 도시 중 하나인 하비 역시 복양과 마찬가지로 역사의 흐름 속에서 사라졌고, 오랜 세월이 흐르며 그 정확한 위치조차 찾을 수 없게 되었다. 마치 전설 속 도시처럼 하비의 존재는 지도뿐만 아니라 역사에서도 점점 잊히는 듯했다. 나 또한 《삼국지》를 사랑하는 한 사람으로서 하비는 반드시 가봐야 할 장소라고 생각했지만, 그 흔적조차 찾을 수 없다는 말에 크게 실망했었다.

그러던 2014년, 잃어버린 하비성을 되찾기 위한 움직임이 포착되기 시작했다. 강소성江蘇省 수녕睢寧 현급 지방정부에서 남경南京박물관 고고학팀을 초청해 하비의 성터를 찾기 위한 광범위한 조사를 시작한 것이다. 조사 초기에는 성터의 구체적인 위치를 하비진 북쪽으로 추정하고 그곳을 집중적으로 탐색하려 했으나 해당 지역은 이미 양어장으로 변해 있었으며, 유적지가 심하게 훼손되어 고고학 연구를 진행하기 어려운 상황이었다. 연구팀은 이곳을 중심으로 재조사를 시작했지만 이 광대한 지역에서 성터를 찾는 것은 마치 사막에서 바늘을 찾는 듯한 난관이었다.

그러던 중 연구팀은 뜻밖의 장소에서 돌파구를 찾을 수 있었다. 연구팀은 지역 주민들을 찾아다니며 단서를 모았는데, 마을 주민들이 현대의 벽돌과는 다른 낡은 벽돌을 주워 집을 짓는 데 사용하고 있다는 사실을 알게 되었다. 이 낡은 벽돌은 주민들이 땅속에서 발견한 것이었다. 연구팀은 벽돌이 출토된 지역에 주목했고, 그곳을 집중적으로 파헤치기 시작했다.

그리고 얼마 지나지 않아 그곳에서 고성의 흔적을 발견했다. 이 성벽은 명나라 말기에서 청나라 초기의 것으로 밝혀졌으며, 하단으로 내려갈수록 송나라 시대의 성벽이 층층이 쌓여 있었다. 가장 아래층에는 위진시대의 성터까지 겹쳐 있다는 사실이 확인되었다. 이는 하비성이 시대에 따라 성벽을 보수하고 재건축되었음을 보여주는 중요한 단서였다. 하지만 아쉽게도 한나라 하비성의 흔적은 결국 발견하지 못했다. 한나라 하비성은 과연 어디에 있었던 것일까?

연구팀이 조사를 시작한 지 3여 년이 흐른 2017년 5월, 위진·송·명·청 시기 하비성을 중심으로 고고학 조사를 이어가던 중 동쪽으로 1킬로미터 이상 떨어진 곳에서 판축 기법[19]으로 지은 성벽의 흔적을 발견했다. 정밀 조사 결과, 이 성벽의 연대는 위진 시기보다 이전으로 거슬러 올라가는 것으로 확인되었으며, 같은 해 7, 8월 진행된 발굴 조사에서 이 성벽이 후한 시기의 하비성임이 밝혀졌다. 마침내 《삼국지》 시대의 하비성이 세상에 그 모습을 드러낸 것이다.

수녕박물관에서 발표한 하비고성 발굴 보고서에 따르면, 한

하비고성 평면도

나라 시대의 하비성은 동서 길이 1,500미터, 남북 너비 1,350미터 규모로, 북쪽 성벽의 북서쪽 일부가 곡선으로 돌출된 형태의 정방형 구조를 이루고 있었다. 위진·송·명·청 시기의 하비성은 남북 길이 약 930미터, 동서 너비 약 630미터로, 성 외곽에 해자가 있었다. 또한 한나라 시대의 서남쪽 성벽과 겹쳐진 형태였음이 밝혀졌다. 이 두 시기의 하비성을 구분하기 위해 후한시대의 하비성을 대성大城, 위진·송·명·청시대의 하비성을 소성小城이라 불렀다.

청나라 가경嘉慶 17년(1812년)에 편찬된《비주지邳州志》에서는 〈방여기요方輿紀要〉를 인용해 하비고성에 대해 다음과 같이 기록하고 있다.

> 하비성은 세 겹으로 이루어져 있다. 대성은 둘레가 12.5리이며, 중간 성中城은 둘레가 4리로, 한때 여포가 지키던 곳이다. 위무제가 여포를 백문에서 사로잡았는데, 이는 곧 대성의 문이었다. 소성의 둘레는 2리 정도다. 또한 서남쪽에 또 하나의 작은 성이 있는데, 그 둘레는 370보이며 진晉나라 태복 석숭石崇이 건축한 것이었다. 그러나 지금은 모두 폐허가 되어 사라졌다.
>
> —《비주지》중

한나라 시대의 1리는 415.8미터이며,《비주지》에 언급된 12.5리는 약 5,200미터에 달한다. 이는 실제로 발굴된 후한 하비성의 규모와 큰 차이가 없다. 또한 하비성 서남쪽에 진나라 석숭이 건축했다고 전해지는 작은 성은 대성, 서남쪽에서 발견된 소성과 동일한 것으로 추정되지만, 규모 면에서 상당히 작다는 특징이 있다.[20] 한나라 기준 370보의 둘레는 약 430미터 정도며, 이는 일반적인 성곽보다는 중심 관아 건물을 둘러싼 담장에 가까운 규모라고 추측할 수 있다.

하비성이 사라진 이유는 명확했다. 복양과 마찬가지로 금나라 명창 5년(1194년)에 황하의 물길이 바뀌면서 침수되었고, 큰 피해를 입어 파괴된 것이다. 이후 다시 재건되었으나 청나라 강희康熙 7년(1668년)에 담성에서 규모 8.5의 강진이 발생하면서 황하의 제방이 무너졌고, 결국 하비는 완전히 물속에 잠기게 되었다. 역사 속의 하비성은 사라졌으나 사람들은 다시 그 장소에 모여들어 마을을 형성했고, 현재는 고비진古邳镇이라는 마을로 남게 되었다. '고비'라는 이름에는 오래된 하비 마을이라는 의미가 담겨 있다.

하비의 흔적을 따라 걷다

드디어 하비성의 흔적을 두 눈으로 확인할 수 있다는 생각에 마음이 정말 설레었다. 버스로 한 시간이 걸려 도착한 고비진은 예상보다 더 활기로 넘쳐났다. 마을 거리는 마치 시장처럼 북적거렸고, 곳곳에서 들려오는 흥겨운 음악이 분위기를 한층 더 들뜨게 했다.

고비진 곳곳에서 우리나라에서는 더 이상 보기 힘든 풍경이 펼쳐졌다. 살아 있는 닭과 비둘기를 파는 상인들, 족발처럼 생긴 생강을 가득 쌓아둔 가게, 길 한복판에 돼지 한 마리를 통째로 내놓고 판매하는 정육점까지, 다채로운 모습이었다. 한 걸음 한

고비진 거리와 개성 있는 가게들

닭과 비둘기를 파는 상인의 모습

도겸과 유비를 그린 벽화

걸음 내디딜 때마다 새로운 볼거리가 끊임없이 이어졌고 거리를 구경하는 것만으로도 정신이 없을 정도였다.

시장 구경에 푹 빠져 있다가 간신히 정신을 차리고 본래의 목적을 떠올렸다. 하비성 유적지가 발견된 곳으로 가기 위해 마을의 한 어르신에게 길을 물어보았다. 어르신은 "유적이라곤 별로 볼 것도 없고, 지금은 양어장일 뿐이에요."라며 현재 우리가 서 있는 곳 또한 하비성 안이라고 설명해 주었다. 이어서 그는 여포가 사로잡힌 곳이라 전해지는 백문루白門樓 유적이 아직 남아 있다는 정보를 알려주었다. 그의 말에서 이 지역의 역사에 대한 깊은 이해와 애정이 함께 느껴졌다.

백문루로 가는 길에는 그림 하나가 여행자를 반긴다. 서주목 도겸이 유비에게 서주를 양도하려고 하자 유비가 세 번이나 사

백문루가 있던 자리에 세워진 건물

양했다는 일화를 그린 커다란 벽화가 마을 한가운데에 있었다. 이 벽화를 보니 이 마을 주민들은 자신들이 《삼국지》의 역사적 배경 속에 살고 있음을 인지하고 있으며, 그 흔적을 기억하기 위해 노력하고 있다는 느낌이 들었다. 길을 쭉 따라가다 보니 '고성대로古城大路'라고 적힌 표지판이 보였다. 내가 걷는 일대가 옛 하비성이었던 것이다. 곳곳에 작은 저수지와 물웅덩이가 자리하고 있어 이곳이 물과 깊은 인연이 있는 지역임을 실감할 수 있었다. 하비성은 물에 잠겨 사라졌다는 이야기가 전해지는 곳이라 더욱 눈여겨보게 되었다.

백문루는 하비성의 남문이며, 성문 누각이 흰색 건물로 지어졌기 때문에 백문루라는 이름이 붙여졌다. 그래서 저 멀리 흰색 건물이 보이자 백문루인가 싶어 한달음에 달려갔다. 하지만 가까이 가보니 주변에는 아무것도 없이 오직 흰색으로 칠한 건물 하나만 덩그러니 서 있었다.

마을 어르신이 말한 백문루가 이곳인 걸까? 마침 지나가는 할머니에게 다급히 여쭤보니, "그래, 여기가 바로 백문루야."라는 답이 돌아왔다. 순간 나도 모르게 헛웃음이 나왔다. 그 유명한 하비성의 유적이 고작 흰색 건물 하나라는 점이 너무나 허탈했다. 백문루는 관리조차 제대로 되지 않는 듯했다. 건물 위에 새겨졌던 글자는 이미 부서져 알아보기 어려웠으나, 형태로 보아 '백문白門'이라 적혀 있었으리라 짐작할 수 있다.

건물 앞뒤로는 해자의 형태를 띤 물줄기가 여전히 흐르고 있었다. 문득 이곳에서 사로잡힌 여포와 그를 둘러싼 조조, 유비가 모두 한자리에 모여 있었다고 생각하니 두근거림이 멈추지 않았다. 오래전 화려했던 무대는 사라졌지만 그 이야기를 품은 땅은 조용히 그 자리에 남아 있었다.

하비 공방전과 여포의 최후

건안 3년(198년), 조조와 유비의 연합군은 서주의 요충지인 하비성을 공격했다. 이들은 참호를 파고, 인근의 사수와 기수의 물길을 끌어들여 수공水攻을 펼치며 성을 압박했다. 단단한 성벽과 여포의 지휘 아래 하비성은 한 달 넘게 버텼지만, 시간이 흐르며 여포의 부하 장수들이 잇따라 항복을 택했다. 더 이상 고립된 상황을 버틸 수 없다고 판단한 여포는 마침내 하비성 남문인 백문루에서 조조에게 항복했다. 《삼국지·위서》〈여포전呂布傳〉에서는 여포의 마지막을 다음과 같이 기록하고 있다.

> 드디어 여포가 산 채로 끌려왔다. 여포가 말했다. "너무 꽉 묶었으니 조금 느슨하게 풀어주십시오." 조조가 말했다. "큰 호랑이를 묶었으니 꽉 조여야 한다." 이에 여포가 요청했다. "명공의 근심거리 중에서 나 여포보다 더한 것은 없었소. 이제 내가 항복했으니 천하에 근심거리가 사라졌소. 명공이 보병을 거느리고 나 여포가 기병을 거느리게 한다면 천하를 쉽게 평정할 수 있을 것이오." 조조는 의심하는 기색을 보였다. 그러자 유비가 앞으로 나와서 말했다. "명공께서는 여포가 정원과 동탁을 섬기는 것을 보지 않았습니까?" 이 말을 듣고 조조는 고개를 끄덕였고, 여포는 유비에게 손가락질하며 말했다. "이놈이 믿으면 안 되는 놈이구나!" 조조는 결국 여포를 목매달아 죽였다.
>
> ―《삼국지·위서》〈여포전〉 중

천하에 이름을 떨쳤던 여포의 최후는 초라하기 그지없었다. 죽음을 앞둔 그는 조조에게 투항하려 했지만, 이미 여러 차례 주군을 배신했던 여포를 믿을 사람은 아무도 없었다. 조조는 유비의 결정적인 조언에 마음을 굳혔고 결국 여포는 처형당했다. 여포의 시신은 허도로 보내졌고 헌제가 그의 장례를 치러주었다.

물속에 잠든 고도

백문루 유적을 뒤로하고 아직 발굴 중인 하비성 유적지로 향했다. 백문루 유적과 지도상으로는 멀지 않은 거리였지만, 진흙으로 질척거리는 땅은 자꾸 발걸음을 붙잡았다. 곳곳에 물이 고인 웅덩이는 이곳이 오랜 세월 물속에 잠겨 있었다는 사실을 생생히 증언하고 있었다. 하비성은 수면 아래에서 오랫동안 숨을 고르다 이제야 조심스럽게 모습을 드러낸 듯했다.

하비성 유적지는 현재 고고학 발굴 지역으로 지정되어 있어 일반인의 출입이 제한된 상태였다. 철조망 너머로 보이는 넓은 대지는 한때 수많은 사람의 발소리와 말발굽 소리로 분주했겠지만, 지금은 '하비고성 유적고고현장下邳故城遺跡考古現場'이라는 간판만이 덩그러니 걸려 있었다. 그 너머로는 침묵만이 흘렀다. 발굴 현장에 들어갈 수는 없었지만 그 자리에 서 있는 것만으로도 수백 년 전 역사의 맥박과 울림이 전해졌다.

이곳에 발을 디디는 순간, 왜 수많은 세력이 하비를 차지하고자 했는지 그 절실함이 체감되었다. 무기와 군량이 모이고, 사람과 소문이 떠돌고, 장수가 주둔하며 다음 전장을 논하던 곳. 하비는 명실상부한 경제적·군사적 교차점이었다.

위 발굴 현장이라 출입이 금지된 하비성 유적지
아래 철조망 너머의 하비성 유적지

    조조 또한 이곳을 가볍게 볼 수 없었다. 그는 사수와 기수를 끌어들여 하비성을 둘러싼 일대를 수몰시키는 수공을 단행했고, 결국 여포를 궁지로 몰아넣는 데 성공했다. 이 대범한 전술은 단지 병법의 승리가 아니라 자연환경을 활용한 전장 지배라는 점에서 한 시대의 분수령이 되었다. 하지만 그런 하비성도 자연의 힘 앞에서는 무력했다. 조조의 수공 이후에도 이 일대는 지속적인 홍수 피해에 시달렸고, 결국 청나라 때 거대한 홍수로 인해 도시 전체가 물속에 잠기면서 역사 속으로 자취를 감추었다.

지금도 유적지 곳곳에는 습기를 머금은 웅덩이가 남아 있었다. 마치 '하비'라는 이름 자체가 사라진 것이 아니라 단지 잠들어 있었을 뿐이라는 듯이 말이다. 하비성이 완전히 복원되어 햇빛 아래 다시 모습을 드러내는 그날을 떠올리며, 철조망 너머의 오래된 땅을 한참 동안 바라보았다. 언젠가 이곳에서 다시 수많은 사람들이 모여 역사를 마주하게 할 날을 기대하면서.

조조는 연주 동군을 기반으로 중원의 군벌들을 하나씩 정벌하며 세력을 확장해 나갔다. 이어 장안에서 탈출한 헌제를 영접하며 제후들을 호령하기 시작했고, 하비에서 여포를 물리치며 마침내 중원의 패자로 자리매김했다. 그러나 그를 기다리고 있는 다음 상대가 있었다. 바로 북방을 완전히 장악한 최대 군벌, 원소였다. 그는 서서히 중원으로 진출할 채비를 갖추기 시작했다. 점점 짙어지는 전운은 중원 전역을 감싸며 긴장감을 고조시키고 있었다.

양양이의 기행 루트

- **장안** 후한의 수도였던 전략적 요충지. 선평문 유적지가 있는 곳
- **함곡관** 조조가 관중 진입의 핵심 관문을 확보한 곳
- **섬현** 모진도가 있는 장소이며, 헌제가 이각과 곽사를 피해 절벽을 내려간 곳
- **낙양** 장안을 탈출한 헌제가 떠돌이 신세 끝에 도착한 곳
- **허현** 조조 정권의 실질적인 수도이자 권력 기반. 헌제가 조비에게 선양한 장소인 수선대, 조조가 군사 훈련과 연회를 열었던 육수대, 위나라 주요 정무 공간 중 하나인 경복전이 있는 장소
- **하비** 서주에서 가장 유명한 도시이자 《삼국지》의 중요한 무대가 된 하비성이 위치한 곳

3장

관도대전,
삼국시대의 서막을 열다

배경지식

관도대전은 《삼국지》의 흐름을 바꾼 결정적인 전투다. 건안 5년(200년), 조조는 중원의 주도권을 두고 북방의 군벌 원소와 마주하게 된다. 당시 원소는 10여만 대군을 이끌었고 조조는 현저히 적은 병력으로 그에 맞서야 했다. 그러나 조조는 병력의 열세를 전략으로 극복했다. 조조는 오소烏巢에 주둔한 원소의 군량 창고를 야간 기습으로 불태우는 대담한 작전을 감행했다.

식량을 잃은 원소군은 급격히 무너졌고 조조는 기세를 몰아 반격에 성공했다. 관도대전의 승리로 조조는 중원의 패권을 더욱 확고히 잡았고, 이후 유비 그리고 손권과의 삼국 구도를 만들어내는 기반을 다졌다. 단순한 전투 이상의 의미를 지녔던 관도대전은 적은 병력으로 대군을 무너뜨린 전략의 정수이자 삼국시대의 서막을 연 서사시다.

함께 보면 좋은 기행 영상

'관도대전 격전지'편

1

무너진 리더의 초상, 원소

한계를 뛰어넘은 야심가, 원소

원소는 여남군 여양현汝陽縣 출신으로, 명문가 여남 원씨 집안의 사람이다. 원소의 가문은 4대에 걸쳐 삼공三公을 배출한 명문가였다. 원소의 고조부 원안袁安은 영평永平 14년(71년), 초왕楚王 유영劉英이 모반을 꾀한 사건을 조사하면서 무고한 이들을 구제해 명성을 얻었고, 후한의 외척 두씨 세력을 견제하며 권력에 굴하지 않고 자신의 의지를 밀고 나가는 자세로 많은 이들의 존경을 받았다. 그는 사공司空(실질적인 정무 담당), 사도司徒(내정 총괄) 등의 요직을 두루 역임했으며, 원안의 자손들도 재상까지 오르며 원씨 일가는 번영을 이루었다.

원소의 아버지 원봉袁逢 역시 사공에 오를 정도의 고위 관직을 지냈지만, 원소는 원봉의 서자였기에 큰아버지 원성袁成의 양자로 입적되었다. 후한은 명분을 중시하던 유교 사회였기에 서자 출신이라는 점은 원소에게 약점이었다. 그럼에도 원소는 젊은 시절부터 자신을 찾아오는 빈객들에게 몸을 낮추어 성심껏 대하며, 그들의 신분을 따지지 않고 예우했다. 원소의 이러한 태도는 서자라는 한계를 극복하고 영향력을 넓혀가기 위한 노력의 일환이었다. 원소의 노력 덕분에 낙양 거리에는 원소를 찾는 수레들이 가득 찼는데, 이를 본 중상시 조충은 "원소는 명성만 탐한다."라며 비판했다.

"원본초[21]는 명성이나 얻으려고 쓸모없는 학자들까지 접대하고 있으니, 이 자는 도대체 무슨 일을 벌이려고 하는가!"

—《후한서》〈원소열전袁紹列傳〉중

조충의 말을 들은 원소의 숙부 원외袁隗는 원소를 불러 꾸짖었으나, 원소는 고집스럽게 자신의 태도를 밀고 나갔다.《후한서》의 저자 범엽은 "한나라 중기 이후 황권이 약해지고 부패가 심해지면서, 환관 세력이 날로 권세를 키워가자 사람들은 몸을 숨기고 스스로를 지나치게 청렴하게 꾸미며 거리낌 없이 말하는 것을 고상하게 여겼다."라고 평한 바 있다.

이처럼 젊은 시절의 원소는 사회 분위기에 맞는 처세술과 원씨 가문이라는 강력한 배경 그리고 천하 곳곳에 퍼져 있던 원씨 가문 문생들의 지지를 바탕으로 유학자들의 대표 주자로 서서히 입지를 다질 수 있었다.

영웅의 기개는 사라지고 우유부단한 리더로

후한 말, 외척 세력과 권력을 쥔 환관 세력 간의 갈등은 날로 심화되고 있었다. 이때 원소는 외척 진영의 대표이자 핵심 인물인 대장군 하진에게 발탁되었고, 환관 세력을 반드시 제거해야 한다고 강력하게 주장했다. 이후 하진이 환관들에게 죽임을 당하자 원소는 망설임 없이 환관 소탕에 앞장섰다. 원소는 이 사건으로 정의로운 무장의 이미지를 얻었고, 그 명성이 하늘을 찔렀다.

또한 정권을 장악한 동탁이 원소를 불러 어린 황제인 소제少帝를 폐위하겠다는 속내를 드러내자, 원소는 반대하는 의견을 분명하게 드러내며 강단 있는 모습을 보였다. 이는 의리 있고 기개 넘치는 지도자의 모습으로, 후일 관도대전에서 보여준 우유부단한 태도와는 대조적이다.

"지금 황상은 나이가 어리지만 백성에게 잘못한 것도 없습니다. 그런데도 공께서 예법을 어기고 사사로운 정에 이끌려 적자를 폐하고 서자를 세운다면, 천하의 많은 사람들이 동의하지 않을 것입니다." 그러자 동탁이 칼을 뽑아 들고 원소를 꾸짖었다. "젊은 녀석이 감히! 천하의 권력이 내 손안에 있는데, 내 명에 누가 감히 따르지 않는가!" 원소는 일단 거짓으로 대답했다. "이는 국가의 대사이니 우선 태부와 상의해 보겠습니다." 동탁이 다시 말했다. "유씨 후손들을 더 이상 남겨둘 수 없다." 이 말을 듣고 원소가 격분하며 말했다. "천하에 힘 있는 자가 어찌 공뿐이겠습니까!"

―《후한서》〈원소열전〉 중

이 장면은 원소가 지닌 영웅적 기개를 그대로 보여준다. 이 시기의 원소는 많은 이들이 감탄하고 따를 만한 인물로 비춰졌다. 동탁과 함께할 수 없다는 것을 직감한 원소는 결국 관직을 버리고 낙양을 떠나 기주로 향했다.

곧이어 원소는 동탁을 토벌하기 위해 군사를 일으켰다. 후장군 원술, 기주목 한복, 예주자사 공주孔伷, 연주자사 유대劉岱, 진류태수 장막 그리고 분무장군으로 임명된 조조 등이 함께하며, 동탁 토벌을 명분으로 연합군을 결성했다. 이때 원소는 맹주로 추대되어 지도자로서 처음으로 시험대에 오르게 되었으나,《삼국지·위서》〈여포전〉 따르면, "원소는 맹주가 된 뒤 교만하고 오만한 기색을 드러내기 시작했다."라고 했다. 정작 원소는 동탁의 강력한 군대 앞에서는 소극적인 태도로 일관하며 결단력 있는 지도자의 모습을 보이지 못했다. 지도자로서의 한계가 드러나기 시작한 것이다.

이는 이전에 보여준 원소의 영웅적인 면모와는 전혀 다른 모습이다. 대체 원소에게 무슨 변화가 있었던 것일까? 먼저, 심리적인 이유가 있었다. 서자 출신이었던 원소는 초기에는 신분상의 한계를 극복하기 위해 몸을 낮추고 인재를 널리 대우했다. 하지만 연합군을 대표하는 맹주에 오른 이후에는 지위가 달라졌고, 그에 따른 심리적인 변화가 일어났다고 볼 수 있다. 다음으로, 이미 원소는 유주목 유우劉虞를 새로운 황제로 옹립하려는 정치적 의도를 품고 있었다. 원소의 이러한 계산은 즉각적인 행동보다 외형적 명분에 집중하도록 만들었을 것이다.

하지만 원소의 소극적인 태도는 '동탁 토벌'이라는 공동의 명분까지 약화시켰고, 결국 연합군은 점차 목표 의식까지 떨어졌다. 연합군은 날마다 성대한 연회만을 열고, 정작 동탁을 공격하는 실질적인 행동에 나서지 않았다. 결국 조조는 연합군 내부에서 적극적으로 동탁을 공격해야 한다고 주장했고 실제로 군을 이끌고 동탁군을 공격했다. 비록 조조가 형양滎陽에서 동탁의 장수 서영徐榮에게 패배했으나, 이 과정에서 그는 정치적 결단력과 역량을 충분히 드러냈다. 조조는 이 시기에 원소의 한계를 간파한 것이 아닐까? 결국 반反동탁 연합군이 와해된 원인에는 원소의 부족한 지도력이 큰 영향을 미쳤다고 볼 수 있다.

반동탁 연합군의 맹주 시절에 드러난 원소의 부족한 리더십이 그의 정치적 행보에 직접적인 타격을 주지는 않았다. 그 후에도 원소는 한복에게 기주를 양도받고 공손찬과의 치열한 하북河北 쟁탈전에서 승리함으로써 하북 네 개 주를 장악하며, 군웅할거의 시대에 가장 유력한 군벌 중 하나로 부상하게 되었다.

원소는 승승장구하는 듯했으나 리더로서의 성격적 결함 때문에 여러 인물에게 부정적인 평가를 받았다. 특히 조조의 책사였던 순욱과 곽가는 한때 원소를 보필하다가 떠난 인물들인데, 그들이 남긴 평가가 흥미롭다.

> "원소는 겉으로는 관대하나 거리끼는 마음이 있으면 사람을 임용하고도 충성스러운지 의심하고 … 일을 처리할 때는 지지부진하며 생각이 분분하고 결단력이 부족하여 기회를 보고도 행동하지 않아 놓쳐버립니다."
>
> —《삼국지·위서》〈순욱전〉 중

> "원공은 선비를 모방하려고 하고, 인재를 등용하는 법을 알지 못하오. 일을 처리할 때 생각은 많으나 요령이 부족하고, 모략을 좋아하지만 결단력이 없어 원공과 천하의 난국을 구원하고 패왕의 대업을 이루기는 어려울 것이오."
>
> —《삼국지·위서》〈곽가전郭嘉傳〉 중

요약하면, 원소는 "겉으로는 관대하지만, 속으로는 의심이 많고 결단력이 부족해 기회를 놓치며 실제 행동에 약하고 천하의 난국을 해결할 인물은 아니다."라는 말이다. 즉, 원소는 인재를 적절히 활용하지 못하고 결단력이 부족하다는 뜻이다. 이러한 평가는 반동탁 연합군 시기부터 드러났던 그의 문제를 조조뿐만 아니라 원소를 가까이에서 모셨던 인물들이 모두 인식하고 있었음을 보여준다.

유비가 서주자사 차주車冑를 살해하고 서주를 장악하자, 조조는 유비를 정벌하고자 했다. 여러 장수들이 원소와의 대결을 앞둔 상황에 동쪽으로 군사를 움직이는 것은 위험하다고 만류했으나, 조조는 "원소는 큰 뜻을 품었지만 형세 판단이 느려 군사를 출동시키지 않을 것이오."라고 말했고, 곽가도 조조의 의견에 동의했다. 실제로 원소의 책사 전풍田豐은 조조를 공격할 절호의 기회라고 판단하고 군사를 일으킬 것을 권유했으나, 원소는 아들이 병을 앓고 있다며 공격을 거절했다. 조조가 관도로 돌아올 때까지 원소는 끝내 군대를 일으키지 않았다.

결국 젊은 시절의 결기와 인망으로 쌓아 올린 원소의 명성은 지도자의 자리에서 드러난 우유부단함과 명분에만 얽매인 정치적 판단력으로 인해 급격히 빛을 잃기 시작했다. 그 결단을 내려야 할 때 침묵했던 원소의 모습은 훗날 관도에서 맞이할 비극적 패배를 예고하는 신호탄이었다.

2

관도대전의 시작을 알린 백마전투

말라버린 여양의 물줄기

건안 5년(200년) 2월, 원소는 북방을 평정한 기세를 몰아 업성을 떠나 남하했고, 군을 이끌고 황하 북안의 여양黎陽에 주둔하며 본격적인 관도대전의 서막을 열었다. 당시 여양은 황하를 건너는 주요 길목으로, 원소의 군대가 강을 건너며 대륙을 뒤흔들던 장면을 상상하게 만든다. 그러나 지금 이곳은 강줄기 하나 없이 말라 있으며, 마음만 먹으면 옛 황하가 있던 자리를 걸어서 쉽게 건널 수 있을 정도다. 과거의 격전지라기에는 너무나 조용한 풍경 속에서 당시의 격동을 되짚는 일은 오히려 묘한 감흥을

위 여양 유적지의 비석
아래 과거 황하가 흐르던 곳. 현재는 물줄기가 메말랐다.

자아냈다.

관도대전 당시 원소는 정예병 10만 명과 기병 1만 명에 달하는 대규모 병력을 이끌었다. 강을 건너기 위해 안량顔良을 선봉으로 내세워 백마로 진군하게 했는데, 이때 백마를 수비하고 있던 이는 동군태수 유연劉延이었다. 조조는 4월이 되어서야 유연을 구원하기 위해 군을 일으켰고, 이를 통해 유연이 오랜 시간 성을 방어하며 시간을 끌어준 것을 알 수 있다. 그 덕분에 조조군 내부에서는 백마전투에 효과적으로 대응할 전략을 마련하기 위한 시간을 확보할 수 있었다. 조조의 책사 순유는 다음과 같은 전략을 내놓았다.

> "지금은 우리 병사의 수가 적어 원소에게 대적하기 어렵지만, 적의 병력을 분산시키면 승산이 있습니다. 공이 연진에 도착한 후 병사들이 물을 건너 배후를 공격할 것처럼 하면, 원소는 반드시 서쪽으로 가서 응전하려 할 것입니다. 그후에 경무장한 병사들을 보내 백마로 쳐들어가 적의 빈틈을 노리면 안량을 사로잡을 수 있습니다."
>
> —《삼국지·위서》〈무제기〉 중

조조는 순유의 계책을 받아들였고, 원소가 병력을 나누어 서쪽으로 보냈다는 소식을 듣자마자 곧바로 군사를 이끌고 쉬지 않고 백마로 진군했다.

한편 원소 측 책사들도 손을 놓고 있지는 않았다. 특히 저수는 원소에게 보다 신중하게 대응해야 한다고 제안했다. 그는 "안량은 성격이 급하고 도량이 좁습니다. 용맹하지만 혼자 무거운 책임을 맡지 못할 인물입니다."라고 간언했으나 원소는 이를 듣지 않았다. 순욱과 곽가가 지적했듯, 인재를 의심하고 활용하지 못하는 원소의 성격적 결함이 드러나는 부분이다. 지도자로서 인재를 다루는 태도의 차이가 분명히 드러나는 가운데 첫 전투가 벌어졌다.

고요한 시골 마을에 새겨진 전장의 흔적

오늘날 백마는 하남성 안양시安陽市 화현滑縣에서 동쪽으로 약 15킬로미터 떨어진 유고진留固鎭 백마장촌白馬墻村에 자리하고 있으며, 삼국시대에는 동군에 속해 있었다. 관도대전에서 결코 빠질 수 없는 백마전투의 현장을 찾아가는 일은 쉽지 않았다. 안양시와 복양시 두 도시의 중심에서 남쪽으로 벗어난 외진 지역이다 보니 교통편이 제대로 갖추어지지 않아 버스도, 기차도 이용할 수 없었다.

백마장촌은 고요하고 한적한 분위기 속에 잠겨 있었고, 마주친 주민들은 대부분 노인이었다. 젊은 세대는 도시로 떠난 듯 마을에는 세월의 흔적만이 남아 있었다. 마을 한편에서는 동네 어르신들이 모여 낯선 이를 신기한 듯 바라보았고, 나는 간단히 인사하고는 마을을 돌아보았다. 마을을 다니는 동안에도 이곳이 백마전투가 벌어졌던 역사적인 장소라는 사실을 좀처럼 실감할

백마성 비석

수 없었다.

　전형적인 시골 마을 한가운데에서 백마성 유적지임을 알려주는 비석 하나를 발견했다. 그 순간 가벼웠던 마음이 어느새 무겁고 숙연해지기까지 했다. 책을 읽으면서 막연하게 상상만 했던 역사 속 장소가 묵직한 현실로 다가왔다. 관도대전의 문을 연 백마성에 드디어 도착한 것이다. 비석 뒤편에는 백마성의 규모가 기록되어 있었다. 동서 길이 약 2,000미터, 남북 너비 약 1,500미터로 한나라의 일반적인 성곽 규모에 해당했다. 현대적 기준에서는 다소 작고 아담해 보이지만, 이 작은 성에서 동군태수 유연은 원소의 대군에 맞서 굳건히 성을 지켜냈다.

　마을을 돌아다니다가 운 좋게도 마을 촌장을 만나게 되었다. 그는 반갑게 인사를 건네고는 백마성 유적지가 더 발굴되고 개

백마성의 성문이 위치해 있던 곳

백마성 역사관 입구

발되어야 한다고 말하며, 마을 역사를 정성스럽게 설명해 주기 시작했다. 그의 말에 따르면, 과거 고고학 발굴팀이 마을을 찾아와 성벽의 실측 조사를 진행했으며, 백마성 성벽은 아래쪽 너비가 약 10미터, 위쪽은 약 5미터로, 위로 갈수록 좁아지는 전형적인 구조였다고 했다. 높이는 약 10미터에 달했다고 했다. 마을 촌장의 차를 얻어 타고 백마성 역사관도 방문할 수 있었고, 규모는 작았지만 백마성과 백마전투에 대한 내용이 빼곡하게 적혀 있었고, 관련 유물도 살펴볼 수 있었다.

　마을 한편에는 작은 개울의 흔적이 있었는데, 그 왼편으로 길게 이어진 흙더미들은 한나라 시기에 세워진 백마성 성벽 유적이었다. 이 개울은 백마성 아래를 흐르던 해자였을 가능성이 매우 높아 보였으며, 지금도 그 구조가 뚜렷이 남아 있었다.

　이어서 촌장은 백마성 동문이 있었던 자리로 안내해 주었다. 한때 수많은 사람들이 드나들었을 길은 여전히 사용되고 있었다. 다만 성문 좌우로 현대식 주택들이 서 있어 원소군의 군대를 막아서는 백마성의 옛 모습을 상상하기에는 어려웠다. 다행히 마을 사람들은 역사의 흔적을 소중하게 여기며 그 기억을 지키려 애쓰고 있었다. 거대한 전쟁의 무대였던 백마성은 시간이 흐르며 평화로운 시골 마을로 변했지만, 그 땅에 밴 역사의 숨결은 여전히 살아 숨 쉬고 있었다. 동시에 자신들의 역사를 간직하려는 모습은 깊은 감동으로 남았다.

관우의 칼끝이 빛난 곳, 백마산의 기억

촌장의 친절한 설명을 뒤로하고 백마장촌을 떠나 백마전투가 벌어졌던 격전지로 향했다. 백마전투는 백마성에서 서북쪽으로 약 20킬로미터 떨어진 곳에서 벌어졌다. 오늘날에는 백마파白馬坡 또는 백마산白馬山으로 불리며, 하남성 학벽시鶴壁市 준현浚縣 마촌馬村 일대를 말한다. 마촌에 도착하자, 흙을 다져 만든 듯한 인공 대지 위에 성곽의 형태를 본뜬 담장이 둘러싼 곳이 눈에 띄었다. 규모가 크지도 않았고, 담장도 높지 않았지만 마을 안으로 들어서니 주민들이 둘러앉아 옹기종기 담소를 나누는 모습이 보였다.

조심스럽게 주민들에게 다가가 백마산의 위치를 물었다. 그러자 주민들은 뒤편에 보이는 성곽 형태의 담장이 백마산이라고 알려주었다. "이곳이 관우가 안량을 벤 장소요. 근처에 진짜 안량의 무덤도 있소."라는 말까지 덧붙였다. 그 말을 듣자 무척 설레기 시작했다. 내가 백마장촌을 떠나 이곳까지 찾아온 이유가 관우가 안량을 벤 바로 그 장소를 직접 밟아보기 위함이었기 때문이다.

계단을 하나씩 밟으며 그리 높지 않은 백마산에 오르자, 관우를 모신 작은 사당이 조용히 자리하고 있었다. 사당 안에는 붉은 얼굴에 매서운 눈빛을 지닌 관우가 왼손에는《춘추春秋》를 들고, 오른손은 무릎 위에 얹은 채 주먹을 불끈 쥐고는 앉아 있었다.

위 백마산에 있는 관우 사당
아래 사당 안쪽에 있는 관우 동상

마치 결연한 각오를 다지며 곧 맞이할 전투를 응시하는 듯한 인상이었다. 실제로 《삼국지·촉서》〈관우전關羽傳〉에도 "관우는 안량의 깃발과 수레 덮개를 멀리 바라보다가 말에 채찍질을 하여

3장 관도대전, 삼국시대의 서막을 열다　　127

벌판에 있는 안량의 묘

1만 명의 대군 속에 있는 안량을 찌르고 그 머리를 베어 돌아왔다."라고 적혀 있다.

 다음으로 찾은 안량의 묘는 벌판에 자리 잡고 있었다. 마을 사람들도 안량의 무덤을 보러 종종 오는 듯했다. 안량의 머리가 땅에 떨어지는 순간, 이 땅에는 어떤 기운이 감돌았을까? 승기를 잡은 이들의 함성으로 가득 찼을까, 패자의 무거운 마음과 한숨이 가득했을까. 조조와 관우 진영은 백마전투에서 처음으로 원소의 대군에 맞서 승기를 잡으며 전환점을 맞이했다. 관우의 용맹함과 무력이 또 한 번 천하에 펼쳐지는 순간이었다.

3

관도를 결전지로 택한 조조의 전략

전략적 후퇴를 택한 조조

　백마전투에서 원소군의 선봉 부대가 무너졌으나, 조조는 백마성의 포위를 해제했다. 조조는 경무장 상태에서 기습적으로 원소의 선봉 부대를 격파했기에, 원소와 정면으로 맞서 싸울 준비를 갖추지 못했다. 비록 백마는 연주에 속한 조조의 관할지였지만, 지리적으로는 원소의 본거지인 업성과 가까웠기에 전장의 상황은 원소에게 유리하게 작용할 가능성이 컸다.
　결국 조조는 곧바로 이 지역의 백성들을 황하 서쪽으로 대피시킨 뒤, 군대를 남쪽으로 이동시켰다. 원소는 조조를 추격하기 위해 황하를 건너 뒤쫓았으나, 이는 조조의 철저한 전략적 계산 아래 전개된 퇴각이었다. 조조는 애초부터 자신이 선택한 전장에서 결전을 벌이려 계획한 것이다.

조조는 이미 관도에 진영을 설치하고 머물다 떠나기를 반복하며, 관도를 최종 전장으로 점찍고 있었던 것으로 보인다. 조조가 자신을 추격해 오던 원소의 기병대장 문추文醜를 격파한 후 곧바로 관도로 군사를 후퇴시킨 것도 그의 전략이 계획된 것이었음을 보여준다. 그렇다면 조조가 관도를 결전지로 선택한 이유는 무엇일까?

관도는 오늘날 하남성 정주시鄭州市와 개봉시開封市 사이에 있는 중모현中牟縣 일대로, 이곳에서 남쪽의 허도까지는 약 90킬로미터 거리였다. 관도를 돌파하면 곧바로 조조의 근거지인 허도까지 진격할 수 있는 전략적 요충지였기 때문에 방어선으로서의 의미도 컸다.

또한 관도는 삼면이 수로와 늪지로 둘러싸인 천연의 방어 지형을 갖추고 있었다. 관도의 북쪽에는 관도수官渡水가 흐르고, 서쪽에는 포전택圃田澤이라 불리는 넓은 습지가 펼쳐져 있었다.《원화군현지》에 따르면, "이 습지는 동서로 50리, 남북으로 26리에 이르며, 동쪽 끝이 관도에 접한다."라고 했다. 또한 중모현 동북쪽에는 중모택中牟澤이라는 또 다른 늪지대가 있어, 관도 일대는 사방이 습지와 수로로 둘러싸인 형세를 이루었다.

이러한 지형은 대군을 운용하는 데는 불리한 환경으로, 특히 보병과 기병의 기동이 제한되었다. 그 가운데 좁은 진입로는 병력 면에서 열세에 있던 조조군이 대규모 군대를 상대하는 데 유리한 조건을 제공했다. 결과적으로 관도의 특수한 지형은 수적 우세를 앞세운 원소의 군대를 무력화할 수 있는 최적의 전장 조건을 갖추고 있었던 셈이다.

위기에서 벗어나기 위한 조조의 전략

현재 대부분의 습지는 황하 범람과 세월에 따른 토사 퇴적으로 인해 사라졌으며, 중모현 서쪽에 있는 중산습지공원의 흔적으로 이 일대가 한때 넓은 습지였음을 짐작할 뿐이다.

더없는 최적의 형세를 갖추었던 관도의 전장을 직접 확인하고자 중모현 관도교촌官渡橋村을 찾았다. 이 조그마한 마을에서 《삼국지》 삼대 전투 중 하나인 관도대전이 일어났다는 사실이 놀라웠다. 마을 입구에는 전통 기와지붕을 얹은 구조물이 세워져 있었고, 그 벽면에는 관도대전의 전투 장면이 생생하게 그려져 있었다. 비록 세월의 흔적으로 일부 훼손되었지만, 조조군과 원소군의 모습만은 뚜렷했다.

벽화 속 조조는 마차에 앉아 관도대전을 지휘하고 있으며, 원소군은 두려움에 찬 얼굴로 후퇴하고 있다. 그림만 보면 조조가 손쉽게 승리를 거둔 듯하지만, 실제로 조조군은 패망 직전까지

관도교촌 마을 입구

관도대전을 그린 벽화

위 조조의 모습을 보여주는 벽화
아래 관도고사 절

몰리는 위기를 겪었다. 〈무제기〉에서는 당시 조조군의 상황을 다음과 같이 묘사하고 있다.

원소의 군대는 다시 관도까지 진군해 흙산과 지하도를 구축했다. 조조도 진영에 똑같은 것을 만들어 대응했다. 원소가 조조의 진영으로 화살을 쏘니, 마치 비가 내리는 듯해 걸을 때도 방패로 몸을 가려야 했으므로 병사들이 매우 두려워했다.

―《삼국지·위서》〈무제기〉 중

조조는 허도로 퇴각하는 방안까지 고민할 정도로 위기에 몰려 있었다. 만약 관도가 돌파당한다면 허도까지는 평야가 이어지는 지형이기 때문에 원소군이 곧장 허도로 진격해 올 수 있었고, 이는 곧 조조의 패배를 의미했다. 따라서 순욱은 퇴각을 강력하게 반대했고 조조는 관도에 머무르며 대치 국면을 이어갔다.

조조, 오소를 기습해 전세를 뒤집다

건안 5년(200년) 10월, 관도에서 원소와 대치한 지 두 달 만에 조조에게 기회가 찾아왔다. 기회는 원소군의 참모였던 허유許攸[22]의 투항으로부터 비롯되었다. 허유는 원소가 순우경에게 군량을 운송시키고 오소에 머물고 있다는 1급 정보를 제공하며, 오소를 기습하자는 계책을 제안했다.

조조는 계책을 받아들여, 몸소 보병과 기병 5천 명을 이끌고 밤새 오소를 향해 진군했다. 당시 조조의 수하들 사이에서는 허유의 진의를 두고 의견이 엇갈렸으나, 책사 순유와 가후가 계책을 따를 것을 적극 권했다. 원소군은 업성에서 관도까지 군량을 공급하기 위해 매우 복잡한 경로를 이용해야 했다. 보급로는 황하를 건넌 뒤, 육로를 통해 복수濮水까지 운송하고, 다시 수로를 따라 오소에 이른 뒤 음구수陰溝水를 건너 관도에 이르렀다. 이 과정에서 여러 하천과 습지를 지나야 했기 때문에 상당히 험난하고 비효율적인 경로였다. 조조는 경무장 부대로 기동성을 극대화해 원소군을 유인하고 분산시킨 뒤 오소의 군량 창고를 급습해 전세를 뒤집은 것이다.

이 전략은 조조가 병력의 열세를 뛰어넘는 전장 선택과 민첩한 판단 그리고 상대의 약점을 정확히 꿰뚫는 군사적 통찰을 가졌음을 보여주는 대표적 사례다.

오소는 현재 하남성 연진현延津縣 동사고촌東史固村 일대로 그 위치를 짐작하고 있다. 이곳의 넓은 평야 한가운데에는 전통 양식의 목조 패루牌樓가 세워져 있으며, 정면 상단의 현판에는 '삼국오소양초대영三國烏巢糧草大營'이라는 글씨가 새겨져 있다. '양초'는 군수물자를 뜻하고, '대영'은 대규모 군영을 뜻한다. 이 문구는 '이곳은 삼국시대에 조조가 원소의 군량을 기습했던 오소 보급기지가 있었던 곳이다'라는 의미다. 역사적 상징성을 강조하기 위해 세운 기념 패루인 것이다.

거대한 패루를 지나면 고요한 들판이 펼쳐지는데, 이곳 역시 한때는 역사의 분기점을 가른 치열한 격전의 현장이었다. 들판

드론으로 바라본 오소의 들판

을 바라보며 흥분되는 마음을 진정시키려 애썼다. 하나하나 놓치지 않고 모두 눈에 담고 싶었다. 당시 조조가 마주했던 긴박하고 절박한 상황 또한 기록으로 생생히 전해지고 있다.

> 순우경은 조조의 병력이 적은 것을 보고 진영 밖으로 나왔다. 조조가 순식간에 쳐들어가자 순우경은 후퇴해 진영을 지켰고 조조는 그들의 군영을 공격했다. 원소는 기병을 보내 순우경을 돕도록 했다. 조조의 장수들은 "적의 기병이 점점 가까이 오고 있습니다. 병사를 분산시켜 적을 막으십시오."라고 진언했으나, 조조는 분노하여 말했다. "적이 배후에 다다르면 다시 보고하라!" 병사들은 목숨을 걸고 싸워 순우경 등을 크게 무찔렀고

그들을 모조리 죽였다.

—《삼국지·위서》〈무제기〉 중

    조조의 오소 기습으로 원소군은 군량의 대부분을 잃었고, 본대 역시 위급한 상황에 닥쳤다. 평소 결단력이 부족했던 원소는 더 이상 물러설 수 없다며, 조조군의 진영을 정면으로 공격해 그들을 무너뜨리겠다는 의지를 보였다. 그러나 원소군 내부에서는 순우경을 구원하자는 의견과 조조군의 본진을 공격하자는 의견으로 갈렸고, 여기서 다시금 원소의 우유부단한 리더십이 수면 위로 떠올랐다. 결국 그는 경무장한 기병만을 보내 순우경 구원에 나서게 했다.

    같은 시기, 장합張郃과 고람高覽에게는 조조의 본영을 치라는 명령이 내려졌지만, 순우경이 궤멸했다는 소식이 전해지면서 상황이 달라졌다. 전세가 불리하다고 판단한 장합은 고람과 함께 조조에게 투항했고 원소군은 지휘 계통마저 무너지며 패색이 짙게 드리웠다.

    무엇보다 충격적인 점은 아직 원소군이 완전히 패배하지 않은 상황이었는데 원소가 군대를 버리고 황하를 건너 도주했다는 사실이다. 그는 수만 대군을 버리고 지도자로서의 체면과 책임까지 모두 저버린 채 전장을 이탈했다. 조조는 항복한 원소군 다수의 병사를 참수하며 관도대전을 승리로 이끌었다.

오소 둔량 유적

마치 조조가 원소의 군량을 불태운 것처럼 보이는 현장

전풍의 계책을 거절한 원소

관도대전의 패배는 원소의 부족한 리더십에서 비롯된 측면이 컸지만, 그에게도 충분히 승리의 가능성은 있었다. 조조에게 순유와 곽가라는 명참모들이 있었던 것처럼 원소에게도 전풍과 저수 같은 유능한 책사들이 존재했기 때문이다. 본격적인 전쟁이 발발하기 전, 전풍은 원소에게 다음과 같은 전략을 건의했다.

> "조조는 변화무쌍한 전술을 구사하므로 군사가 적어도 무시할 수 없으니 지구전으로 대처해야 합니다. 장군께서는 서산西山과 황하의 요충지를 거점으로 삼고, 네 주의 백성을 끌어안아 밖으로는 영웅들과 손을 잡고, 안으로는 농사와 군사를 정비한 후에 정예병을 뽑아 기습 부대를 편성하고, 적의 허점을 지속적으로 공격하여 하남을 혼란스럽게 하십시오. 적군이 오른쪽을 구원하면 왼쪽을 공격하고, 왼쪽을 구원하면 오른쪽을 공격하여, 적군이 명령을 쫓느라 피로하게 만들고 백성이 생업에 편안히 종사할 수 없게 하면, 우리는 힘을 들이지 않고도 2년도 되지 않아 이길 수 있습니다."
>
> —《삼국지·위서》〈원소전〉 중

그러나 원소는 전풍의 전략을 받아들이지 않았고, 전풍이 거듭 자신의 주장을 내세우자 오히려 군사들의 사기를 떨어뜨린다는 핑계로 그를 감옥에 가두었다. 반면 조조는 전풍의 전략을 예견이라도 한 듯 사전에 철저한 대비책을 마련했다.

조조는 먼저 장패臧霸를 청주青州로 진격시켜 동쪽에서 침입할 수 있는 길을 막고, 정욱程昱을 견성鄄城에 배치해 연주 지역 내 호족들이 원소군에 투항할 가능성을 사전에 차단했다. 병주 방면에서 내려올 수 있는 원소군을 견제하기 위해 위충魏种을 하내태수로 임명해 서쪽 지역의 안정을 확보했으며, 하후돈夏侯惇을 하남윤河南尹으로 임명해 허도 서쪽의 안전과 방위를 책임지게 했다. 또한 유비와 주령朱靈을 서주로 보내 원술이 북상해 원소와 연합하지 못하도록 차단했고, 만총滿寵과 이통李通을 여남에 주둔시켜 후방의 안전을 확보하면서도 여남 지역에서 원씨 세력과 연계할 가능성이 있는 적대 세력들을 견제했다.

이처럼 조조는 동서 양면 전선은 물론 후방에 이르기까지 빈틈없이 방어 체계를 구축했고, 우금于禁, 서황徐晃, 장료張遼, 관우와 같은 맹장들을 최전선에 배치해 원소와 정면으로 맞섰다. 이러한 조조의 다방면적 군사적 배치를 고려하면, 《삼국지·위서》〈무제기〉에서 배송지가 조조의 병력이 원소군보다 적었다고 기술한 부분[23]은 동서 전선과 후방에 배치된 병력을 제외한, 관도 전투 현장에서 원소군과 교전한 순수 전투 병력만을 의미했을 가능성이 높다. 실제 조조는 병력 분산에도 불구하고 전략적으로 핵심 지역을 지켜내며 전세를 주도했다.

실패한 반조조 연합의 그림자

원소가 전풍의 지구전 전략을 받아들이지 않은 이유는 단순히 그의 고집 때문만은 아니었다. 당시 조조의 병력 배치와 전략적 움직임에 대해 원소 역시 일정 부분 파악했을 가능성이 있다. 다만 원소는 자신이 공격에 나서면 주변 군벌들이 합세해 조조를 압박할 것이라고 기대하고 있었다. 이 같은 기대가 구체적으로 드러난 사례가 진림陳琳(뛰어난 문장력으로 잘 알려진 인물)에게 작성하게 한 조조 토벌 격문이다. 그는 이 격문을 예주자사 유비를 비롯한 여러 군벌에게 보내 조조의 죄를 알리고 토벌에 동참할 것을 호소했다.

이 격문은 관도대전 직전에 원소가 취한 사실상 유일하게 주목할 만한 전략적 조치다. 그는 반동탁 연합군의 맹주로서 여러 군벌의 지지를 받았던 과거를 떠올리며, 이번에도 유사한 방식으로 반조조 연합군을 기대하며 격문을 작성한 것으로 보인다. 원소는 조조의 측면 및 후방을 군벌들이 흔들어주고, 자신은 정면에서 본격적인 결전을 치르겠다는 시나리오를 그렸을 것이다. 그러나 문제는 반동탁 연합군 시기에 원소가 보여준 소극적 태도와 결단력 부족 등으로 인해 맹주로서의 자질에 의문을 품은 군벌들이 이미 존재했다는 사실이다.

결정적으로 원소가 군벌들에게 보낸 격문에는 그가 구상한 조조 토벌 전략이 지나치게 구체적으로 담겨 있어, 오히려 조조

측에 전략을 노출하는 결과를 초래하고 말았다. 진림이 작성한
〈위원소격예주爲袁紹檄豫州〉에는 다음과 같은 내용이 담겨 있다.

> "병주자사는 태행산을 넘었고, 청주는 제수와 탑수漯水를 건넜
> 으며, 대군은 황하를 건너서 그 앞을 막고, 형주자사는 완宛과
> 섭葉을 함락시켜 그 뒤를 방어했다. 위엄 있는 군대가 조조의
> 영지에 모두 모였다. 이는 불꽃으로 쑥풀을 태우는 것과 같고
> 푸른 바닷물을 덮어서 불씨를 끄는 것과 같으니 어찌 조조가
> 멸망하지 않겠는가!"
>
> ─《문선》〈위원소격예주〉 중

격문의 내용은 마치 모든 전략이 이미 완료된 사실인 것처럼
서술되어, 조조가 패배한 것처럼 묘사되어 있다. 원소가 그만큼
자신만만했으며 자신의 계책이 반드시 성공할 것이라 확신하고
있었음을 보여준다. 결국 자만심에 빠진 원소는 전풍이나 저수
등이 제안한 지구전 전략에는 귀를 기울이지 않았다. 반면 조조
는 격문을 통해 원소의 전략을 충분히 파악할 수 있었고, 오히려
자신이 선택한 전장인 관도로 원소의 대군을 끌어들이는 데 성
공했다.

그렇다면 원소가 기대했던 주변 군벌들은 아예 손을 놓고 있
었을까? 조조가 관도에서 원소와 대치하고 있을 당시 원소는 남
양南陽에 주둔 중인 군벌 장수에게 협력을 요청했다. 장수는 원

소에게 응할 생각이 있었지만, 책사 가후가 "조조는 천자를 받들어 천하를 호령하고 있으며, 원소는 강성하니 우리를 중시하지 않을 것이다."라고 말하며 조조에게 귀순할 것을 권했다. 결국 장수는 조조에게 투항했고, 관도대전에서 전력을 다해 싸우며 큰 공을 세웠다.

또 원소는 형주목 유표에게도 사자를 보내 구원을 요청했으나 《삼국지·위서》〈유표전劉表傳〉에 따르면 "유표는 겉으로는 허락했으나 실제로는 군대를 보내지 않았고, 장강長江과 한수漢水 일대를 지키며 천하의 형세를 관망했다."라고 했다.

물론 원소에게 합세한 세력도 일부 있었다. 여남 지역에서는 유벽 등이 허도 인근을 공격했고, 원소는 자신에게 의탁해 있던 유비로 하여금 유벽을 지원해 여남 일대를 공격하게 해 조조의 배후를 위협했다. 이 공격으로 허도 인근의 민심이 일시적으로 동요했고, 관도에서 원소와 대치 중이던 조조 역시 근심에 빠지기도 했다. 그러나 조조의 장수 조인이 나서서 이들을 격파했고, 원소의 후방 기습은 실패로 끝나며 조조에게 실질적인 타격을 주지는 못했다. 또한 원소에게 직접 호응했는지는 명확히 확인되지는 않지만, 강동江東의 손책孫策도 허도를 기습할 움직임을 보이기도 했으나 안타깝게도 자객의 습격을 받아 부상을 입고 사망했다.

결과적으로 원소가 기대했던 반조조 연합군은 구성되지도 못했으며 그의 구상은 희망에 그쳤다. 반면 조조는 외부 변수에도

관도교촌에 세워진 조조 동상

흔들리지 않고 관도라는 결정적 전장에서 승리를 거머쥐었다. 승패를 가른 결정적 차이점은 전략의 정교함도 있지만, 무엇보다 실현 가능한 현실에 발을 딛고 있었느냐의 여부였다. 원소는 방심했고 조조는 철저하게 현실적으로 계책을 마련했다. 그리고 그 차이가 역사의 분기점이 되었다.

양양이의 기행 루트

- **여양** 관도대전의 전초기지. 당시 황하를 건너는 중요한 통로였던 곳
- **백마** 관우가 안량을 참수한 전투의 현장. 현재는 '백마산'이라 불리는 곳
- **오소** 과거 오소 보급기지가 있던 장소
- **관도** 사방이 늪지로 둘러싸인 천연 요새로, 지역적 특징 덕분에 조조군에게 전세가 유리하게 기울었음

4장

허창에서 업성까지 조조의 제국에 서다

배경지식

조조는 군사적 재능도 뛰어났지만 토목과 행정에서도 비범한 능력을 보였다. 중원을 통일하는 과정에서 조조는 전략적으로 수로 개척에 힘썼다. 특히 하북과 업성을 연결하는 운하를 만들었고, 하천 정비를 통해 군수물자의 수송망을 안정화했다. 이는 단순한 물류 개선이 아니라 전쟁 수행 능력을 비약적으로 끌어올리는 기반이 되었다.

조조는 업성을 군사 거점으로 삼고 대규모 재건을 추진했다. 도시 방어력을 강화하고 백성들을 이주시켜 도시의 기반을 다졌으며, 이후에는 북벌의 전초기지로 삼았다. 업성은 조조가 중원을 넘어 북방까지 시야를 넓히는 정치적·전략적 교두보가 되었다. 이처럼 조조는 칼보다 물길을 보는 지도자였다. 이 장에서는 조조의 중요한 요지였던 업성과 그 지형에 대해서 살펴보자.

함께 보면 좋은 기행 영상

'업성'편

1

전설과
권력의 무대, 업성

업성의 역사

업성은 춘추시대 제나라 환공桓公이 처음 건설한 도시다. 전국시대에 들어서며 위나라 문후文侯[24] 시절, 업성의 현령으로 부임한 서문표西門豹[25]가 업성의 풍속을 바꾸는 개혁을 단행했다. 원래 업성에는 황하의 신 하백河伯에게 처녀를 바치면 홍수를 피하고 풍년이 든다는 미신이 존재했다. 이를 구실로 지방 관리와 원로들은 백성들에게 무거운 세금을 부과하고 있었다. 서문표는 이를 터무니없는 악습이라 여겨, 처녀를 바치는 날에 의식이 행해지는 장소로 직접 찾아갔다. 그는 의식을 주관하던 무당과 마을 원로들을 붙잡아 황하에 던졌고, 오랜 세월 이어져 온 잔혹한 관습을 단호히 끊어냈다. 그의 결단으로 하백에게 처녀를 바치던 풍습이 사라졌다.

업성의 폐단을 바로잡은 서문표는 농업 개간에도 힘썼다. 그는 열두 개의 하천을 만들어 장수漳水의 물길을 논과 밭으로 끌어들여 경작지를 개간했으며, 업성의 백성들은 점차 생활이 안정되었다. 그의 업적은 천하에 널리 알려졌고 후세에도 전해지게 되었다. 이후 업성은 조나라의 관할 아래 들어갔다가 한나라가 건국된 이후에는 기주에 속한 행정구역인 위군魏郡에 포함되었다.

《태평환우기太平寰宇記》에 따르면, "환제桓帝와 영제靈帝 시기 기주자사가 업성에 머무르며 업무를 처리했다."라는 기록이 있다. 이를 통해 후한 말기 기주의 치소는 업성에 있었음을 알 수 있다. 이 시기 기주자사를 역임한 인물로는 공손도公孫度, 왕분王芬 등이 있다. 후한 말기 부패와 혼란 속에 유언劉焉은 감찰관 역할에 국한되었던 자사에게 더 많은 권한을 부여해 주목으로 삼자는 제안을 했고, 이에 따라 황보숭皇甫嵩이 기주목으로 임명되었다. 동탁이 정권을 장악한 뒤에는 한복이 기주목으로 부임하게 된다.

이들은 모두 기주의 치소였던 업성에 머물렀을 가능성이 높다. 이후 한복은 원소에게 기주목 자리를 넘겨주었고, 원소는 업성을 본거지로 삼았다. 업성은 시대의 흐름에 따라 제후들의 전

략 거점이자 정치 중심지로 자리 잡았고 삼국시대의 전개에 중
요한 무대를 제공하게 된다.

조조의 위나라가 시작된 땅

　기주를 장악한 원소는 하북의 패권을 두고 공손찬과 전투를
벌였으며, 장기간 이어진 치열한 전투 끝에 마침내 승리해 유주
幽州, 기주, 청주, 병주를 모두 손에 넣었다. 그러나 건안 5년(200
년)에 벌어진 관도대전에서 원소는 조조에게 패배하며 본거지인
업성까지 위협받게 되었다.
　그러던 건안 9년(204년) 2월, 업성에 도착한 조조군은 업성을
함락시키기 위해 총력을 기울였다. 하지만 업성의 견고한 성벽
을 무너뜨리기는 쉽지 않았고 전투는 더욱 치열해졌다.

> 　건안 9년(204년) 2월, … 조조의 군사가 업성을 공격하면서 흙산
> 을 쌓고 지하도를 팠다. … 5월, 흙산과 지하도를 무너뜨리고 성
> 주위에 참호를 파고, 장수를 터서 성안으로 물이 들어가게 하
> 니 굶어 죽은 자가 절반이 넘었다. … 8월, 심배의 조카 심영이
> 한밤중 조조의 병사들에게 동쪽 문을 열어주었다. 이에 조조가
> 심배審配를 생포하여 참수했으며 마침내 업성을 손에 넣었다.
>
> —《삼국지·위서》〈무제기〉 중

조조는 흙산을 쌓고 지하도를 파며 공성전을 벌였지만 5월이 되어서야 성 주변에 참호를 파고 장수의 물길을 끌어들여 성을 고립시키는 데 성공했다. 업성 안에서는 굶어 죽는 자가 절반이 넘는 지경에 이르렀고, 마침내 8월에는 수비 책임자 심배의 조카 심영審榮이 동문을 열어주어 조조군은 성안으로 진입할 수 있었다.

조조가 업성을 함락시키는 데는 7개월이 걸렸다.《삼국지·위서》〈원소전〉에 따르면, "조조가 판 참호는 둘레가 40리에 달했다. 처음에는 얕아서 쉽게 넘어갈 수 있을 것처럼 보였고, 이를 본 심배가 조조를 비웃기도 했다."라고 적혀 있다. 포위된 상황임에도 심배가 여유로운 웃음을 보였을 정도다. 특히 심영이 성문을 열어준 덕분에 겨우 업성을 함락시킬 수 있었다는 기록을 보면, 이 일이 결코 쉽지 않았다는 것을 알 수 있다.

힘들게 손에 넣은 만큼 조조는 업성을 소홀히 하지 않았다. 그는 하북 지역을 정벌하는 동안 업성을 근거지로 삼았고, 여러 차례 정벌 전쟁을 벌이면서 업성에서 재정비를 했다. 건안 13년(208년)에는 업성에 현무지玄武池(훈련용 인공 호수)를 만들어 수군 훈련을 시작했는데 이는 적벽대전을 대비하기 위한 군사적 준비로도 볼 수 있다.

건안 15년(210년) 겨울에 조조는 업성에 동작대를 건축했다. 이어 건안 18년(213년) 정월, 헌제가 조조를 위공으로 책봉하자 마침내 업성은 위나라의 도읍지로서 세상에 이름을 알렸다. 조

위 업성 입구의 비석
아래 황량한 업성(남쪽 궁성)의 터

조는 이후 업성에 종묘와 사직을 설치하고, 금호대金虎臺와 빙정대冰井臺를 차례로 건축하면서, 동작대와 함께 '업성 삼대三臺'라 불리는 상징적인 건축군을 완성했다. 이러한 조치는 업성을 단순한 군사 거점을 넘어 정치적 중심지, 즉 새로운 제국의 수도로 탈바꿈시키려는 의지의 표현이었다.

오늘날에도 조조가 천하를 움켜쥐었던 그 위대한 수도, 업성의 흔적은 남아 있다. 중국 하북성 한단시邯鄲市 임장현臨漳縣 업진鄴鎭 서북쪽 끝자락에 자리한 업성 유적지는 1000년 전 찬란했던 조조의 수도를 오늘날의 관광지로 다시금 불러온 곳이다.

업성 유적지로 향하는 길은 도로 폭이 굉장히 좁아서 위험했다. 그 좁은 길에서는 마을 주민들이 과일 등 여러 물건을 팔고 있었다. 유적지 입장료는 40위안(약 7,500원). 입구에 들어서자마자 거대한 조조의 석상이 정면을 응시한 채 우뚝 서 있었다. 길게 흘러내린 수염과 단호한 눈매, 매서운 눈빛은 마치 "천하의 중심은 바로 이곳이다!"라는 듯, 압도적인 기세로 방문객을 맞이하고 있다.

안으로 조금 더 들어가니 업성 삼대 중 유일하게 남아 있는 금호대가 하늘을 향해 웅장하게 솟아 있었다. 지금은 단단한 토단 위에 간소한 정자가 서 있는 구조지만, 한때 이곳은 조조와 두 아들 조비, 조식曹植이 나란히 올라 천하를 논하고 시를 읊던 상징적인 장소였다. 조심스럽게 돌계단을 한 걸음씩 오르며, 삼부자가 풍운을 논하던 모습을 머릿속에 그려보았다. 그러나 시야에 들어온 것은 찬란한 위나라의 흔적이 아니라 시간이 지워 놓은 풍경이었다.

금호대를 내려와 동작대와 빙정대가 있던 자리로 발걸음을

업성 유적지 입구의 조조 동상

업성 유적지 전경

금호대 유적. 본래 금호대였으나 '금봉대'로 개명되었다.

터만 남은 동작대 유적

옮겼지만, 터만 남은 채 사람들의 기억에서조차 지워진 듯한 모습이었다. 매섭게 불어오는 바람을 타고 모든 것이 사라진 것만 같았다. 주변에는 유적지와 어울리지 않는 비닐하우스들이 너른 평야에 띄엄띄엄 들어서 있었고, 현지 주민들은 농사로 하루를 살아가고 있었다.

과거 업성 삼대는 접었다 폈다 할 수 있는 다리로 연결되어 있었다고 하는데, 다리를 연결해 놓으면 마치 커다란 무지개처럼 보였다고 한다. 그 찬란하게 빛나던 조조의 업성 삼대는 이제 성곽도 궁전도 없이, 그 이름만을 남긴 채 들판 위에 잠들어 있었다. 그러나 아쉬운 정적 속에서도 조조의 기상과 한 시대를 지배했던 영웅의 숨결만큼은 여전히 금호대 정상에서 바람결을 타고 흘러오는 듯했다.

하북의 심장을 엿보다

업성의 지형은 전통적인 고대 도성과는 확연히 다른 모습을 보인다. 장안과 낙양처럼 사방이 산으로 둘러싸여 천연의 방어선을 형성한 곳도 아니며, 동쪽의 장수나 서쪽의 태행산맥 외에 뚜렷한 지형적 방어 요소가 부족했다. 그 풍경을 보니 조조가 낙양의 호뢰관虎牢關이나 장안의 함곡관을 거치지 않고 비교적 수월하게 황하를 넘어 업성에 도달할 수 있었다는 점을 이해할 수 있었다.

전통적인 도성 선택 기준에서만 바라본다면, 업성의 지리적 이점은 상대적으로 눈에 띄지 않을 수 있다. 그러나 기주를 포함한 하북 전체의 지형적 맥락에서 업성을 조망한다면 달라진다. 남쪽으로는 황하가 흘러 천연의 방어선 역할을 하고, 북쪽으로는 연燕·대代 지방과 접해 이민족과의 연계를 통한 군사 자원의 확보가 가능하다.

원소와 조조가 함께 군사를 일으켰을 때, 원소는 만약 실패한다면 본거지로 삼을 만한 곳이 어디인지 조조에게 물은 적이 있다. 이에 조조가 그 질문을 되묻자 원소는 이렇게 대답했다.

> "남쪽으로는 황하에 의지하고, 북쪽으로는 연과 대에 기대어 융적戎狄과 세력을 합치고, 남쪽으로 진군해 천하를 다투면 성공하지 않겠소?"
>
> ―《삼국지·위서》〈무제기〉 중

남쪽으로는 황하를 천연의 방어선으로 삼고, 북쪽으로는 연과 대의 풍부한 자원을 활용해 후방을 탄탄히 하며, 이민족의 군사력을 끌어들여 남하해 천하를 제패하겠다는 말이다. 이는 원소가 바라본 하북의 지리적 장점을 그대로 보여주는 말이다.

하북의 서쪽은 태행산맥이 남북 방향으로 길게 이어져 있다. 《원화군현지》에 인용된 〈술정기述征記〉에 따르면, "태행산은 하

업성박물관에 있는 조조 벽화

내에서 시작하여 북쪽으로 유주까지 이어진다."라고 했다. 현재 중국의 하북성과 산서성山西省은 태행산맥을 기준으로 경계가 나뉘며, 남북으로 약 400킬로미터에 걸쳐 이어져 내려온다. 태행산맥은 평균 해발 고도가 1,000미터에서 1,500미터에 달하는 거대한 산지로, 업성 서쪽에 자연적인 방어선을 형성해 주었다.

조조는 업성을 공략하는 중에 원소의 아들 원상袁尙이 평원에서 구원군을 이끌고 오자 태행산맥의 지형을 적극 활용해 그를 격파했다.

건안 9년(204년) 7월, 원상이 업성을 구하기 위해 돌아오자 장수들은 "저들은 본거지로 돌아가는 군사이므로 모두 죽기를 각오하고 싸울 것이니 정면 대결을 피해야 합니다."라고 말했다.

조조는 "원상이 큰길로 온다면 피해야겠지만 서산을 따라온다면 나에게 포로로 붙잡힐 것이다."라며 말했다. 원상은 예측한 대로 서산을 따라왔으며 부수滏水 가까이 진을 치고는 한밤중에 병사를 보내 조조의 포위망을 뚫으려 했다. 조조는 기다리고 있다가 공격하여 원상의 군사를 무찔렀으며 여세를 몰아 원상의 진영을 포위했다.

—《삼국지·위서》〈무제기〉 중

이 내용에서 업성으로 진군할 수 있는 노선이 최소 두 곳 이상 존재했음을 알 수 있다. 당시 원상은 평원에서 형 원담袁譚을 공격하던 중 군대를 돌려 서쪽으로 돌아 업성으로 향했다. 서산은 업성 서북쪽에 위치한 부산滏山을 말한다. 이곳은 태행산 8형 陘[26] 중 하나인 부구형滏口陘이 있는 전략적 요충지로, 태행산맥을 넘어 병주의 상당군上黨郡과 태원군太原郡으로 연결된다.

다만 하북 내부에서 전쟁이 벌어질 경우, 업성으로 진군할 수 있는 노선이 여럿 있다는 점은 앞에서 언급했듯 고대 도성의 이상적인 조건, 즉 천연 방어선으로 둘러싸인 지형과는 맞지 않았다. 그러나 조조는 업성에서 멀지 않은 부구형의 지형적 이점을 활용해 원상을 격파시켰고, 업성이 이상적인 도성 조건에 완벽히 부합하지 않더라도 주변의 지형적 요충지를 장악하고 활용한다면 안정적으로 방어할 수 있다는 점을 보여주었다.

시선을 돌려 업성의 북쪽을 바라보니 광활한 화북평원華北平

原이 펼쳐져 있었다. 화북평원은 비옥한 토양 덕분에 농업 생산에 매우 적합한 지역이다. 화북평원 북쪽에는 연산산맥燕山山脈이 자리 잡고 있어 태행산맥과 함께 r자형으로 자연적인 방어막을 형성한다.

한나라 말기, 천하가 난세에 접어들며 북방 변방에 있던 오환족烏桓族이 연산산맥을 넘어와 지역을 침탈하며 세력을 구축했고, 이들은 삼군 오환[27]이라 불렸다. 원소는 하북을 통일한 뒤 삼군 오환의 군사력을 효율적으로 활용했다. 그는 먼 친척의 자녀를 자신의 딸로 삼아 오환 지도자들에게 시집을 보내는 등 그들을 우대했고, 삼군 오환의 정예 기병을 원소군에 받아들였다. 이는 원소가 조조에게 언급한 "연과 대를 의지하여 융적과 세력을 합친다."라는 계획과 정확히 일치한다. 또한 "남쪽으로 진군하여 천하의 패권을 다투면 성공하지 않겠소?"라는 말처럼 허도로 진격해 조조와 천하의 패권을 다투었다.

이처럼 초기에 원소는 업성을 중심으로 하북을 안정시키고, 이민족과 연합해 허도를 정면으로 압박하며 천하의 패권을 쟁취하고자 했다. 관도대전에서의 패배로 그 계획은 좌절되었지만, 원소의 전략적 구상만큼은 지도자로서의 역량이 충분함을 보여준다.

하북의 지배자는 연산산맥에서 태행산맥으로 이어지는 자연적인 방어막을 지리적 이점으로 활용할 수 있을 뿐만 아니라, 북방의 이민족들을 효율적으로 통제할 수 있었다. 원소가 하북을 안정시킨 후 중원으로 진출하기 위한 전략적 거점으로 업성을 선택했다는 점과 조조 역시 하북 정벌을 위한 거점으로 업성을 선택했다는 점에서 업성의 전략적 중요성을 확인할 수 있다.

2

업성을 육조고도로 만든 조조의 전략

조조의 수로 개통

《수경주》에는 다음과 같은 구절이 있다. "위나라는 후한을 이어 낙양을 도읍으로 삼았으며, 초를 선조들의 본국으로, 허창을 한나라의 근거지로, 장안을 서경의 유적으로, 업성을 왕조 대업의 기틀로 여겨 이를 오도라 불렀다." 특히 오도 중에서도 업성이 "왕조 대업의 기틀"이라 불린 데는 분명한 이유가 있다. 조조가 업성을 본거지로 삼은 뒤 전면적인 도시 개발과 수로 개척을 통해 위나라의 도약을 준비했기 때문이다. 즉, 육조고도六朝古都[28]의 시대를 연 것이다. 조조 이전까지만 해도 별다른 주목을 받지 못했던 업성이 조조의 집권 이후 위진남북조시대 최고의 인기 도시로 성장할 수 있었던 배경은 무엇일까? 그 이유는 바로 조조가 수로를 개통했기 때문이다.

건안 5년(200년) 10월, 관도대전에서 원소를 격파한 조조는 건안 8년(203년) 4월이 되어서야 업성으로 진군했다. 업성에 도착한 조조는 먼저 업성 인근의 보리를 수확했다. 제장들은 기세를 몰아 원소부터 공격하자고 제안했으나, 곽가는 "원소의 두 아들이 사이가 좋지 않으니, 때를 기다려 한 번에 평정하는 것이 좋다."라고 말했다. 이에 따라 조조는 허도로 회군을 결정했고 업성 공략은 잠시 보류되었다.

건안 9년(204년) 정월, 조조는 본격적인 하북 진출을 위한 군량 수송로 확보에 착수했다. 그는 황하를 건너 기수의 물길을 막아 동쪽이 아닌 북동쪽으로 방향을 틀고, 이 물길을 여양을 지나 원수洹水까지 연결시켜 백구白溝라는 새로운 운하를 개통했다. 《한서》〈지리지地理志〉에 따르면, "북산北山은 기수의 발원지이며, 동쪽으로 흘러 여양을 지나 황하로 흘러 들어간다."라고 기록되어 있다. 《수경주》에서는 "원수는 상당군 현씨현汯氏縣에서 발원하여 동쪽으로 흘러 업성 남쪽을 지나 내황현 북쪽을 거쳐 백구로 흘러 들어간다."라고 전하고 있다. 백구는 명백히 업성까지 군량을 운송하기 위해 개통된 것으로, 전처럼 업성 인근의 보리에 의존하지 않고 안정적인 군량 수송로를 확보하려는 목적이었다.

관도대전에서 원소의 군량을 불태우며 대승을 거두었던 조조는 군량 수송의 중요성을 뼈저리게 알고 있었다. 만약 현지에서 보리를 수확하지 않았다면 장기전을 버틸 수 없었을 것이고, 보급선 없이 하북으로 무리하게 진격한다면 오히려 패할 가능성도 높았다. 그렇기에 백구의 개통은 군사 전략의 핵심이었고, 조조의 하북 공략은 이 기반 위에서 성과를 낼 수 있었다.

백구를 개통해 군량 수송로를 확보한 조조는 본격적으로 하북 정벌에 나섰다. 건안 9년(204년) 2월, 곽가의 예상대로 원소의 두 아들인 원담과 원상이 충돌하자 조조는 더 이상 기다리지 않고 업성으로 진군했으며, 8월까지 이어진 전투 끝에 업성을 함락시켰다. 이 과정에서 백구를 통해 군량 보급이 이루어졌기에 오랜 전투에도 군량 문제는 발생하지 않았다.

조조의 수로 개척은 백구에서 끝나지 않았다. 그는 백구의 하류를 청수淸水와 연결해 남피南皮를 지나 발해만까지 이어지는 거대한 남북 수로를 개통시켰다. 군량 수송로가 하북 깊숙이 연결되자 조조는 이를 활용해 평원을 점령하고, 이듬해 정월에는 남피까지 진격했다. 《삼국지·위서》〈무제기〉에 따르면, "원담을 토벌할 때 백성들은 얼음을 깨어 배가 지나가도록 하는 일을 했는데, 이를 하지 않고 도망간 백성이 있었다."라는 기록이 있다. 이 기록은 조조가 남피로 진격할 때 수로를 이용했음을 말해준다.

드디어 조조는 남피에서 원담을 참수하고 기주를 완전히 평정했다. 그리고 이 모든 군사적 성과의 기반에는 단순한 전술이 아니라 장기적 병참 전략, 즉 수로 건설을 통한 물류 체계 확립이라는 치밀한 계획이 존재했다. 이 수로망 덕분에 조조는 업성을 하북의 정치 중심지이자 군사 중심지로 발전시킬 수 있었으며, 위나라의 실질적인 기반까지 다질 수 있었다.

업성을 육조고도로 만든 마지막 퍼즐

건안 11년(206년) 8월, 삼군 오환이 유주를 공격하며 약탈을 일삼자 조조는 오환 정벌을 더욱 서두르게 되었다. 이 시기 이미 백구에서 청수로 이어지는 수로망이 개통돼 하북 깊숙이 병참을 확장하고 있었지만, 이 노선은 남피 북쪽에서 장수漳水와 합류한 뒤 북쪽으로 흐르며 호타수呼沱水와 만나 발해만으로 빠지는 구조였기에 유주까지 연결되지는 않았다. 이에 참모 동소는 군량 수송의 어려움을 우려해 조조에게 새로운 수로 개척을 건의했다.

《삼국지·위서》〈무제기〉에서는 "호타呼沱에서 고수沽水까지 통하게 하여 평로거平虜渠라 하고, 구하洶河의 입구부터 노하潞河까지 운하를 파서 천주거泉州渠라 하여 바다와 통하게 했다."라고 했다. 첫 번째로 호타수에서 고수까지 수로를 뚫어 평로거라 명명하고, 두 번째로는 구하 입구에서 노하까지 연결하는 운하를 파서 천주거라 부르는 계획이었다. 이 두 수로는 바다와 연결해 유주까지 안정적인 보급망을 구축하는 것이 목적이었다.

업성을 풍요롭게 만든 수로가 있던 땅. 지금은 말라버렸다.

평로거는 장수와 호타수가 만나는 지점에서 북쪽으로 수로를 파 오늘날 천진시天津市 서남쪽에서 고수와 연결되었으며, 이 수로는 동쪽으로 흘러 천주거까지 이어졌다. 천주거는 북쪽으로 이어져 구하와 노하 두 강과 만나 요서遼西로 향하는 신하新河까지 연결되었다. 평로거와 천주거의 수로 개통은 유주까지 장거리 정복전을 일으키더라도 군량 보급이 지속될 수 있는 안정적인 수송망을 제공했다. 조조의 수로 개척은 삼군 오환과 원씨 잔당을 정복하는 데 결정적인 역할을 했다.

하북을 정벌하는 길지 않은 기간 동안 조조는 화북평원에 새로운 수로를 개척했다. 이 수로는 하북 지역의 여러 강과 연결되어 위나라의 수도인 업성과 이어지면서, 업성이 정치적·경제적으로 더욱 성장하는 발판을 마련했다. 건안 18년(213년) 9월, 조조가 장수의 물을 백구로 끌어 황하와 연결하면서 업성을 중심으로 한 수로망은 중원 곳곳과 이어지게 됐다.

이후 북방 이민족의 남하가 본격화되면서, 모든 수로가 집결하는 업성의 전략적 위상은 더욱 높아졌다. 업성은 단순한 도성을 넘어 군사·경제·교통의 요충지로 발돋움하게 되었고 "왕조 대업의 기틀"이라는 평가를 받으며, 상징적인 미사여구가 아니라 국가 운영의 중심지로의 지위를 획득하게 되었다. 결국 육조고도의 기반은 조조의 수로 개척에서 시작되었다고 해도 과언이 아니다.

3

잿더미가 되어버린
찬란한 도읍

역사 속으로 사라진 업성의 시대

《자치통감資治通鑑》호삼성胡三省의 주석에는 다음과 같은 기록이 남아 있다. "원소가 업성을 점령하여 처음으로 궁전을 지었고 조조가 이를 더 늘리고 확장했다." 정말 원소가 업성에 궁전을 지었는지는 확실하지 않지만, 조조가 업성에서 대규모 도시 건설을 추진했던 것은 사실이다. 조조는 업성을 정치적·경제적·군사적·문화적 중심지로 발전시켰다. 그러나 이처럼 찬란했던 조조의 업성도 오래가지 못했다.

서진西晉 영가永嘉 원년(307년), 팔왕의 난八王之亂[29]으로 인한 혼란 속에서 업성은 급상汲桑과 석륵石勒의 공격을 받아 불타올랐고, 그 불길은 열흘이 넘도록 꺼지지 않았다고 전해진다. 조조가 일구었던 도시의 영광은 한순간에 잿더미로 변하고 말았다.

이후 후조後趙의 황제인 석호石虎가 업성을 대대적으로 재건하면서 그 위용을 되찾았고, 동위東魏를 실질적으로 통치한 고환高歡이 업남성鄴南城을 증축하며 다시 한번 업성의 부흥을 이끌었다. 그러나 대상大象 2년(580년), 북주北周의 승상 양견楊堅이 반란군 울지형尉遲迥을 토벌하는 과정에서 업성을 완전히 파괴해 버렸다. 이로써 원소가 본거지로 삼고 조조가 열었던 업성의 시대는 완전히 역사 속으로 사라졌다.

기록에서 찾은 업성

현재의 업성은 중국의 평범한 시골 마을과 다를 바 없었다. 주민들의 생활 터전을 제외하면 주변에는 옥수수밭이 끝없이 펼쳐져 있을 뿐, 이곳이 한때 찬란한 영광을 누렸던 도시였다는 사실이 도무지 믿기지 않았다. 업성 삼대 유적지에서 보았듯 과거의 화려했던 흔적은 사라져 버렸다.

현재의 업성을 보면 급상과 석륵이 업성을 파괴하고, 양견이 업성을 철저히 없애버렸다는 이야기는 결코 과장이 아니었음을 실감할 수 있었다. 솔직히 말해서 이 풍경만으로는 업성을 보았

업성이 있던 곳. 지금은 작은 마을이 있다.

다고 할 수조차 없었다.

눈으로는 확인할 수 있는 장소가 없으니, 기록으로나마 당시의 업성을 찾아보기로 했다. 조조가 건설했던 업성은 과연 어떤 모습이었을까? 현재 남아 있는 업성의 유적만으로는 그 찬란했던 모습을 온전히 확인할 수 없지만, 다행히도 업성의 모습은 사료에 비교적 자세히 남아 있었다.

《수경주》에 따르면 업성의 규모는 동서 7리(약 2,910미터), 남북 5리(약 2,079미터)였으며, 1980년대 실측 결과에 따르면 실제 동서 길이는 약 2,400미터, 남북 너비는 약 1,700미터로 기록보다 다소 작았다. 이는 고대 도량형의 차이 때문이거나 기록의 과장이 이유일 수 있다. 그럼에도 업성의 규모를 예상해 보면 약 123만 평으로 우리나라 경복궁(약 4만 평)보다 30배 정도 더 크

업성박물관에 만들어 놓은 업성의 모형

며, 동아시아 고대 도성 중에서도 매우 선진적인 형태였다. 성벽 남쪽에 봉양문風陽門, 중양문中陽門, 광양문廣陽門이 있고, 동쪽에 건춘문建春門, 북쪽에 광덕문廣德門, 서쪽에 금명문金明門 등 총 일곱 개의 문이 있었으며, 중양문으로 들어서면 도심 중앙을 가로지르는 대로를 따라 곧장 문창전文昌殿에 이르렀다.

《수경주》에는 "조조가 업성에 북궁을 세우고 그 안에 문창전을 두었다."라는 기록이 있다. 《문선》에 실린 〈위도부魏都賦〉에는 문창전의 장관이 생생하게 묘사되어 있다. 숭산嵩山처럼 우뚝 솟은 거대한 궁전으로, 붉은 기둥과 서까래, 연꽃무늬의 장식, 용 모양의 홈통까지 정교하게 배치되어 있고, 무지개가 검은 구름을 뚫고 퍼지는 듯한 장대한 모습은 조조 왕조의 권위와 위엄을 상징한다고 했다. 좌사左思는 문창전의 모습을 이렇게 묘사했다.

4장 허창에서 업성까지 조조의 제국에 서다

거대한 궁전 문창전을 지어, 규모가 크고 웅장한 건축물을 보여주었다. 문창전은 높이가 숭산처럼 솟아올랐으며 높고 험하였다. 모양은 검은 구름 속에 무지개가 펼쳐진 것과 같았다. … 빨간 기둥은 무지개처럼 펼쳐져 있고, 붉은 서까래는 빽빽하게 자리해 여기저기 흩어져 있다. 천장의 우물무늬에 줄을 지어 꽃장식을 매달았는데, 화려한 꽃잎을 겹겹이 쌓아 거꾸로 흩어지는 연꽃 모양이었다. 용의 머리가 가지런하게 처마의 물을 받아서, 때로 표지瀌池와도 비슷했다. 기둥이 아름답게 늘어서 있고, 기둥 광채가 처마까지 비추었다.

―《문선》〈위도부〉 중

"숭산처럼 솟아올랐으며"라는 표현에서 알 수 있듯, 문창전은 조씨 왕조의 위엄을 상징하는 공간이었다. 또한 〈위도부〉의 이선李義주에 따르면, "건안 21년(216년) 7월, 문창전 앞에 종루鐘樓와 고루鼓樓를 설치하였으니, 이는 사방에서 온 이들을 조회하기 위한 것이다."라고 해, 문창전이 업궁의 정전 역할을 했음을 알 수 있다. 이는 "제후들이 천자를 알현하는 장소다. 또한 잔치를 베풀고 빈객을 맞이하는 곳이다."라는 〈위도부〉의 기록에서도 확인된다. 또한 중앙문에서 문창전까지 이어지는 일직선의 대로는 업성이 중축선을 기준으로 동서 대칭 구조를 이루며, 정교하게 설계된 도성이었음을 보여준다.

치밀하고 정교한 구조의 업성

〈위도부〉에 따르면 "왼편에는 붉은색의 내조가 있고, 청정전聽政殿은 침소로 사용한다."라고 했다. 그러나 이선의 주석에서는 "문창전 동쪽에 청정전이 있다."라고 나와 내용이 다른 부분이 있다. 현재 복원된 업성의 평면도에서 청정전이 문창전의 동쪽에 위치한 것으로 보아, 이는 이선 주석의 내용을 따라 복원했을 가능성이 높다.

〈위도부〉에는 청정전이 이렇게 묘사되어 있다. "너무 화려하거나 사치한 것을 없앴다. 기둥을 세운 목공에는 조각하지 않았으며, 벽을 바른 토공에는 꽃무늬를 넣지 않았다." 이를 통해 청정전은 검소함을 중시한 조조의 생활이 반영된 곳임을 알 수 있다. 또한 '청정'은 '귀를 기울여 정무를 본다'라는 뜻을 담고 있어, 조조가 신하들의 의견을 경청하고 인재를 중시했다는 점을 상징적으로 드러낸다.

청정전에 도달하려면 먼저 다섯 개의 문을 통과해야 했다. 남쪽에서부터 사마문司馬門, 현양문玄陽門, 선명문宣明門, 승현문承玄門, 청정문聽政門이 순차적으로 위치했다. 이 문에 얽힌 일화가 한 가지 있다. 《삼국지·위서》〈진사왕식전陳思王植傳〉에 따르면, "조식이 일찍이 수레를 타고, 치도馳道를 달려 사마문을 열고 나갔다."라는 기록이 있는데 이는 궁중 예법을 어긴 행위였다. 고대에 사마문을 출입하는 자는 모두 수레에서 내려야 했으며, 호삼성은 "위나라 제도에서 사마문은 황제의 수레가 나갈 때만 열렸다."라고 했다. 이 일로 조조는 크게 분노해 궁문을 관리하는 공거령을 처형했으며 조식에 대한 총애가 점차 줄어들었다. 결국 조식은 후계 구도에서 밀려나게 되었고, 조비가 황제의 자리에 오르는 배경이 되었다.

〈위도부〉 이선주에 따르면, "건안 18년(213년), 조조가 시중侍中, 상서尚书, 어사御史, 부절符节, 알자谒者, 낭중령郎中令, 태복太仆, 대리大理, 대농大农, 소부少府, 중위中尉 등의 관직을 두었다."라고 했다. 이들 주요 관청은 사마문 앞에 집중적으로 배치되었는데, 대로 기준 서쪽에는 상국부, 어사대부, 소부경시 등이, 동쪽에는 봉상시, 대농시 등이 있었다. 이후 건안 21년, 조조가 위왕魏王에 오르면서 관직 명칭이 일부 변경되었다. 이는 정권의 체계를 정비하고 중앙 권력을 강화하려는 조조의 의지가 반영된 조치였다.

문창전의 서쪽에는 동작원이 자리하고 있었으며, 업성의 상징적인 건물로 알려진 삼대는 업성의 서북쪽에 자리했다. 《수경주》에 따르면, "삼대는 성을 기반으로 삼아 만들어졌으며, 웅장하고 높아 산처럼 우뚝 솟아 있다."라고 기록되어 있다. "동작대는 높이가 10장이며 방이 101칸이었다. 조조는 장수를 동작대 밑으로 끌어들여 업성 서쪽에서 동쪽으로 흐르도록 했는데, 이를 장명구長明溝라 불렀다. 동작대 남쪽 금호대는 높이가 8장이고, 방은 109칸이었다. 북쪽 빙정대는 높이가 8장, 방은 145칸에 달했다."

궁의 동쪽에는 외척들이 거주하는 공간이 있었으며, 성안의 마을에는 귀족들이 거주했다. 정오 무렵이 되면 시장이 열려 사람들로 북적였으며, 상점들은 질서정연하게 줄지어 있었고 넓은 도로가 사방으로 통했다. 이는 조조가 설계한 업성이 정치와 군사의 중심지이자 상업과 생활이 활발히 이루어진 종합 도시였음을 드러낸다.

기록에서 찾은 업성은 분명 거대하고 생기가 넘치는 도시였음이 틀림없다. 조용한 시골 마을이 한때는 《삼국지》의 중심이었다고 생각하니 그곳에 사는 사람들이 새삼 부러워졌다.

4
조조의 절대 권력을 상징하는 동작대

동작대의 두 얼굴

전쟁이 끊이지 않았던 후한 말, 조조는 혼란의 시기에도 빼어난 문학적 성취를 이루기도 했다. 건안 연간에는 건안칠자建安七子[30]라 불리는 뛰어난 문인들이 등장하며 건안문학은 절정에 달했고, 조조는 아들 조비, 조식과 함께 삼조三曹로 불리며 당대 최고의 문학적 성취를 이뤄냈다.

업성에 동작대가 완공되었을 때, 조조는 아들을 데리고 함께 동작대에 올라 시를 읊도록 했다. 이때 조식은 붓을 쥐고 즉석에서 부賦를 지어냈고, 이를 본 조조는 그의 재능에 감탄했다고 전해진다. 당나라 구양순歐陽詢이 편찬한《예문유취藝文類聚》에는 조비가 남긴 〈등대부登臺賦〉가 수록되어 있다. 그 서문에는 "건안 17년 봄, 서원을 노닐다 등대부에 올라, 형제들과 시를 짓도록 명했다."라고 되어 있는데 이 기록만 보면 동작대를 단순히 즐기며 노니는 유락 시설로 생각하기 쉽다.

이는 업성이 평화로운 시기였을 때나 해당하는 이야기일 뿐이며, 본래 삼대는 군사적 목적을 두고 지어진 군사시설이었다. 조조가 업성을 경영한 이래로 진나라가 천하통일을 이룰 때까지 업성은 외부의 적으로부터 공격받은 적이 없었다. 다만 조조가 업성에 거주하고 있을 무렵 성 내부에서 반란이 일어난 적이 있었다.

> 엄재嚴才가 부하 수십 명과 함께 반란을 일으키고 액문을 공격해 왔다. 왕수王脩는 이 소식을 듣고 거마를 불렀는데 빨리 도착하지 않아 부하들을 이끌고 직접 궁문으로 걸어갔다. 조조는 동작대에서 그 모습을 바라보고 말했다. "저기 도우러 오는 자는 틀림없이 왕숙치王叔治로구나."
>
> —《삼국지·위서》〈왕수전王脩傳〉중

조조가 동작대에 머물고 있을 때 변란이 발생한 것인지, 아니면 변란이 일어난 후 동작대에 올라간 것인지는 분명하지 않다. 하지만 그가 높은 곳에서 전황을 직접 관찰했다는 사실은 분명하다. 동작대는 높이가 10장(약 23미터)에 달해 업성 전체를 조망할 수 있었으며, 그 덕분에 유사시 지휘소이자 전략적 방어 요새로 기능했을 것이다. 동작대는 문학의 공간이면서 동시에 전쟁의 중심이기도 했던, 업성의 상징이라 할 수 있다.

전술 거점에서 유락 공간까지

2002년 초, 업성 삼대 유적지에서 성 외부로 이어지는 비밀통로가 발견되었다. 이 비밀통로는 서쪽 강무성촌講武城村까지 약 6킬로미터에 걸쳐 이어진 전군동轉軍洞의 지하 시설이었다. 《수경주》에는 "빙정대 위에는 얼음실이 있고, 방에는 여러 개의 우물이 있으며, 우물의 깊이는 15장에 달한다. 그 안에는 얼음과 석묵을 보관하는데, 석묵은 글을 쓸 수도 있고 태워도 잘 타지 않아 석탄이라고도 한다. 곡식과 소금을 저장하는 창고가 있어 뜻밖의 사태를 대비하기 위한 것이다."라는 기록이 남아 있다. 이는 모두 긴급한 상황에 대처하기 위한 비축 시설로, 삼대가 본래 군사적 요충지였음을 알 수 있다.

건안 13년(208년) 봄, 유주를 평정한 조조는 업성으로 돌아와 현무지를 조성했다. 이는 남쪽 형주를 정벌하기 위해 수군을 훈련시키려는 목적이었다. 현무지는 업성 서쪽에 있었으며, 삼대에 올라 수군의 훈련을 통솔하거나 상태를 점검할 수 있었다. 또한 사마씨 간의 권력 투쟁인 팔왕의 난이 일어나자 석륵의 군사 장빈張賓은 석륵에게 업성 삼대를 이렇게 묘사했다.

> "업성 삼대는 견고하고, 서쪽의 평양平陽과 인접해 있으며, 사방으로 산과 강으로 막혀 있으니, 요충지의 형세를 지니고 있습니다. 마땅히 북쪽으로 가서 업성을 점거해야 합니다." … 군대가 업성을 침공하여, 삼대에서 북중랑장 유연을 공격했다. 유연의 부장 임심臨深과 모목牟穆 등이 수만 명을 거느리고 석륵에게 투항했다. 당시 제장들이 의논하여 삼대를 공격하여 거점으로 삼자고 했다. 장빈이 말했다. "유연은 여전히 수천의 병력이 남아 있고, 삼대는 험준하고 견고하여 단숨에 함락하기가 어려우니 그들을 내버려두면 스스로 자멸할 것입니다."
>
> —《진서晋書》〈석륵재기石勒載記〉중

이 시기는 영가 6년(312년)에 해당하며, 영가 원년(307년)에 업성이 열흘 동안 불탔기 때문에 조조 때의 빛나던 업성과는 다른 모습이었을 것이다. 그럼에도 업성 삼대는 그 견고함을 잃지 않았고, 군사적 방어 요새로 여전히 중요한 역할을 했다. 그러나 후대에 들어서면서 삼대는 동작대로 대표되는 화려한 건물들과 수많은 후궁이 거처하는 장소로 묘사되었다. 즉, 조조의 절대 권력을 상징하는 시설로 인식된 것이다. 사실 이는 틀린 표현은 아니다. 현대에서 묘사되는 것처럼 동작대가 실제로 유락 시설로도 활용되었기 때문이다.

서진 혜제惠帝 시기 저작랑著作郞 육기陸機[31]는 〈조위무제문曹魏武帝文〉을 지으면서 《삼국지·위서》〈무제기〉에 실리지 않은 조조의 유언 중 일부를 인용했다.

> "내 궁녀들과 가녀들은 모두 동작대에 살도록 하라. 동작대의 당 위에 팔 척 상을 펼쳐 얇은 휘장을 놓아두며, 아침저녁으로 밥과 고기를 올려라. 매월 초와 보름에는 휘장을 보며 가무를 펼치게 하라. 동작대에 자주 올라서 내가 묻힌 무덤가를 바라보아라. … 남은 향은 여러 부인에게 나누어 주어라. 또한 여러 희첩 중 특별히 할 줄 아는 일이 없는 이들은 신을 삼는 것을 배워 팔아라."
>
> ―《문선》〈조위무제문〉 중

조조는 유언으로 자신의 후궁들에게 동작대에서 춤추고 제사지낼 것을 명했다. 조조는 "아침저녁으로 밥과 고기를 올리고, 매월 초와 보름에는 가무를 펼치게 하라."며, 동작대 위에서 자신의 무덤인 서릉西陵을 바라보라고 했다.

저작랑은 역사 편찬을 담당하는 직위였으며, 그가 접한 조조의 유언은 임종 당시 쓰인 사료일 가능성이 매우 높다. 조조가 후궁들에게 매월 초와 보름에 자신의 무덤을 바라보며 춤을 추라고 한 것은 다소 비인간적이며, 남은 후궁에게는 잔인하다고 할 수 있다. 다만 실제로 조조 사후에 후궁들이 동작대에서 가무를 추고 아침저녁으로 밥과 고기를 올렸는지는 기록이 남아 있지 않아 확인할 수 없다.

〈조위무제문〉은 육기가 조조의 유언을 읽고 감동을 받아 오랫동안 슬퍼하며 지은 글이다. 진수陳壽는 정치적 입장에서 조조의 유언을 《삼국지·위서》〈무제기〉에 기록한 반면, 육기는 〈조위무제문〉을 통해 조조의 유언을 공개했다. 더불어 임종을 앞둔 조조는 가족을 중요시하고 눈물을 흘리며 죽음을 두려워하는 감정적이고 인간적인 모습을 그대로 드러냈다. "특별한 재주가 없는 후궁들은 신을 삼는 것을 배워 팔아라."라는 말은 결국 스스로 삶을 개척해 살 수 있도록 길을 안내했다는 점에서 그의 배려를 엿볼 수 있다.

조조의 실제와 전설의 괴리감

조조가 세운 군사 요새 동작대는 시간이 흐를수록 본래의 목적과는 전혀 다른 상징을 갖게 되었다. 〈조위무제문〉에 등장하는 조조의 유언은 후대 문인들에게 자주 인용되며 〈동작기銅雀妓〉, 〈동작대銅雀臺〉 등 여러 작품의 주요 소재로 등장했는데, 이 과정에서 '동작대의 외로운 기녀' 같은 감정적 상징이 덧입혀지고, 조조 또한 비인간적인 권력자의 모습으로 각인되기 시작했다. 이러한 변화에는 동작대가 화려한 건축물이면서 수많은 후궁이 거처하던 시기가 있었다는 역사적 사실도 어느 정도 영향이 있었다.

서진 말기부터 동진 초기에 활동한 육홰陸翽가 편찬한 《업중기鄴中記》에는 후조의 2대 황제 석호石虎가 조조의 옛터에 태무전太武殿을 세우고 그 장엄함을 아방궁阿房宮과 영광전靈光殿에 비유했으며, 동작대를 5층 누각에 높이 370척(약 85미터)에 달하도록 재건했다는 기록이 전해진다.

누각 주변에는 120개의 방과 여자 감옥, 기녀들의 처소가 있었으며, 내부는 금장식, 비단 장막, 금단추 병풍으로 꾸며 향락과 연회를 위한 공간으로 바꾸었다. 누각 꼭대기의 동작루銅雀樓는 높이가 1장 5척(약 3.4미터)에 달했고, 봉황 장식과 하늘로 비상하는 듯한 건축미를 자랑했다.

하지만 《업중기》의 화려한 묘사는 조조와는 관계가 없다. 조조가 세운 원래의 동작대는 영가 원년(307년) 업성이 화재로 소실되며 사라졌고, 《업중기》는 그보다 약 100년 후 시대를 기록한 것이기 때문이다. 그러나 이 기록은 조조와 동작대에 대한 이미지에 커다란 영향을 미쳤다.

나관중羅貫中은 《삼국연의》에서 조조가 강동 교공橋公(대교大喬와 소교小喬 자매의 아버지를 의미)의 두 딸을 얻어 동작대에서 만년을 보냈다는 허구의 이야기를 삽입했고, 대중의 인식 속에 동작대는 권력과 향락의 상징으로 자리 잡게 되었다. 전략의 거점이었던 동작대가 후대의 문학과 전설 속에서 완전히 다른 모습으로 재탄생한 셈이다.

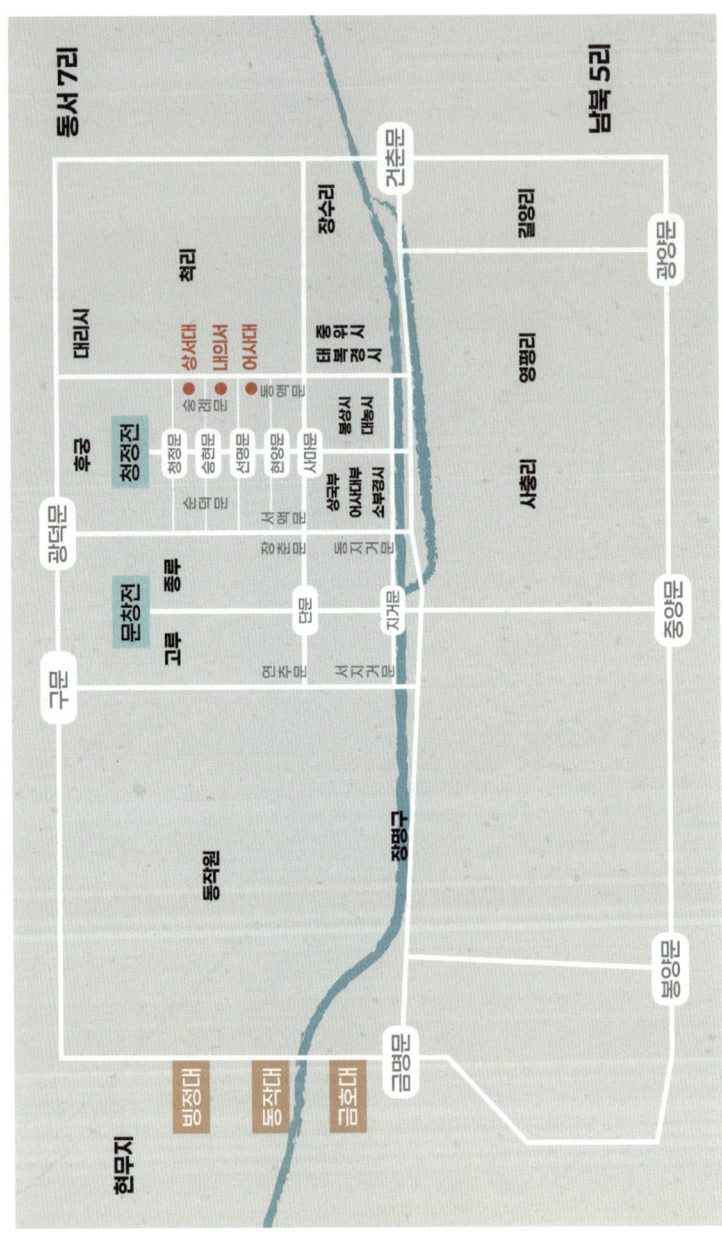

업성의 구조

양양이의 기행 루트

태행산맥

화북평원

● 업성 (동작대, 금호대, 빙정대)

- **업성** 조조가 위나라의 수도로 삼았던 곳. 조조와 그의 아들들이 시를 읊었다는 전설의 누대인 금호대, 조조의 권력과 예술의 상징 동작대, 빙정대 유적지가 남아 있는 장소
- **태행산맥** 조조가 원소와의 대결에서 중요한 전략적 요충지로 활용한 곳. 조조의 병참로, 군사적 이동 통로로 역사적 가치가 깊은 곳
- **화북평원** 중국 북부 평원으로, 조조가 천하 통일을 꿈꾼 전략적 거점

군웅할거의 시대에 유비는 '한실의 적통'을 계승한다는 사명감으로 촉한을 세웠다. 황건적 토벌과 도원결의로 시작된 여정은 수많은 고난과 배신, 방랑을 거쳐 익주를 평정하면서 결실을 맺었다. 유비는 촉한을 한 지역을 다스리는 지방 정권이 아니라 한나라의 중흥으로 여겼으며, 은혜로운 마음으로 백성을 다스리는 정통 왕조를 꿈꿨다. 제갈량과 함께 국가의 기틀을 다지고, 관우, 장비와 더불어 촉의 중심을 이뤘다.

그러나 오나라의 배신으로 관우를 잃은 유비는 복수를 위해 이릉전투에 나섰지만 패배하고 말았다. 유비는 백제성에서 병을 얻어 숨을 거두었고, 유비의 유지를 이은 제갈량은 북벌을 이어갔다. 촉한은 마지막까지 한실 부흥의 희망과 정통의 명분을 품고 있었다.

2부
촉나라 이야기

5장

유비, 뽕나무 아래에서 천하를 꿈꾸다

배경지식

유비는 탁현涿縣 출신으로 짚신을 팔고 돗자리를 엮으며 생계를 꾸려갔지만, 혼란스러운 시대를 살아가며 나름의 큰 뜻을 품고 있었다. 때는 한나라의 27대 황제인 영제 말, 천하는 황건적의 난으로 요동쳤다. 유비는 탁군涿郡의 포고문 아래에서 함께 길을 걸어갈 이들을 만난다. 바로 관우와 장비였다. 세 사람은 도원에서 술잔을 나누며 형제가 되기로 맹세하는데, 이것이 바로 도원결의다.

든든한 아군을 얻은 유비는 동생들과 함께 군을 모아 황건적과 맞섰고, 지방 관직에 올라 백성들을 다스리는 데 힘썼다. 그리고 마침내 서주목이 되어 도읍을 지키기도 했다. 유비는 권세로 군림하지 않았고, 언제나 상하를 존중하며 사람의 마음을 얻는 데 힘을 다했다. 의義라는 명분 하나로 뜻을 모은 이들의 진심이 그를 받치고 있었기에 점차 세상에 이름을 알리기 시작했다.

▶ 함께 보면 좋은 기행 영상

'유비의 고향 누상촌'편

'황제의 땅 소패'편

1

《삼국지·촉서》에서 본 촉한의 정통성

《삼국지》에 담긴 미묘한 시선

유비의 고향과 성장 과정을 본격적으로 이야기하기에 앞서, 먼저 촉한 정권의 정통성에 대해 논하고 싶다. 고대 중국에서는 유교 이념을 바탕으로 왕조의 명분과 정통성이 국가의 정당성을 결정짓는 핵심 기준으로 작용했다. 《삼국지》를 쓴 진수는 진나라 관리였으며, 진나라는 위나라를 계승한 정권이었다. 그렇기에 진수는 위나라를 정통 왕조로 간주할 수밖에 없는 정치적 입장에 서 있었다.

그래서 《삼국지·위서》에서는 조조를 비롯한 조씨 일대기를 황제의 본기本紀로 서술한 반면, '소열제昭烈帝'라는 시호를 가진 유비에 대한 내용은 본기의 형식을 충분히 갖추고 있음에도 불구하고, '소열기'가 아닌《삼국지·촉서》〈선주전〉으로 명명해 열전에 포함시켰다. 다만 이는 유비를 폄하하려는 의도가 아니라, 진나라라는 통일 왕조의 관리였던 진수가 당시의 정치적 상황에서 유비를 본기에 포함시키는 것이 불가능했던 한계에서 비롯된 결과였다.

진수는 촉한을 단순한 지방 정권으로만 보지 않았다. 오히려《삼국지·촉서》전체의 서술 방식과 구조를 통해 촉한 역시 한나라 유씨 황통을 계승한 정통 왕조임을 은연중에 드러내고 있다. 예를 들어 〈선주전〉의 첫 구절에서는 "선주先主는 성이 유이고, 휘諱는 비이며, 자는 현덕이다."라고 소개했는데, 이는《삼국지·위서》〈무제기〉에서 조조를 소개하며, "성은 조이고, 휘는 조이며, 자는 맹덕孟德이다."라는 구절과 같은 맥락이다.

반면《삼국지·오서三國志·吳書》의 〈오주전吳主傳〉에서는 손권孫權에 대해서 "손권은 자가 중모仲謀이다."라고만 서술했다. 즉, 유비와 조조에게는 성과 휘를 함께 기록해 존경을 표했지만, 손권에게는 이러한 예우를 생략했다는 점을 볼 수 있다.

더욱이《삼국지·촉서》의 〈이주비자전李主備子傳〉을 통해서는 유비의 부인들을 감황후甘皇后, 목황후穆皇后, 유선劉禪의 부인들을 경애황후敬哀皇后 등으로 '황후'라는 명칭을 사용해 서술했다. 황후란 황제의 정실부인에게만 주어지는 칭호였다. 이러한 표현을 볼 때, 진수는 촉한이 정통성을 가진 정권이라는 인식을 일정 부분 담아내고자 했으며, 명목상 위나라에 우선권을 부여했지만 그 내면에는 촉한에 대한 암묵적인 존중이 깃들어 있었다고 할 수 있다. 그런데 유비를 선주라고 칭했음에도 불구하고 어떻게 그의 부인을 황후라고 부를 수 있었을까?

상소문과 배치 순서에 숨겨진 진수의 메시지

진수는 《삼국지·위서》〈무제기〉에서 조조를 평하며, "그는 비범한 인물이며 시대를 초월한 영웅이다."라고 치켜세웠으나, 정작 조조의 정통성에 대해서는 언급하지 않았다. 반면 《삼국지·촉서》〈선주전〉에서는 유비를 평하며, "그는 한나라 고조의 풍모를 지녔으며 영웅의 그릇과 같다."라고 서술했다. "한나라 고조의 풍모를 지녔으며"라는 표현은 단순한 미사여구나 칭송을 넘어 진수가 유비의 정통성을 간접적으로 드러내고자 한 부분이라고 볼 수 있다.

또한 《삼국지·촉서》〈선주전〉에는 유비를 황제로 추대하는 상소문의 전문이 인용되어 있으며, 이 상소문에는 조씨의 정권 찬탈을 신랄하게 비판하면서 유비의 즉위 명분을 강하게 주장하는 내용이 담겨 있다. 제갈량諸葛亮, 미축麋竺[32], 허정許靖 등이 올린 상소문의 내용은 다음과 같다.

"조비는 군주를 죽이고 제위를 찬탈했으며, 한나라 황실을 멸망시키고 국가의 대권을 훔쳤습니다. 또한 충의롭고 선량한 신하들을 협박하고 잔혹하며 도가 없습니다. 이에 사람도 귀신도 격분하여 모두 유씨를 원하고 있습니다. … 한은 고조가 천하를 평정했을 때의 국호입니다. 대왕께서는 선제의 자취를 답습했고, 또 한중에서 일어났습니다. … 대왕께서는 효경제_{孝景帝}의 아들 중산정왕_{中山靖王}의 후예로서 본가와 분가의 백 대를 지났고, 천지의 신이 복을 내렸으며, 성스러운 자태 또한 빼어납니다."

―《삼국지·촉서》〈선주전〉 중

물론 이 상소문은 촉한의 신하들이 촉한의 입장에서 작성한 글이므로, 자신들의 정당성을 강조하기 위해 조씨 왕조를 깎아내리려는 의도가 담겨 있을 수밖에 없다. 그러나 "조비는 군주를 죽이고 제위를 찬탈했으며", "한중에서 일어났다.", "중산정왕의 후예"라는 내용을 그대로 《삼국지·촉서》에 남겼다는 점을 보면, 진수는 차마 직접적으로 드러낼 수 없었던 부분을 상소문에서 인용하면서 촉한의 정통성을 알리고자 했다고 볼 수 있다.

마지막으로 《삼국지·촉서》에서는 〈선주전〉을 첫 번째에 배치하지 않고, 유언과 유장_{劉璋}의 열전인 〈유이목전_{劉二牧傳}〉을 먼저 서술한 후 〈선주전〉을 배치했는데, 이는 촉한을 정통 왕조로 볼 수 없다는 의미가 아니다. 오히려 진나라 관리들의 이목을 피하려고 했다는 하나의 증거로 해석할 수 있다.《삼국지》의 목차와 표현은 진수가 얼마나 깊이 고심했는지를 보여주면서도 그가 가진 촉한 왕조의 정통성에 대한 인식을 엿볼 수 있게 한다.

그럼, 지금부터 유비의 고향을 돌아보며 한의 정통성을 이은 촉한을 만나보도록 하자.

2

도원결의의 무대, 탁현

누상촌에서 발견한 유비의 뿌리

유비의 고향은 탁군 탁현으로, 후한 13주 중 유주에 속했다. 오늘날 하북성 탁주시涿州市에 해당하며, 북경北京에서 남서쪽으로 약 70킬로미터 떨어진 곳에 위치해 있다.

유비는 한경제漢景帝의 아들 중산정왕 유승劉勝의 후손이다. 《한서》〈경십삼왕전景十三王傳〉에 따르면, "승은 술을 좋아하고 처첩이 많아 자식이 120여 명이었다."라고 전해진다. 유비의 직계 조상은 유승의 서자 유정劉貞으로, 그는 한무제漢武帝 때인 원삭元朔 2년(기원전 127년) 6월, 육성후陸城侯[33]에 봉해지면서 탁현

에 정착했다. 그러나 15년 후인 원정元鼎 5년(기원전 112년), 주금
酎金34을 적게 바쳤다는 이유로 작위를 박탈당했다.

《한서》〈왕자후표王子侯表〉에 따르면, 유승의 아들인 장량후將
梁侯 유조평劉朝平, 신관후薪館侯 유미앙劉未央, 신처후薪處侯, 유가劉
嘉 등도 같은 이유로 작위를 박탈당했다는 기록이 있다. 이들의
후국侯國이었던 장량, 신관, 신처 등의 지명은 모두 탁군에 속했
다. 이 사건으로 탁군에 거주하던 수많은 유승의 후손들은 대부
분 평민 신분으로 전락하게 되었다.

그로부터 약 270년이 지나 유비가 태어났을 때, 그는 중산정
왕 유승의 후손이라는 명목상 혈통만 남아 있을 뿐 실제로는 평
민과 다를 바가 없었다. 유비의 할아버지 유웅劉雄과 아버지 유
홍劉弘이 관직에 몸담고 있을 때는 비교적 안정된 생활을 유지할
수 있었지만, 어렸을 때 아버지를 잃고 나서는 어머니와 함께 짚
신을 삼고 돗자리를 엮으며 생계를 꾸려 나가야 했다.

《수경주》에는 "독항구수督亢溝水는 동쪽으로 흘러가 탁현 여
정郵亭의 누상리樓桑里 남쪽을 지나는데 이곳이 바로 유비의 고
향이다."라고 적혀 있다. 누상리라는 지명은 오늘날 누상촌樓桑村
이라는 이름으로 남아 있으며 이곳에 유비의 생가가 있다.

유비의 생가에 가기 위해 탁주시 시내에서 택시를 잡고 누상
촌으로 가자고 이야기하자, 의외의 반응이 돌아왔다. 택시 기사
는 외지인이 왜 그곳에 가는지 의아해하며 내게 반문했다. 그 유
명한 유비의 고향인 누상촌을 찾는 사람이 그렇게도 드물다는

복숭아나무로 장식한 탁주시 거리

'누상유비고리'가 쓰여 있는 간판

말인가? 마을 입구에 도착하니 큰 나무에 걸린 파란색 간판에 '누상유비고리樓桑劉備故里'라고 쓰여 있는 모습이 눈을 사로잡았다.

보통 유명인의 생가나 역사 유적지는 관광지로 화려하게 조성하는 경우가 많지만, 누상촌은 달랐다. 입구는 소박하고 조용해서 초라함이 느껴졌다. 하지만 나는 오히려 이곳에서 진심이 느껴졌다. 오랜 세월이 흐르는 동안, 유비가 자랐던 땅은 인위적 개발 없이 자연스럽게 변하며 그 자리를 지켜온 것이다. 덕분에 유비의 삶이 단순히 책 속의 이야기가 아니라 역사적 현실이라는 사실을 더욱 선명하게 마주할 수 있었다.

뽕나무 아래의 소년, 황제를 꿈꾸다

《삼국지·촉서》〈선주전〉을 보면 유비 생가에 대해 "유비의 집 동남쪽 모퉁이 울타리 옆에 높이가 5장(약 16미터)쯤 되는 뽕나무가 있었다."라고 나온다. 마을 한가운데 자리한 현덕로玄德路를 따라 걷다 보니 누상촌에 있었다는 커다란 뽕나무가 남아 있지 않을까 하는 생각이 스쳐 지나갔다. 마침 길에서 마주친 마을 어르신에게 조심스럽게 물었다. "혹시 이곳에 옛날부터 있던 뽕나무가 아직 남아 있나요?" 그러자 어르신은 피식 웃으며, "얼마나 오랜 세월이 흘렀는데, 아직 남아 있겠소?"라고 답했다. 순간 아쉬운 마음이 가득 차올랐다. 그때 길을 지나가던 다른 할머니가 "마을 입구에서 들어오는 길에 아직 뽕나무가 남아 있는데, 오면서 못 봤어요? 거기 가면 유비를 기념하는 비석도 세워져 있어요."라고 알려주었다.

그 말을 듣는 순간, 가슴이 두근거리기 시작했다. 누상촌에서 만날 뽕나무는 단지 나무 한 그루가 아니라 수백 년 세월을 간직한 상징처럼 느껴졌다. 할머니에게 감사 인사를 건네고 서둘러 걸음을 옮겼다. 한참 걷다 보니 싱싱하고 커다란 배추를 심어놓은 밭이 보였다. '황제의 기운을 받아 잘 자라는 것 아닐까?' 하는 생각이 들어 피식 웃음이 나왔다.

조금 더 걷자 멀리 들판 사이로 흰색의 팔각형 정자가 눈에 들어왔다. 그리고 그 옆에 커다란 비석 하나가 세워져 있었다. 가까이 다가가 비석을 살펴보니, 유비에게 내려진 시호와 함께 그의 고향임을 알리는 '한소열황제유비고리漢昭烈皇帝劉備故里'라는 글자가 또렷이 새겨져 있었다. 그 아래에는 '유비가劉備家'라는 이름이 적힌 백주 세 병이 나란히 놓여 있었다. 특히 흥미로웠던 건 이 술을 '장비양조회사'에서 만들었다는 점이다. 유비의 생가 앞에 놓인 술 이름이 유비가이고, 그 술을 만든 곳이 장비양조회사라니 이보다 더 절묘할 수 있을까. 안타깝게도 유비가는 더 이상 생산되지 않는다고 하니, 유비를 기억하는 그 술 한 모금의 기회는 영영 사라지고 말았다.

유비고리 비석 뒤편으로 누상촌에서 그토록 찾아 헤매던 뽕

위 '현덕로'라는 도로명이 쓰여진 벽
아래 '한소열황제유비고리'라고 새겨진 비석

비석 앞에 놓인 유비가 백주

나무가 마침내 모습을 드러냈다. 마을 할머니의 말과 다르게 뽕나무는 최근 새로 심은 듯했으며, 다가오는 겨울 날씨에 잎이 떨어져 앙상한 가지만 남아 있었다. 과거 누상촌에 있었던 뽕나무는 지금과는 사뭇 달랐다. 기록에서는 "나뭇가지와 잎이 무성해 멀리서 바라보면 마치 작은 수레 덮개와 같았다."라고 했다. 특히 누상촌의 뽕나무와 얽힌 유비의 일화가 하나 전해진다.

> 그곳을 지나다니는 사람은 이 뽕나무를 기이하게 여겼는데, 어떤 사람은 반드시 이 집에서 귀인이 나올 것이라 생각했다. 유비는 어릴 때 종중宗中의 아이들과 이 나무 아래에서 놀며 말했다. "나는 꼭 깃털로 장식한 개거(천자의 수레)를 탈 거야."
>
> ─《삼국지·촉서》〈선주전〉 중

유비 고향에 있는 뽕나무

'깃털로 장식한 개거羽葆蓋車'는 어린아이의 공상만이 아니었다. 누상촌이라는 작은 마을에서 깃털로 장식한 개거를 볼 수 있는 기회는 결코 흔하지 않았다. 유비가 실제로 이를 보았거나 누군가에게서 황제는 깃털로 장식한 개거를 탄다는 이야기를 들었기 때문에 "나는 반드시 개거를 타고야 말겠다."라는 뜻을 품었다고 해석할 수 있다. 이는 한고조 유방이 진시황의 위풍당당한 행차를 목격하고 감탄하며 내뱉었던 "아! 대장부란 마땅히 이러해야 하는 것을!"이라는 말과 본질적으로 같다.

그러나 유비의 말을 듣고 작은아버지 유자경劉子敬은 "허튼소리 하지 말아라. 우리 가문을 멸문시키겠구나!" 하며 호되게 꾸짖었다. 유비는 평범하지 않은 어린 시절을 보냈고, 그 때문에 어머니는 그에게 학문을 권했다. 학비는 친척인 유원기劉元起가 부담했다. 덕분에 그는 같은 탁군 탁현 출신으로 당대에 명망이 높았던 노식盧植에게 학문을 배울 수 있었다. 노식의 제자 중에는 훗날 원소와 하북의 패권을 두고 치열한 쟁탈전을 벌이게 되는 공손찬도 있었다. 유비와 공손찬은 함께 수학하며 깊은 우정을 쌓았다고 전해진다.

진짜 도원결의를 마주하다

누상촌을 뒤로하고 장비사당으로 향했다. 《삼국지》나 관련 서적을 읽어본 적이 있다면 '도원결의'라는 단어를 한 번쯤은 들어보았을 것이다. 유비, 관우, 장비가 도원결의를 맺었다고 전해지는 장소가 바로 장비사당이다. 장비 또한 유비와 마찬가지로 탁군 탁현 출신으로 젊은 시절부터 관우와 함께 유비를 섬긴 인물이다.

'결의정'이라 쓰인 정자

    장비사당에 들어서자, 마치 유비가 살아 숨 쉬던 도원이 그대로 펼쳐지는 듯한 풍경이 나타났다. 무성한 잎줄기를 자랑하는 복숭아나무 사이로 '결의정結義亭'이라 쓰인 정자가 자리 잡고, 그 아래에는 유비, 관우, 장비가 술잔을 기울이며 담소를 나누는 동상이 있었다. 그 풍경을 보고 있자니 그 옛날의 도원결의가 눈앞에 어른거렸다.

    하지만 진실을 알고 나면 조금 놀랄지도 모른다. 그 유명한 도원결의 장면은 《삼국지》에는 기록되어 있지 않다. 유비, 관우, 장비가 '동년, 동월, 동일에 태어나지는 않았지만, 동년, 동월, 동일에 죽기를 맹세한다'라고 했다는 기록은 찾아볼 수 없다. 지금까지 역사적 사실로 굳게 믿어왔던 도원결의가 정작 정사에서는 등장하지 않는다는 사실에 크게 놀랐을지도 모르겠다. 하지만 실망할 필요는 없다. 다음과 같은 기록이 남아 있기 때문이다.

> 유비는 잠을 잘 때도 두 사람과 함께했는데 그 모습이 마치 형제 같았다. 여럿이 모이는 자리에서 관우와 장비는 늘 유비 곁에 있었고, 유비를 따라 전쟁터를 다니며 고난과 역경을 피하지 않았다.
>
> —《삼국지·촉서》〈관우전〉 중

도원결의라는 그 맹세만 없었을 뿐, 유비, 관우, 장비가 형제처럼 지냈다는 내용은 사실이다. 세 사람은 아마 도원결의 그 자체이지 않았을까. 결의정에서 유비, 관우, 장비가 술을 마시며 결의를 다지듯 실제로도 그들은 함께 생활하며 술잔을 기울였고, 한자리에서 잠들며 도원결의 이상의 우정과 의리를 쌓았다.

관우가 조조에게 항복했던 시기에도 그 의리는 흔들림이 없었다. 조조는 관우가 곧 떠날 것을 눈치채고, 장료를 통해 그의 속마음을 떠보려고 했다. 하지만 관우는 장료에게 이렇게 말했다.

> "나 관우는 유 장군에게 깊은 은혜를 받았고 함께 죽기로 맹세했으니 절대 배신할 수 없습니다. 나는 이곳에 남아 있을 수 없기에 공을 세워 조조에게 보답한 후 떠날 것입니다."
>
> —《삼국지·촉서》〈관우전〉 중

위 도원삼결고리 유적지
아래 도원결의 분위기가 느껴지는 세 사람의 동상

 실제로 관우는 조조가 내린 상에 하나도 손대지 않은 채, 짧은 편지만을 남기고 유비에게로 돌아갔다. 그 모습을 본 조조는 관우의 의리를 높이 평가하며 "무릇 사람은 각자 자기 주인이 있으니 뒤쫓지 마시오."라고 말하며 관우의 선택을 존중했다.

한편 《삼국지·촉서》〈장비전〉에는 "관우가 연장자이기 때문에 장비는 그를 형처럼 대했다."라고 기록되어 있다. 이처럼 세 사람이 '동년, 동월, 동일에 태어나지는 않았지만, 동년, 동월, 동일에 죽기를 맹세한다'라는 도원결의의 맹세를 남기지는 않았을지라도, 그들 사이에 도원결의 이상의 강한 형제애가 실재했다는 것은 역사적 사실이라 할 수 있다. 그들의 결의는 글보다 깊었고 행동으로 증명한 진정한 형제애였다.

3

평원에서
서서히 이름을 알린 유비

유비, 처음으로 관직을 얻다

한나라 영제 때인 중평中平 원년(184년), 후한 말의 대격변이라 불리는 황건적의 난이 발발했다. 이때 유비는 의병을 조직해 황건적 토벌에 참여했고, 공을 세워 안희현安喜縣의 현위縣尉로 임명되면서 첫 관직에 오르게 되었다. 현위는 현 단위의 치안을 책임지는 직책으로, 오늘날로 치면 경찰서장 정도에 해당한다. 안희현은 오늘날 하북성 정주시定州市 동쪽 일대로, 지금은 안희대가安喜大街라는 도로명만 남아 있을 뿐 유비와 관련된 유적지나 다른 흔적은 찾을 수 없다.

사실상 평민 출신이었던 유비가 직접 병사를 모아 황건적 토벌에 참여할 수 있었던 것은 그의 인간적인 인품과 탁월한 리더십 덕분이었다. 〈선주전〉에서는 유비의 성격에 대해 다음과 같이 기록하고 있다.

> 평소 말수가 적고 아랫사람을 잘 대하며 기쁨이나 노여움을 드러내지 않았다. 의로운 사람들과 어울리기를 좋아했으며, 이에 젊은이들은 누구나 그를 가까이했다.
>
> —《삼국지·촉서》〈선주전〉 중

유비는 이처럼 타인을 대하는 능력이 뛰어났으며, 관우와 장비 또한 이 시기에 유비를 따르기 시작한 것으로 보인다. 유비의 인품과 성격은 중산中山 지역의 대상인 장세평張世平과 소쌍蘇雙에게도 큰 영향을 미쳤다. 그들은 유비의 가능성과 인격에 매료되어 거금을 투자했으며, 덕분에 유비는 의병 조직의 기반을 마련할 수 있었다. 오늘날로 치면 실질적인 엔젤 투자자였던 셈이다. 장세평과 소쌍에 대한 기록은 이외에는 찾아볼 수 없지만, 유비에게 있어 그들은 귀인貴人이라 할 수 있었다.

황건적의 난이 진압된 후에도 혼란은 계속되었다. 군현에서는 백성들에게 무거운 세금을 부과했고, 이를 틈타 관리들의 부정부패가 만연했다. 이에 영제는 조서를 내려 자사刺史와 2천 석 이상의 관리들을 가려내 해임시키고, 유능한 관리를 새로 임명하도록 했다. 이에 따라 청렴한 관리로 명성이 자자했던 가종이 기주자사로 발탁되며 개혁이 시작되었다. 안희현 역시 기주에 속한 지역으로, 가종이 부임한다는 소식이 전해지자 기주의 부패한 관리들은 자리를 내려놓고 도망치기에 바빴다. 이어서 감찰 업무를 수행할 독우督郵[35]가 안희현에 파견되었다. 유비는 독우를 만나고자 했으나 독우가 청을 거절했고, 유비는 독우를 결박해 매질한 후 스스로 관직을 버리고 떠났다.

유비가 독우를 만나고자 한 이유에는 다양한 의견이 있다. 독우가 뇌물을 요구했기 때문이라는 의견, 유비가 개인적으로 청탁을 시도하려 했다는 의견, 혹은 유비의 급여만으로는 관우, 장비 등 자신의 무리를 부양할 수 없어 결국 부패를 저질렀기 때문이라는 의견 등이 있다.

다만 《후한서》〈가종열전賈琮列傳〉에 따르면 가종이 기주자사로 부임했을 때 "영도장癭陶長 제음濟陰 출신 동소와 관진장觀津長 양국梁國 출신 황취黃就만이 직책을 유지한 채 가종을 기다려 맞이했다."라는 기록이 있다. 자사는 주로 태수나 국상 등 군급 관리를 감찰하는 업무를 맡았고, 독우는 그 하위 단위인 현과 향鄕을 감찰하는 업무를 수행했다. 가종의 사례를 볼 때 유비 또한 당시 관례에 따라 독우를 만나 그를 접대하려는 의도가 있었을 가능성이 있다.

공손찬 아래에서 발판을 마련하다

황건적의 난이 이어지며 대장군 하진이 각지에서 군사를 모집하자 유비는 다시 전선에 합류했다. 유비는 서주와 청주 일대에서 황건적 토벌전에 나서 공을 세웠고, 그 공적으로 고당현高唐縣의 현령으로 승진했다. 하지만 그 무렵 청주 지역에는 여전히 황건적의 잔당들이 활개를 치고 있었고, 고당현도 그들의 공격을 피할 수 없었다. 결국 황건적을 막아내는 데 실패한 유비는 스승 노식의 문하에서 동문수학했던 공손찬을 찾아가 몸을 의탁하게 된다.

공손찬은 자가 백규伯珪로, 요서군遼西郡 영지현令支縣 출신이다. 오늘날 하북성 천안시迁安市 북부 지역에 해당한다. 공손찬은 용모가 준수하고 목소리가 우렁찼다고 전해진다. 군의 태수가 그의 재능을 높이 평가해 사위로 삼았으며, 이후 노식에게 학문을 배웠다. 고향으로 돌아온 후 효렴孝廉으로 천거되어 요동속국遼東屬國의 장사長史로 임명되었다. 요동속국이란 한나라에 귀순한 오환족을 정착시키고 관리하기 위해 요서 지역에 설치한 행정 기구였다. 장사는 태수를 보좌하는 관직으로, 군대를 지휘할 수 있는 권한도 있었다. 공손찬은 북방 이민족을 통제하고 감시하는 일을 했으며, 기병을 이끌고 변경을 순찰하던 중 북방의 선비족鮮卑族과 마주치자 용맹하게 맞서 그들을 격퇴시키기도 했다.

공손찬은 유비가 의탁해 오자 그를 별부사마別部司馬[36]로 임명하고 자신의 수하로 삼았다. 당시 공손찬은 기주목 원소와 하북의 패권을 두고 대립하고 있었다. 공손찬은 군대를 계교界橋[37]로 진군시키는 한편, 독단적으로 엄강嚴綱을 기주에, 전해田楷를 청주에, 선경單經을 연주에 파견해 각 지역을 다스리게 했다. 원소 역시 공손찬을 견제하기 위해 장홍臧洪을 청주자사青州刺史로 임명했고 청주 지역을 두고 양측의 갈등은 더욱 격화되었다. 이 와중에 유비는 공손찬의 명으로 청주에 파견되어 전해와 협력하면서 원소를 견제하는 중대한 임무를 맡게 되었다. 유비는 청주에서 벌어진 여러 전투에서 공을 세우며 점차 명성을 쌓아갔고, 마침내 평원국平原國의 국상으로 임명되면서 정치적 기반을 확립하게 된다.

평원국의 치소는 평원현平原縣으로, 오늘날 산동성 덕주시德州市 평원현에서 서남쪽으로 약 15킬로미터 떨어진 장관점촌張官店村 동측에 있었다. 《한서》〈지리지〉에 따르면 "평원, 독마하篤馬河는 동북쪽으로 흘러 바다와 합쳐지는데, 560리를 흘러간다."라는 기록이 있다. 현재 독마하는 마협하馬頰河라는 이름으로 여전히 장관점촌을 흐르고 있으며, 기록대로 황해로 유입된다.

평원의 바람을 따라 유비의 자취를 찾다

유비가 처음으로 정치적 기반을 마련했던 평원고성을 찾기 위해 평원현 버스터미널로 향했다. 막상 도착한 터미널은 이미 운영이 중단된 상태였다. 터미널 입구 한편에 서 있던 택시 기사 어르신이 말했다. "버스터미널은 더 이상 운영하지 않아. 지금은 택시밖에 교통수단이 없어." 한때는 지리적 요충지였건만, 지금은 버스터미널조차 운영되지 않는다는 말에 왠지 허전한 기분이 들었다. 다른 선택지가 없었기에 부득이 택시를 타고 장관점촌으로 향했다.

차창 밖 풍경은 전형적인 중국 북방 지역의 시골 그 자체였다. 흐릿하게 뿌연 하늘 아래, 끝이 보이지 않을 만큼 광활하게 펼쳐진 들판이 시야를 가득 채웠다. 잎사귀 하나 없이 앙상한 가지만 남은 나무들은 어딘가 쓸쓸하고 황량한 분위기를 자아냈다. 택시는 도시의 경계를 벗어나 사람의 발길이 드문 외곽으로 접어들었다. 도로는 제대로 정비되어 있지 않아, 여러 번 쿵쿵거리는 충격에 흔들리기 일쑤였다. 외딴 시골로 접어들수록 점점 《삼국지》의 한복판으로 들어가는 듯했다. 그렇게 30여 분을 달린 끝에, 커다란 석비에 '장관점張官店'이라 새겨진 마을 어귀에 도착했다.

'이곳이 정말 유비가 머물렀던 평원고성이 맞을까?' 하는 의구심이 들었다. 그러나 마을 안쪽으로 발걸음을 옮기자, 벽면에 의문화광장義文化廣場이라 적힌 글씨가 눈에 들어왔다. 그 옆에는 유비와 관우가 대화를 나누는 벽화가 있었고, 차량이 쌩쌩 달리는 차도 오른쪽에 회색 기와를 얹은 전통 양식의 건물이 보였다.

위 **의문화광장 유적지**
아래 **유비와 관우를 그린 벽화**

비석에는 굵고 힘 있는 붉은색으로 '장관점'이라고 쓰여 있었다. 옆에 있던 안내문에는 "이곳은 과거 평원현의 성 소재지로 770여 년간 행정 중심지였으며, 삼국시대 유비가 평원현령으로 부임

장관점이 쓰인 비석과 마을 건물

해 정무를 보았던 곳"이라는 설명이 덧붙여져 있었다. 비로소 이곳이 《삼국지》의 그 평원이라는 확신이 마음속 깊이 자리 잡았다.

안내문에는 이 마을이 장관점이라 불리게 된 유래도 함께 소개되어 있었다. 이곳에서 태어난 장씨 성의 인물이 관직을 그만두고 고향으로 돌아와 점포를 열면서 유래된 이름이라고 했다. 문득 '이곳을 유비촌劉備村이나 현덕촌玄德村이라 불렀다면 누구나 그 유래를 단숨에 알 수 있지 않았을까?' 하는 의문이 들었다. 하지만 지금의 이름 속에 이 마을을 지나간 사람들의 이야기가 담겨 있다고 하니, 마을의 이름을 역사적 표식으로만 볼 수 없겠다는 생각이 들었다.

1800여 년 전의 유비도 이곳 장관점의 흙길을 걸었을 것이다. 시대는 다르지만, 유비와 같은 땅을 밟고 있다는 생각에 자연스럽게 발걸음이 조심스러워졌다. 유비가 백성들의 삶을 살피며 순찰하던 모습이 눈앞에 그려졌다.

유비가 평원을 다스릴 때의 기록은 많이 남아 있지 않지만, 그가 민심을 얻었다는 사실은 분명하게 전해지고 있다. 《삼국지·촉서》〈선주전〉에는 다음과 같이 기록되어 있다. 유비를 얕잡아보던 유평劉平이 자객을 보내 암살을 시도했으나, 유비의 인덕에 감복한 자객이 끝내 칼을 들지 못하고 떠났다는 것이다.

> 유평은 평소 유비를 업신여겼으므로 그에게 통치 받는 것을 수치로 여겨 자객을 보내 죽이려고 했다. 하지만 자객은 차마 찌르지 못하고 유비에게 이 일을 말하고는 떠났다. 유비는 이처럼 인심을 얻었다.
>
> —《삼국지·촉서》〈선주전〉 중

또한 《삼국지·위서》 배송지주에도 이런 기록이 전해진다. "백성들이 기근으로 인해 무리를 지어 도적질을 일삼았으나, 유비는 바깥으로는 도적을 막고, 안으로는 재물을 넉넉히 베풀었다. 그는 신분을 가리지 않고, 반드시 같은 자리에서 함께 앉고 같은 그릇으로 함께 음식을 먹으며 사람을 차별하지 않았다. 이 때문에 많은 사람들이 그를 따랐다." 유비는 평원을 다스리며 너그러운 지도자로서의 인격을 유감없이 드러냈고, 그의 명성은 청주 전역으로 퍼져나갔다.

그러던 중 청주 황건적 일당이 기주로 넘어가 발해국을 공격하자, 국상 공융孔融은 유비에게 태사자太史慈를 보내 도움을 청했다. 유비와 만난 태사자는 "당신은 인의仁義의 명성을 지닌 분이니, 오직 당신만이 발해국을 구원할 수 있습니다."라며 자신이 찾아온 이유를 설명했다. 그러자 유비는 공손히 대답했다.

"공융은 세상에 유비가 존재함을 아는구나."

―《삼국지·오서》〈태사자전太史慈傳〉 중

유비는 즉시 정예 병사 3천 명을 보내 태사자를 따르도록 했고, 이들의 지원으로 발해국은 황건적을 격퇴할 수 있었다. 황건적은 흩어져 달아났고 공융은 큰 위기에서 벗어날 수 있었다. 이처럼 유비는 평원을 기반으로 인의의 정치를 펼치며 백성들의 신망을 얻었고, 혼란스러운 난세에도 민심을 돌보며 군벌로서 성장할 수 있는 가능성을 보여주었다. 또한 대외적으로도 존재감을 드러내며, 신뢰할 수 있는 지도자로서 기대감을 심어주기에 충분했다. 비록 짧은 기간이었지만 유비의 생애에 결정적인 전환점을 만들어준 이 땅, 평원의 바람은 오늘도 그날의 여운을 머금고 있는 듯했다.

4

서주,
새로운 기회를 향한 결단의 길

도겸의 후계자로 선택받은 유비

초평 4년(193년)부터 조조는 두 차례에 걸쳐 서주를 공격했고, 서주자사 도겸은 급히 청주자사 전해에게 지원을 요청했다. 유비 역시 전해의 요청에 따라 직접 군대를 이끌고 서주로 향했다. 《삼국지·촉서》〈선주전〉에 따르면, "유비는 거느리던 사병 1천여 명과 오환족 등 이민족 기병, 그리고 굶주린 백성 수천 명을 이끌고 서주에 도착했다."라고 했다.

주목할 점은 유비가 이끄는 병력이 정규 군대가 아니라는 사실이다. 이전에 발해국을 도왔을 때 유비가 파견했던 군대는 정예병 3천 명이었다. 하지만 이번에는 자신이 직접 통솔하던 사병과 기아에 허덕이는 백성들까지 이끌고 전장으로 나섰다. 왜 그랬을까? 이는 워낙 상황이 급박해 서둘러 서주로 향할 수밖에 없었거나, 애초에 평원으로 돌아올 생각 없이 서주로 거점을 옮기기로 결심했다고 볼 수 있다.

즉, 유비는 공손찬의 휘하에서 원소의 압박에 대응하는 역할만으로는 더 이상 군벌로 성장할 기회를 얻기 어렵다고 판단했고, 서주를 새로운 거점으로 삼아 군웅할거의 무대에 본격적으로 뛰어들려는 의지가 있었다고 추측한다. 결과적으로 그가 도겸에게 몸의 의탁했다는 사실까지 고려하면 이 추측은 더욱 맞아떨어진다.

유비의 결단은 곧 현실적 지원으로 이어졌다. 그가 직접 병력을 이끌고 온 것을 본 도겸은 기꺼이 병사 4천 명을 더 내주었고, 유비는 도겸의 부장 조표曹豹와 함께 담현 동쪽으로 이동해 조조와 맞섰다. 그러나 전세는 불리했다. 조조군의 기세에 밀려 유비는 패배하고 말았고, 도겸은 충격을 받아 도주를 시도했으나 지병이 악화되면서 유비에게 서주를 넘겨주기로 결심했다.

> 도겸은 지병이 악화되자 미축에게 "유비가 아니면 이 서주를 안정시킬 사람이 없소."라고 말했다. 이후 도겸이 죽자 미축은 주의 백성과 함께 유비를 맞이하려 했지만 유비는 받아들이지 않았다. … "지금 서주는 당신을 위해 보병과 기병 10만 명을 모

으려고 합니다. 위로는 천자를 돕고 백성을 구하여 춘추시대의 오패와 같은 위업을 이루고, 아래로는 영지를 받아 국경을 지켜 공적을 대나무와 비단에 적을 수 있습니다. 만일 제 청을 들어주지 않는다면 저는 감히 당신 뜻에 따르지 않겠습니다." 북해상 공융이 유비에게 말했다.

—《삼국지·촉서》〈선주전〉 중

    도겸이 세상을 떠나자 미축은 유비에게 서주를 맡아달라고 요청했고, 서주의 백성들도 유비를 환영할 준비를 했다. 하지만 유비는 이 중대한 권한을 받아들이지 못하고 망설였다. 이때 공융마저도 유비에게 서주를 이끌 것을 권했다. 연이어 서주의 여러 호족과 지방 세력까지 지지를 보내면서, 마침내 유비는 서주목의 자리를 받아들였다. 이는 유비가 지역 군벌로서 천하에 이름을 알리는 결정적 계기가 되었다.

    그러나 이 대목에서 반드시 되짚어야 할 점이 있다. 왜 도겸은 유비에게 서주를 넘긴 것일까? 단순히 유비가 서주를 도우러 왔기 때문만은 아닐 것이다. 이를 이해하기 위해서는 유비와 도겸의 인연과 당시 서주가 처한 위기 상황을 함께 봐야 한다.

일찍이 유비를 눈여겨본 도겸

도겸은 자가 공조恭祖이며, 단양丹楊 출신이다. 어려서부터 학문을 좋아했고 벼슬길에 오른 뒤에는 유주자사를 역임하기도 했다. 그는 성품이 강직하고 절개가 있었다고 전해진다. 중평 2년(185년), 양주涼州의 군벌 한수韓遂가 반란을 일으켜 장안으로 침입하자, 도겸은 참군의 신분으로 거기장군 장온張溫을 따라 한수 토벌에 참여했다. 그러나 도겸은 고위직 장군인 장온을 공공연히 무시하고, 심지어 모욕적인 언행도 서슴지 않았다. 장온이 이에 사과를 요구하자, 도겸은 "나는 조정에 사죄하는 것이지, 장군께 사죄하는 것이 아니오."라고 응수하며 고집스러운 성품을 그대로 드러냈다. 이후 서주에서 황건적이 반란을 일으키자, 도겸은 서주자사로 임명되어 황건적을 평정했다. 바로 이 시기에 유비도 서주에서 황건적을 토벌했다는 기록이 있다.

앞서 언급했듯, 유비는 안희현에서 독우를 때린 뒤 도망쳤다가 대장군 하진이 군사를 모집하자 다시 군대에 합류했다. 〈선주전〉에는 "하진이 도위都尉 관구의毌丘毅를 파견하여 단양으로 가서 병사를 모집하게 했다. 유비도 그와 함께 가 하비현에서 황건적을 마주했다. 그는 힘껏 싸워 공을 세웠으므로…."라는 기록이 있다. 여기서 말하는 '하비현'은 서주의 하비를 가리키며, 관구의와 함께 갔다는 단양이 바로 도겸의 고향이다. 황건적 토벌이라는 공통된 목표와 "힘껏 싸워 공을 세웠으므로"라는 기록으로 봤을 때 도겸은 이 시기에 직접 유비를 만났거나 최소한 그의 존재를 알게 되었을 수 있다.

만일 이때 인연이 닿지 않았더라도 초평 3년(192년) 겨울에 공손찬이 유비를 고당에, 도겸을 발간에 주둔시키며 원소를 압박했던 사건이 또 하나의 실마리가 된다. 조조의 서주 침공에서도 언급했듯, 이 무렵 공손찬, 도겸, 유비는 원술을 중심으로 연합해 원소와 조조의 연합에 맞서고 있었다. 이러한 접점을 통해 도겸이 일찍이 유비를 인식하고 긍정적인 인상을 가졌을 가능성이 상당히 높다고 짐작할 수 있다.

서주에서 자리 잡지 못한 도겸

도겸은 서주를 통치하는 동안 서주의 유학자들과 원만한 관계를 유지하지 못했다. 도겸은 서주의 명사였던 조욱趙昱을 등용하려 했으나 조욱이 병을 핑계로 사양하자 형벌을 내리겠다고 압박한 뒤에야 겨우 기용할 수 있었다. 이후 도겸은 조욱을 광릉태수廣陵太守로 임명했지만, 강제적인 등용이었기에 두 사람의 관계는 끝내 화목할 수 없었다. 또한 팽성 출신의 유학자 장소張昭 역시 도겸이 무재茂才로 천거했으나 이를 거절했다. 도겸은 장소가 자신을 경시한다고 여겨 억류하기까지 했고, 결국 조욱이 힘을 다해 그를 구출해냈다. 훗날 장소는 장강을 건너가 손책을 섬기게 된다.

도겸은 조굉曹宏 등을 비롯해 아첨을 일삼는 소인배들을 가까이하며 요직에 중용했고, 그 때문에 서주의 정치 풍토는 점차 혼란에 빠졌다. 《삼국지·위서》에서는 다음과 같이 표현하고 있다.

> 형벌과 정치는 형평성을 잃고, 많은 선량한 사람이 박해를 받았기에 서주의 형세는 점점 혼란스러워졌다.
>
> ―《삼국지·위서》〈도겸전〉 중

서주 출신 유학자들을 적대시한 도겸은 서주 통치에 어려움을 겪었을 것이다. 결국 도겸은 조표, 허탐許耽[38], 착융笮融[39] 등 단양 출신 인물들을 적극적으로 기용하고, 단양 출신 병사들로 군대를 조직해 조표에게 단양병을 이끌게 했다. 《삼국지》에서는 단양 출신 병사들을 '단양병' 혹은 '단양군'이라는 이름으로 기록하고 있다. 단양병은 당시 한나라 내에서 정예병으로 평가받았으며, 대장군 하진은 관구의를 단양에 보내 병사를 모집했고, 조조 역시 동탁 토벌에 실패한 뒤 단양에서 4천여 명의 병사를 확보하기도 했다. 도겸이 유비에게 단양병 4천 명을 지원해 준 일 역시 이러한 흐름과 맞닿아 있었다. 단양병은 서량군西涼軍처럼 특정 지역 출신 병사들로 구성된 정예부대의 전형적인 예로, 도겸이 서주의 유력 호족들보다 자신의 고향 기반을 더 신뢰했음을 보여준다.

그러나 조조가 서주를 침공하자 착융은 남녀 1만 명과 말 3천 필을 이끌고 광릉으로 도망쳤고, 도겸군의 정예병인 단양병 역시 조조군의 공격에 무너지고 말았다. 도겸은 서주에 제대로 기반을 만들지 못한 탓에 조조군의 공세에 전략적으로 대응하기 어려웠으며, 단양병을 이끌고 지휘할 적임자조차 부족했다.

반면 유비는 하비에서 황건적을 토벌하며 공을 세웠고, 평원에서 원소를 견제하며 맞서 싸운 경험이 있으며, 공손찬과 연합해 전투한 적도 있었다. 유비라는 인물을 오래전부터 인식했던 도겸은 그의 역량을 눈여겨봤을 가능성이 크다. 도겸이 자신의 손발과도 같은 단양병 4천 명을 주저 없이 유비에게 지원해 준 것도 이러한 판단의 결과라고 볼 수 있다.

도겸의 선택, 그 배후에 있었던 인물들

그럼에도 도겸이 유비에게 서주를 물려준 이유를 군사적 상황이나 인품에 대한 평가로만 설명하기에는 아직 설득력이 부족하다. 이 지점에 반드시 살펴봐야 할 또 다른 인물이 있으니, 바로 북해상 공융이다. 《후한서》〈주준열전〉에 따르면, "동탁이 죽은 후 이각과 곽사가 장안에서 난을 일으키자, 도겸은 중모에 주둔 중이던 주준朱儁을 태사太師로 추대하고, 이각 등을 토벌하려 했다."라고 했다. 당시 도겸과 함께한 세력들을 살펴보면 대부분 서주에 속한 군벌이었으나, 그 가운데 북해상 공융이 포함되어 있었다는 점이 눈길을 끈다. 이는 도겸과 공융의 협력 관계가 단순한 우연이 아님을 말하기 때문이다.

또한 동진시대 원굉袁宏이 집필한 《후한기後漢紀》〈효헌황제기孝獻皇帝紀〉에도 이들의 관계가 언급되었다. 원굉은 "흥평 원년(194년), 서주목 도겸과 북해상 공융이 헌제를 맞이하여 낙양으로 귀환시키려 했으나, 마침 조조가 서주를 기습하면서 중단되었다."라는 기록을 남겼다. 이 기록은 도겸과 공융이 상당히 긴밀한 정치적 공조 관계에 있었음을 보여준다. 이러한 배경 속에서 황건적의 공격을 받은 공융은 평원에 있던 유비에게 구원을 요청했고, 유비는 정예병을 파견해 공융을 도왔다. 도겸이 이 사실까지 인지하고 있었다면, 유비에 대한 인식이 한층 긍정적으로 바뀌었을 가능성도 충분하다. 이와 함께 유비가 서주목의 지위를 받아들이는 과정에서 공융이 보여준 적극적인 개입 역시 눈여겨볼 만하다.

〈선주전〉에 따르면 서주의 호족들이 유비에게 서주를 다스릴 것을 권했으나 유비가 거듭 사양하자 공융은 다음과 같이 말했다.

> "지금 상황으로는 백성에겐 유능한 인물이 필요합니다. 하늘이 내려준 이 기회를 받지 않으면 나중에 후회해도 어쩔 수 없습니다." 마침내 유비는 서주를 다스리게 되었다.
>
> ―《삼국지·촉서》〈선주전〉 중

겉보기에는 공융의 개입이 갑작스러워 보일 수도 있으나, 도겸과 공융의 밀접한 관계를 고려하면 충분히 이해가 가능한 부분이다. 공융이 서주의 정치 상황에 직접 목소리를 낼 수 있었던 것도, 단순한 친분을 넘어서는 신뢰가 있었기 때문이다.

즉, 당시 도겸이 서주의 유학자들을 제대로 기용하지 못한 점, 서주의 혼란스러운 상황으로 단양병을 이끌 적임자가 부족했던 점, 거기에 더해 도겸과 유비가 이전에 인연이 있었다는 점 등을 종합해 보면, 도겸의 입에서 "유비가 아니면 서주를 안정시킬 수 없다."라는 말이 나오는 것은 자연스러운 일이었다.

더 나아가 공융이 도겸에게 유비를 추천했을 가능성까지 생각해 볼 수 있다. 훗날 유비가 조정에 표문을 올려 공융을 청주자사로 임명하도록 요청한 점을 감안하면 이는 공융의 배려에 대해 유비가 보내는 일종의 답례로도 해석할 수 있다.

5

유비가 본거지로 삼았던 소패

여포의 발자국이 남은 석돌

　유비가 서주를 다스릴 당시에 거점이 되었던 도시는 우리가 흔히 떠올리는 팽성, 하비, 담현 등 서주의 주요 도시가 아니라, 뜻밖에도 예주에 속한 소패小沛였다. 유비가 처음 서주에 도착했을 때부터 도겸은 표를 올려 유비를 예주자사로 삼아 소패에 주둔시켰다. 여포에게 서주를 빼앗겼던 시기를 제외하면 유비는 줄곧 소패에 머물렀다.
　소패의 정식 명칭은 패현沛縣이다. 후한시대에는 패국이 별도의 행정구역으로 존재했기에, 패현과 패국을 구분하기 위해 패

위 드론으로 본 패현 전경
아래 패현의 거리와 상점들

현을 소패라 불렀다. 오늘날의 지명은 강소성 서주시 패현沛縣으로 옛 명칭이 현재까지 이어져오고 있다. 또한 패현은 한고조 유방의 고향으로도 유명하다. 예로부터 이곳을 '천고룡비지千古龍飛

패현의 버스터미널

地(천년의 용이 날아오른 곳)', '일대제왕향一代帝王鄕(한시대의 황제가 태어난 고향)'이라는 별칭으로 불리며 칭송받아 왔다.

패현을 걷다 보면 상점들이 '패沛'라는 글자를 넣어 이름을 지은 모습을 쉽게 발견할 수 있다. 또한 번쾌로樊噲路(유방의 충신 번쾌에서 유래), 한신로韓信路(한나라 명장 한신에서 유래), 패공로沛公路 등 거리 이름에서 볼 수 있듯, 이곳 사람들은 역사적 순간을 함께한 패현을 큰 자부심으로 여기고 있었다.

패현은 한고조 유방의 도시답게 그를 기리는 다양한 유적과 기념물이 남아 있다. 사수정泗水亭을 지키는 정장亭長이었던 유방을 위한 사수정공원, 가풍대歌風臺, 한고조원사당漢高祖園祠堂, 한성공원漢城公園 등 유방과 관련된 유적들이 풍부해서 이곳이 그의 도시라는 점을 실감하게 된다. 반면, 유비가 오래 머물렀던 도시임에도《삼국지》와 관련된 유적은 거의 남아 있지 않았다.《패현지》에 따르면, "패성 남문에 삼의묘三義廟(도원결의를 기리는 사당)가 있다."라고 기록되어 있으나, 현재는 소실되어 그 흔적을 찾아볼 수 없었다. 지금 패현에 남아 있는《삼국지》유적지는 단 한 곳으로, 사극대射戟臺라는 이름으로 오늘날까지 남아 있다.

발걸음을 옮겨 한고조의 도시에서 사극대를 찾았다. '사극대'라고 적힌 한나라풍 정자 아래에 비석 하나가 놓여 있었다. 사실 이곳은 삼국시대의 유적지라기보다는 전설을 품은 장소에 가깝다. 청나라 건륭 시기에 세워진 사극대 비석 아래에는 둥근 석돌이 놓여 있는데, 자세히 살펴보면 희미하게 사람의 발자국 모양이 찍혀 있다. 전설에 따르면 이 발자국은 여포의 것이라고 한다. 덕분에《삼국지》덕후들 사이에서는 꼭 한번 찾아가 보고 싶은 성지처럼 회자되기도 한다. 사극대라는 이름도 여포가 말 위에서 활로 창戟을 명중시켰다는 일화에서 유래했다. 이 일화의 배경은 원술이 서주를 침공했던 시기로, 사극대는 여포의 무예가 절정에 달했음을 보여주는 상징이다.

사극대, 전설의 시작

당시 유비는 장비에게 하비의 수비를 맡기고 있었으나, 상황은 유비에게 불리했다. 도겸의 옛 부장이던 조표가 여포와 내통

번쾌가 사용했다는 우물

패현 박물관에 있는 한고조의 동상

사극대 정자

여포의 발자국이 찍힌 석돌

하며 유비를 배반했고, 도겸 때 유비에게 배속되었던 단양병들이 성문을 열어 여포를 맞아들이고 말았기 때문이다. 한순간에 기반을 잃어버린 유비의 상황은 매우 처참했다.

배송지주 〈영웅기英雄記〉에서는 "유비의 군사들은 굶주림이 극심하여 관리와 병사들이 서로 잡아먹기에 이르렀고, 결국 유비는 여포에게 항복을 요청했다."라는 기록이 있을 정도다. 이때 도겸 휘하에서 별가종사別駕從事[40]를 맡고 있던 미축은 동해군 구현朐縣 출신으로, 집안이 대대로 부유한 상인이었다. 그는 유비에게 노비 2천 명과 막대한 군자금을 아낌없이 제공하며 위기의 빠진 유비를 전폭적으로 지원했다. 그 덕분에 유비는 가까스로 세력을 회복하고 다시 일어설 수 있었다.

이 무렵 원술은 여포와의 약속을 어기고 군량을 지원하지 않았다. 이에 원술에게 불만을 품은 여포는 다시 태도를 바꿔 유비를 예주자사에 임명해 소패에 주둔하게 했다. 여포는 유비를 받아들였으나 실권을 내주지 않았고, 스스로를 서주목이라 칭하며 서주를 실질적으로 장악했다. 사실상 서주의 통제권을 잃게 되었다.

한편, 유비를 제거하기 위해 여포를 끌어들였던 원술은 결과적으로 여포와의 관계도 틀어진 채 아무런 실리도 얻지 못했다. 원술은 여포와의 관계를 개선하기 위해 자녀들의 혼인을 추진했고, 일시적으로 관계를 회복하기도 했다. 이후 원술은 다시 장수 기령紀靈을 보내 눈엣가시 같은 유비를 공격하도록 했다. 그러나 이때 뜻밖에도 여포는 유비를 구하기 위해 소패로 달려갔다. 여포의 군사가 진격해 오자 기령은 즉시 진군을 멈추고 상황을 주시했다. 여포는 양측의 충돌을 막기 위해 기령을 초청했고, 회담 자리에서 병사에게 화극畵戟 하나를 세우게 한 뒤 이렇게 말했다.

"내가 화극의 소지小支를 맞추는 것을 보시오. 처음 쏜 화살이 중심에 맞으면 여러분은 화해한 후 돌아가고, 맞지 않으면 남아서 싸워도 되오."

—《삼국지·위서》〈여포전〉 중

여포가 활을 들어 화극 중심을 단번에 명중시키자 장수들은 그의 뛰어난 무용에 놀라움을 감추지 못했다. 다음 날, 여포는 연회를 열었고 유비와 기령은 각기 병기를 거두고 전쟁을 중단했다. 이로써 사극대의 무대는 여포가 단독으로 유비와 원술 사이의 갈등을 중재한 상징적인 장소로 남게 되었다.

기반을 잃어버린 유비의 유랑

후한 말, 서주는 끊임없는 전란의 중심지였다. 유비가 소패에서 병력을 모아 재기에 성공하자 이를 경계한 여포는 다시 유비를 공격했고, 끝내 유비는 조조에게 몸을 의탁하게 되었다. 조조는 유비를 두텁게 대하며 예주목으로 삼았고, 유비는 조조와 힘을 합쳐 여포를 정벌하여 사로잡는 데 큰 공을 세웠다. 허도로 돌아온 유비는 이 공로를 인정받아 헌제를 알현한 뒤 좌장군左將軍에 임명되었다. 이 시기 유비가 임명받은 예주목과 좌장군은 헌제로부터 공식적으로 하사받은 고위 관직으로, 유비는 훗날 한중왕漢中王에 오르기 전까지 줄곧 이 관직을 유지했다.

이 무렵, 의대조衣帶詔 사건이라 불리는 유명한 사건이 일어난다. 거기장군 동승은 헌제로부터 의복의 허리띠에 감춰 전달한 밀서를 받았는데 그 안에는 조조를 제거하라는 글이 쓰여 있었다. 유비 역시 이 밀모에 가담했는데, 이 사실을 모르고 있던 조조는 어느 날 유비를 초청해 조용히 말했다.

> "지금 천하에 영웅이 있다면 당신과 나뿐이오. 원소 같은 이는 그 안에 들지 못하오."
>
> —《삼국지·촉서》〈선주전〉 중

식사 중이던 유비는 조조의 이 말을 듣고 깜짝 놀라 수저를 떨어뜨렸는데, 마침 천둥번개가 요란하게 내리쳤다. 곧이어 유비는 "성인은 갑작스런 천둥과 거센 바람을 만나면 얼굴빛이 변한다고 했는데 진실로 그러합니다. 천둥의 위력이 이토록 클 줄이야."라고 말했다.

한편, 회남淮南에 주둔 중이던 원술이 하북의 원소에게 향하자 유비는 원술을 저지하기 위해 서주로 돌아가 원술 토벌에 앞장섰다. 바로 이 시점, 허도에서는 의대조 사건이 발각되었고 가담자들은 모두 조조에게 처형당했다. 유비도 가담했다는 사실에 분노한 조조는 즉시 소패에 주둔하고 있던 유비를 공격했다. 조조를 감당할 수 없었던 유비는 청주로 몸을 피한 뒤 원소에게 몸을 의탁했다.

건안 5년(200년), 원소와 조조 사이에 관도대전이 벌어졌다. 유비는 여남 일대에서 허도를 기습 공격하며 조조의 배후를 교란하려 했으나 실패로 끝났다. 관도대전이 조조의 승리로 끝나자 유비는 남쪽으로 몸을 돌려 형주의 유표에게 몸을 의탁하게 되었고, 신야新野에 주둔하며 재기의 기회를 엿보게 되었다.

양양이의 기행 루트

- **탁현** 유비의 출생지이자, 도원결의 배경지인 누상촌이 있는 곳. 조금 떨어진 곳에는 장비사당이 자리하고 있음
- **기주 일대** 유비가 이름 없는 의용군에서 군벌로 첫발을 내디딘 무대. 황건적과 전투를 했던 지역
- **평원** 유비가 본격적인 정치 무대에 등장한 장소. 장관점, 의문화광장이 있는 곳
- **소패** 유비의 근거지이자 여포와 조조 사이에서 끊임없이 공격당하던 지역

6장

유비의 영웅들과 적벽을 찾아서

배경지식

관도대전에서 원소를 물리친 조조는 천하통일을 이루기 위해 남쪽으로 진출할 계획을 세웠다. 이때 형주의 유표가 병사했고, 유비는 형주를 장악하려는 조조에게 밀려 남쪽으로 도망쳤다. 도망치던 유비는 제갈량의 조언에 따라 손권과 동맹을 맺고 조조에 대항하기로 결심했다.

조조는 수십만 대군을 이끌고 장강을 따라 내려왔지만, 주유周瑜와 제갈량은 화공으로 맞섰다. 이 전투가 그 유명한 적벽대전이다. 조조군은 대패했고, 유비는 적벽에서의 승리를 발판으로 형주를 확보하며 독자적인 세력으로 떠오른다.

함께 보면 좋은 기행 영상

'박망전투'편

'신야'편

'삼고초려'편

'장판파'편

'적벽대전'편

1

신야에 숨겨진
《삼국지》와 얽힌 야사들

박망파에 우뚝 솟은 고목

형주목 유표는 전한의 6대 황제인 경제景帝의 넷째 아들 노공왕魯恭王 유여劉餘의 후손으로, 후한 말의 혼란한 시기에 형주자사로 임명되어 이 지역을 다스리게 되었다. 건안 6년(201년) 9월, 유비가 조조를 피해 형주로 도망치자 유표는 직접 그를 맞이했고, 유비를 상빈上賓의 예로 대우하며 신야에 주둔하도록 했다. 신야는 오늘날 하남성 남양시南陽市 신야현新野縣으로 형주의 치소[41] 양양襄陽에서 북쪽으로 약 65킬로미터 떨어진 곳에 자리한다.

사실 유표가 유비를 신야에 보낸 의도는 분명했다. 형주 북쪽 남양군南陽郡에는 본래 군벌 장수[42]가 주둔했으나 관도대전을 전후로 조조에게 투항해 이 지역에 방어 공백이 생겨버렸다. 유비는 그 공백을 메우기 위해 신야에 주둔하게 되었으며, 실질적으로 형주 북부 방위의 책임을 맡게 되었다.

관도대전에서 승리한 조조가 원소의 두 아들 원담과 원상을 정벌하기 위해 집중하던 시기, 유표는 유비로 하여금 한 차례 조조를 공격하게 하기도 했다. 조조는 하후돈과 이전李典에게 명해 박망博望으로 나아가 유비를 막으라고 했다. 여기서 말하는 박망은 신야에서 북동쪽으로 약 85킬로미터 떨어진 지점인 남양군 박망현博望縣을 말하는데, 《삼국연의》에서 말하는 박망파博望坡와는 차이가 있다. 남양은 사방이 산으로 둘러싸인 분지 지형으로 박망현을 지나 섭현葉縣을 돌파하면 바로 허도로 진격할 수 있었다. 즉, 유비의 목적은 조조의 심장을 향한 기습이었다고 할 수 있다.

박망에서 유비는 스스로 군영에 불을 놓고 도주하는 척하며 적을 유인하는 전술을 펼쳤다. 하후돈夏侯惇이 유비의 뒤를 추격하자 매복해 있던 복병이 기습을 감행했고, 이에 하후돈의 군은 대패하고 말았다. 《삼국지·위서》〈이전전李典傳〉에서는 하후돈이 군사를 이끌고 유비를 추격하려고 하자 이전은 "남쪽은 길이 매우 좁고 초목이 울창하니 추격해서는 안 됩니다."라며 하후돈을 만류했다고 한다. 결국 뒤늦게 도착한 이전의 구원병에 밀려 유

박망현 입구

박망파라고 새겨진 비석

밭이 펼쳐진 박망현 일대

유일하게 서 있는 고목 한 그루

비는 후퇴할 수밖에 없었다.

유비가 승리를 거둔 박망전투 현장을 찾아가기 위해 와룡臥龍버스터미널을 찾았다. 몇 번 헤맨 끝에 박망으로 향하는 버스를 탔고, 신기하게도 탑승 후에 버스표를 구매하는 방식이었다. 한 시간이 넘게 달린 끝에 박망에 도착했다. 박망파라고 새겨진 연한 황갈색의 바위 기념비가 서 있었고, 기념비 한가운데에는 《삼국지》와 《자치통감》에 기록된 박망전투의 내용이 새겨져 있었다.

기념비가 세워진 박망현 일대는 한눈에 봐도 넓은 밭이 펼쳐져 있어, 협로와 우거진 초목의 기세를 느끼기는 어려웠다. 유일하게 그 시대의 흔적이라 전해지는 고목 한 그루만이 박망의 변화를 지켜보며 서 있었다. 나뭇잎 하나 없는 고목은 마치 박망이 불길에 휩싸였던 그날의 증인처럼 느껴졌다. 이 고목이 정말 박망전투를 지켜보았을 나무인지는 더 이상 중요하지 않았다. 단지 그 나무는 유비가 불을 질렀던 그 밤을 여전히 품고 있는 것만 같았다.

조운과 관우의 전설이 담긴 의사대와 한상성

약 7년 동안, 유비는 신야를 형주 북방의 방어 거점으로 삼으며 머물렀다. 유비가 긴 세월 머문 곳인 만큼 오늘날 하남성 신야현에는 그 흔적이 고스란히 남아 있으며, 《삼국지》와 관련된

위 신야현의 남성문
아래 의사대 유적지

흥미로운 이야기와 유적들이 여행자들을 기다리고 있었다.

특히 인상 깊었던 것은 이 지역의 향토 음식인 삼국판면三國板麵, 혹은 장비판면張飛板麵이라 불리는 면 요리였다. 이 요리에는 장비와 관련된 이야기가 전해진다. 유비가 신야에 주둔하던 시절, 항상 허기진 채 훈련하던 장비가 요리 담당 병사에게 "배를 오래 채울 수 있는 음식을 만들어보라."라고 명령했으나, 한 달이 지나도록 만족할 만한 결과가 나오지 않았다. 화가 난 장비는 밀가루 반죽을 돌 위에 내리쳤는데, 던지면 던질수록 반죽이 더 단단해졌다. 그는 반죽을 길게 늘여 면을 만든 뒤 끓는 물에 삶아 먹었는데, 우연이 만들어낸 결과치고는 만족스러웠다. 쫄깃한 면발 덕분에 배가 쉽게 꺼지지 않았기 때문이다.

이야기를 듣고 나니 장비판면이 궁금해졌다. 신야현 시내에 장비판면을 판매하는 식당을 찾아가 역사 깊은 면 요리를 맛보았다. 1800년의 역사를 가진 장비판면은 일반 면보다 훨씬 두껍고 탄력이 있었으며, 맑은 육수 속에 풀어진 양념은 담백하면서도 깊은 맛을 자아냈다. 전투 중에도 버틸 수 있을 듯한 힘이 느껴지는 한 그릇이었다.

신야현의 남성문南城門은 유비가 신야에 병력을 주둔시키고 적군을 방어하기 위해 쌓았던 토성이라고 전해진다. 이후 전란으로 파괴되었으나 명나라 천순天順 5년(1461년)에 벽돌로 된 성문으로 재건되었고, 오늘날 신야현을 대표하는 상징이 되었다.

남성문 왼편에는 특별한 장소가 하나 있다. 바로 의사대議事臺 유적지로 유비가 제갈량, 관우, 장비와 함께 군정을 논의했다고 전해지는 장소다. 이곳은 평소 일반인에게 개방되지 않는 구역이지만, 신야현 지방관청 소속 공무원을 우연히 만났을 때 "이곳

위 조운이 기댔다는 흔적. 손가락으로 가리킨 부분이 살짝 파여 있다.
아래 관우가 심었다고 전해지는 한상성 뽕나무

을 보지 못하고 갈 수는 없다."라고 간절히 사정한 끝에 겨우 들어갈 수 있었다. 또한 문화국 관계자에게 자세한 설명도 들을 수 있었다.

의사대 중앙에는 팔각지붕의 정자가 세워져 있었고, 그 지붕 위에는 화재 방지를 위해 제갈량이 설계했다는 수룡水龍 장식이 놓여 있었다. 성문 위 높은 지대에 자리한 이곳에서 유비와 제갈량, 장수들이 신야의 방어 상황을 조망하며 전략을 논의하는 모습이 눈앞에 그려지는 듯했다. 고대에는 높은 건물이 없었기에 주변에서 어떤 일이 벌어지고 있는지 훤히 내다볼 수 있었다고 한다.

특히 2층에서는 정사를 논의하고 1층에서는 식사를 했다고 한다. 정자 안쪽 계단 한 부분에 살짝 파인 흔적이 있었는데, 이것이 바로 조운趙雲이 어깨를 기대고 서 있던 자국이라고 한다. 조운은 말없이 계단에 기대어 유비와 제갈량의 회의를 묵묵히 지켜보았다고 전해진다. 그 이야기에 절로 웃음이 났다. 책에서 보았던 조운의 그 성격이 그대로 드러나는 장면이었다. 전설이건 상상이건 삼국시대 영웅들이 생생히 숨 쉬는 듯한 공간이었다.

신야현에서 마지막으로 찾아간 곳은 한상성漢桑城이었다. 성이라고 부르기에는 놀랄 만큼 작은 규모였지만, 하늘을 향해 자라난 듯 우뚝 솟은 뽕나무 한 그루만은 인상적인 모습이었다. 전해지는 이야기로 이 뽕나무는 관우가 신야에 머물던 시절에 손수 심은 것이라고 한다.

어느 날 관우는 적토마를 뽕나무 아래에 매어두고 병서兵書를 읽고 있었는데, 배가 고팠던 적토마가 뽕나무의 잎과 가지, 껍질까지 갉아 먹어 결국 나무가 시들고 말았다. 이에 관우는 주인을 찾아 정중히 사과한 뒤, 새로운 뽕나무를 심고 벽돌로 성을 쌓아 나무를 보호했다고 한다. 그때부터 이 작은 성을 한상성이라 불렀으며, 둘레 11미터, 높이 2.7미터의 소박한 성이지만 지금도 그 뽕나무를 든든하게 지키고 있다. 마치 유비 곁을 지키던 관우가 떠올라 괜스레 내 마음까지 든든해졌다.

장비판면에 의사대, 한상성까지, 신야현 곳곳에는 《삼국지》와 얽힌 풍성한 야사들이 살아 숨 쉬고 있었다. 허구와 사실을 논하기 이전에 신야현은 그저 옛이야기를 따라가는 유적지가 아니라 유비와 관우, 장비의 체온이 여전히 스며 있는 삼국 영웅들의 땅이었다.

2

'삼고초려' 제갈량의 땅

남양인가, 융중인가

　유비의 책사이자 촉한의 재상이었던 제갈량은 자가 공명孔明으로 낭야국 양도현陽都縣 출신이다. 회남에 주둔 중이던 원술이 제갈량의 숙부 제갈현諸葛玄을 예장태수豫章太守로 삼자 일찍이 부모를 여읜 제갈량은 숙부를 따라 예장으로 향했다. 그러나 원술의 임명은 한나라 조정의 승인 없이 독단적으로 이루어진 것이었고, 이 사실을 알게 된 한나라 조정은 주호朱皓[43]를 공식적인 예장태수로 임명했다. 결국 제갈현은 관직에서 물러나 평소 교분이 두터웠던 형주목 유표에게 몸을 의탁하게 되었다. 이때 제갈량도 형주에 정착한 것으로 보이며, 제갈현이 사망하자 밭을 갈며 농사를 지으며 지냈다.

제갈량이 농사짓던 곳이 남양인지, 융중隆中인지에 대한 논쟁은 오늘날까지도 계속되고 있다. 이 논쟁의 시작은 청나라 시기 남양지부南陽知府 고가형顾嘉蘅이 "제갈량의 궁경지는 남양의 와룡강臥龍岡이다."라고 밝히면서다. 이 발언으로 논란이 거세지자 고가형은 "마음은 조정에 있으니, 애초에 선주냐 후주냐를 따질 필요가 없고, 이름이 천하에 드높은데 굳이 양양이냐 남양이냐를 가릴 필요가 있는가."라며 논쟁을 일축했다. 그러나 현대에 들어 논란이 재점화되었는데, 양양시襄陽市에서 삼고초려 기념우표를 발행한 것이 발단이었다. 남양시에서도 삼고초려 기념우표 발행을 우편국에 요청하며, 제갈량의 궁경지에 대한 논쟁이 다시 수면 위로 떠올랐다.

융중설을 주장하는 이들은《한진춘추漢晉春秋》의 저자 습착치習鑿齒가 "제갈량의 집은 남양의 등현鄧縣에 있었는데, 양양성 서쪽 20리 지점으로 융중이라 불렀다."라고 기록한 점을 근거로 삼는다. 이 기록은 배송지가《삼국지·촉서》중〈제갈량전〉에 인용했고,《수경주》[44]를 비롯해 지금은 온전하게 전해지지는 않지만《양양기襄陽記》,《형주기荊州記》등 다수의 기록에서도 제갈량의 궁경지를 융중으로 보고 있다. 그러나 제갈량 본인이〈출사표出師表〉에서 "신은 본래 평민으로, 남양에서 몸소 밭을 갈았습니다."라고 직접 밝혔기 때문에, 융중설은 남양설을 근본적으로 뒤집지 못하고 있다.

후한시대에는 한수를 기준으로 강 북쪽은 남양군, 강 남쪽은 남군南郡에 속해 있었기에 등현은 남양군에 속한 지역이었다. 다만 건안 13년(208년), 조조가 형주를 평정한 뒤부터 남군의 북부를 나누어 양양군을 신설하면서 행정구역에 변화가 생겼고, 이후 진나라가 들어선 뒤에는 등현은 의양군義陽郡에, 등성鄧城은 양양군에 속하게 되었다. 등현과 등성은 지리적으로 동일한 지역을 가리키거나《진서》〈지리지地理志〉의 오류일 가능성도 있지만, 이 시기를 전후로 행정구역 개편이 빈번했음을 알 수 있다.

다소 변화가 많았던 시기였기에 남양의 등현이 한수 이남, 즉 융중 지역까지 관할하게 되었다면 융중설의 가능성이 높아졌을 것이다. 그러나 이를 뒷받침할 구체적인 근거는 전해지지 않는다. 동진시대 사람인 습착치는 이처럼 빈번한 행정 개편이 이루어진 이후에《한진춘추》를 집필했고, 이로써 제갈량의 실제 궁경지가 어디인지에 관해 후세 사람들에게 큰 혼란을 주고 있다.

제갈량의 집터가 있는 남양과 융중

제갈량이 세상에 나오기 전까지 밭을 갈며 살았던 궁경지를 찾아 먼저 오늘날 하남성 남양시 와룡강에 위치한 무후사武侯祠를 방문했다. 무후사 문 앞에는 제갈량을 찾아온 유비, 관우, 장

위 유비가 제갈량을 세 번 찾아왔다는 패방
아래 은거구지 편액과 제갈량상

비의 동상이 세워져 있어 삼고초려의 한 장면을 보는 듯했다. 와룡강 일대는 여러 학교에서 소풍 온 학생들과 여행객들로 붐비고 있었다. 이 활기찬 풍경만 보아도 이곳 남양시에서 제갈량이

6장 유비의 영웅들과 적벽을 찾아서

제갈량이 거주했다는 남양의 제갈초려

얼마나 사랑받고 있는지 실감할 수 있었다.

무후사 입구에는 '한소열황제삼고처漢昭烈皇帝三顧處'라고 새겨진 패방이 세워져 있어, 유비가 제갈량을 세 번 찾아온 삼고초려의 장소임을 알 수 있었다. 무후사의 정전인 제갈량전 정문에는 '은거구지隱居求志'라 적힌 편액이 걸려 있었다. '은거하며 자신의 뜻을 추구한다'라는 의미를 담은 문구다. 문을 지나 안으로 들어서니 정중한 자세의 제갈량상이 모셔져 있었다. 제갈량은 온화하면서도 단호한 표정이었고, 마치 서서히 눈을 뜨는 듯한 인상을 주었다. 자신을 세 번이나 찾아온 유비를 오래전부터 기다려온 것처럼 깊고도 담담한 눈길이었다.

제갈량전 뒤편에는 제갈초려諸葛草廬가 자리하고 있었다. 이곳은 제갈량이 실제로 은거했던 집터로 전해진다. 팔각형의 정자는 짚으로 엮은 초가지붕으로 덮여 있었으며, 규모는 아담하지만 소박하고도 고풍스러운 멋이 있었다. 정자 내부에는 '한제갈공명구려漢諸葛孔明舊廬'라 새겨진 비석이 세워져 있어, 이곳이 제갈량이 은거하며 학문과 뜻을 닦았던 상징적인 공간임을 알려주었다. 근처에는 제갈량 동상과 그 유명한 전술 지형인 팔괘진八卦陣이 숲으로 미로처럼 만들어져 있었다. 관광지용으로 만든 것이라 모양만 본뜬 팔괘진이었지만, 그 미로를 헤쳐나가면서 삼국시대 진법을 조금이나마 느낄 수 있었다.

반면, 융중은 사뭇 다른 분위기를 자아내고 있었다. 산과 물로 둘러싸인 융중은 형주의 풍요로운 풍경을 한눈에 조망할 수 있는 곳이며, 자연의 조화와 운치를 고스란히 간직한 곳이었다. 융중은 호북성湖北省 양양시에서 서쪽으로 약 9킬로미터 떨어져 있어, 습착치가 남긴 지리적 기록과 정확히 일치한다. '고융중古隆中'이라는 패루가 있었으며, 평화로운 숲길을 걸어가니 융중로가 펼쳐졌다.

흥미로운 점은 융중에도 남양의 제갈초려와 마찬가지로 제갈량이 살았던 집터인 초려정草廬亭이 있다는 것이다. 앞쪽에는 우물이, 뒤쪽에는 산이 있어서 이른바 풍수적으로 명당이었다. 그러나 융중의 초려정은 다소 안타까운 과거를 가지고 있었다. 명나라 홍치弘治 2년(1489년), 양왕襄王으로 봉해진 주견숙朱見淑은 융중의 아름답고 기이한 산세에 감탄한 나머지 제갈량의 집터인 초려정을 허물고, 그 자리에 자신의 능묘를 조성했다. 하지만 이

위 융중로의 모습
아래 융중에 있는 초려정

능묘는 명나라 말기 틈왕闖王 이자성李自成이 이끄는 농민 반란군에 의해 도굴되는 비운을 맞았다.

융중의 삼고당三顧堂에는 유비와 제갈량이 마주 앉아 대화를 나누는 삼고초려의 장면이 생생하게 재현되어 있었다. 실제로도 제갈량은 유비에게 형주와 익주를 기반으로 한 황실 부흥의 이상과 구체적인 실행 전략을 제시했다.

> "형주와 익주를 점거하여 요충지로 삼고, 서쪽으로는 각 민족과 조화를 이루며, 남쪽으로는 이월夷越을 위로하십시오. 밖으로 손권과 맹약을 맺고, 안으로는 정치를 개혁하면 천하에 변화가 생길 것입니다. 상장 한 명으로 하여금 형주의 군대를 완현과 낙양으로 진군시키고, 장군은 익주의 병력을 이끌고 진천秦川으로 출격한다면, 백성이 어찌 감히 장군을 환영하지 않겠습니까? 결국 패업이 이루어지고 한나라 황실은 부흥할 것입니다."
>
> ―《삼국지·촉서》〈제갈량전〉 중

아직까지도 제갈량의 궁경지가 남양인지 융중인지에 대한 답은 명확히 결론이 나오지는 않았다. 그러나 분명한 것은 제갈량이 형주 일대에 거주하던 시기에 유비가 세 차례나 그를 찾아갔고, 그 자리에서 제갈량이 제시한 '천하삼분지계天下三分之計'는 유비의 행보에 중대한 전략적 기초가 되었다는 점이다.

3

조자룡의 언덕, 장판파

조조에게 쫓겨 장판까지 도망친 유비

건안 12년(207년), 조조의 하북 평정은 마무리 국면에 접어들었다. 원소의 아들 원상과 원희袁熙가 요동遼東으로 도주하자, 요동의 군벌 공손강公孫康이 그들의 목을 베어 조조에게 바쳤고, 이로써 조조는 하북을 평정하는 데 성공했다. 그로부터 1년 뒤인 건안 13년(208년), 업성으로 돌아온 조조는 가장 먼저 현무지에서 수군 훈련을 시작했다. 이는 형주를 다음 목표로 삼았음을 드러내는 훈련이었다. 그해 6월, 조조는 승상丞相으로 임명되었으며, 천하 통일을 향한 다음 단계로 형주목 유표를 정벌하고자 남쪽으로 진군을 시작했다.

하지만 조조가 도착하기도 전에 병을 앓고 있던 유표가 갑자기 세상을 떠났고, 유표의 둘째 아들 유종劉琮은 순순히 조조에게 항복하며 형주를 바치고 말았다. 당시 유비는 번성樊城[45]에 주둔하고 있었는데, 조조의 군사가 완현宛縣에 이르렀다는 소식을 뒤늦게 접하고는 급히 강릉江陵으로 후퇴했다. 하지만 조조는 군수물자가 풍부한 강릉을 탐내고 있었기에, 유비가 그곳을 점거할 것을 우려해 정예 기병 5천 명을 이끌고 급히 유비를 추격하기 시작했다.

〈선주전〉에 따르면, "형주 사람 대다수가 유비에게 귀의하여, 당양當陽에 이를 무렵에는 그 수가 10만여 명에 달했고, 군수물자는 수천 대에 이르러 하루에 10여 리밖에 가지 못했다."라고 했다. 한나라 시대 1리里는 약 415.8미터로 유비군은 하루에 약 4.2킬로미터에서 5킬로미터밖에 이동하지 못한 것이다.

하지만 조조의 기병은 하루 밤낮 300여 리, 즉 약 120킬로미터를 달려 유비군을 추격했다. 그러다 마침내 장판長坂에 이르러 유비군을 따라잡았다. 이때 다급했던 유비군의 정황은 다음과 같이 전해진다.

> 유비는 조조에게 당양의 장판까지 추격당했고, 이에 처자식마저 버리고 남쪽으로 달아났다. 이때 조운이 나서 직접 어린 자식(아두阿斗)을 품에 안고 감 부인(아두의 어머니)을 보호하여 난

을 모면하게 했다.

―《삼국지·촉서》〈조운전〉 중

당양의 장판파유적공원

오늘날의 당양은 호북성 당양시當陽市에 있으며, 장판파전투를 기억하기 위한 장판파유적長坂坡遺跡공원이 조성되어 있다. 장판파유적공원 앞에 세워진 거대한 조운의 동상은 아두를 안고 긴 창을 휘두르며 조조군의 추격을 뚫고 돌진하는 긴박하면서도 용맹한 모습을 그려냈다.

장판파유적공원에 들어서면, 조운이 아두(유선劉禪)를 구출해내자 유비가 아두를 내던졌다는 그 유명한 이야기가 담긴 벽화가 있다. 그러나 이 이야기는《삼국연의》의 각색일 뿐이고, 배송지주의 〈조운별전趙雲別傳〉에 따르면 어떤 이가 조운이 북쪽으로 달아났다고 말하자, 유비는 손에 들고 있던 수극手戟을 내던지며 "조운이 나를 버리고 달아날 리가 없다!" 하고 조운에 대한 깊은 신뢰를 드러냈다고 한다. 당양시에는 장비가 창을 들고 조조군의 추격을 막아섰다는 장익덕횡모처張翼德橫矛處도 관광지로 조성되어 있으나 새로 만든 곳이다 보니 장비의 절개와 기상을 느끼기에는 아쉬운 곳이었다.

사실 현재의 호북성 당양시가 삼국시대의 장판이 맞는지에

위 장판파유적공원 입구에 세워진 조운 동상
아래 조운을 그린 벽화

대해서는 많은 논란이 있었다. 급박하게 남쪽의 강릉으로 향해야 했던 유비군이 양양을 기준으로 서남쪽에 있는 당양까지 이동할 이유가 없을 뿐만 아니라, 삼국시대의 당양현과 현재의 당양시는 지리적으로도 그 위치가 다르기 때문이다.《수경주》에는 장판의 위치를 다음과 같이 전한다.

> 저수沮水는 다시 동남쪽으로 흘러 당양현 성의 북쪽을 지난다. 성은 산등성이를 따라 막혀 있고, 북쪽은 저수를 기대며, 옛 성은 동쪽으로 140리 떨어진 곳에 위치했다. 이는 동성東城이라 부르며, 녹림綠林 장판의 남쪽에 위치한다. 장판이란 장익덕횡모처가 있던 곳이다.
>
> —《수경주》중

실제로 저수는 오늘날에도 호북성 당양시 북쪽을 흐르고 있으며,《수경주》에서 말하는 "옛 성은 동쪽으로 140리에 위치했다."라는 기록은 현재의 호북성 형문시荊門市에 해당한다.《수경주》외에 다수의 문헌에서도 삼국시대 당양의 위치를 오늘날의 형문시로 추측하고 있다. 형문시는 양양과 강릉 중간 지점에 있으며, 예로부터 형양고도荊襄古道를 잇는 교통로였다.《삼국지·촉서》〈선주전〉에는 "조조의 기병이 하루 밤낮 동안 300여 리를 달려 유비군을 추격했다."라고 전하는데, 놀랍게도 이 거리는 오늘날의 형문시 일대와 정확히 일치한다.

또한 장판이라는 말을 그대로 해석하면 긴 언덕을 뜻한다. 내가 찾아가 보았던 형문 일대는 평지와 언덕이 뒤섞인 지형으로, 장판이라는 지명과 명확하게 부합했다. 여러 가지 증거로 짐작

위 **형양고도의 비석**
아래 **오늘날의 하구 모습. 한수가 장강과 합류하고 있다.**

건대, 사실은 형문 일대가 장판파전투가 벌어졌던 실제 현장이 아닐까 싶다.

비록 유비는 장판에서 조조군의 추격을 받아 크게 패했지만, 이 시기 멀리 강동에서 그를 찾아온 자가 있었다. 바로 손권의 책사 노숙魯肅이었다. 그는 조조에게 맞서 함께 싸우기를 바란다는 손권의 뜻을 전했다. 유비는 제갈량을 보내 손권과의 동맹을 추진하게 했고, 직접 군선을 이끌고 강릉으로 향하던 관우와 한진漢津에서 만나 하구夏口로 향했다. 적벽대전의 막이 서서히 오르기 시작한 것이다.

4

진짜 적벽을
찾아가는 길

번구에서 마주한 유비와 주유

    손권과 손을 잡은 유비는 악현鄂縣의 번구樊口에서 처음으로 주유와 만났다. 오늘날 호북성 악주시鄂州市에 해당하는 악현의 서쪽에는 번산樊山이 있으며, 그 아래로 흐르는 물줄기가 장강과 합류하는 지점이 바로 번구다. 6,300킬로미터에 달하는 장강 중간에 자리한 번구는 상류와 하류를 자유롭게 오갈 수 있는 수로의 중심지이자 선박 정박과 군사 집결이 가능한 천혜의 지형이었다.
    주유와 유비의 첫 대면에는 인사 이상의 긴장감이 감돌았다.

두 마리의 맹호가 기세를 펼치며 서로를 탐색하는 듯한 심리전은 《삼국지》를 읽는 이들에게 손에 땀을 쥐는 긴장감과 흥미를 불러일으키는 장면이다.

> 유비는 조조의 군사가 내려온다는 소식을 듣고 두려워하며, 날마다 물가에 순찰병을 보내 손권군이 오는지 살피게 했다. 정찰병이 주유의 배를 발견하고 유비에게 달려가 보고하자, 유비가 말했다. "어떻게 청주나 서주의 군사가 아닌 줄 알았느냐?" 정찰병이 대답했다. "배를 보고 알았습니다." 유비는 사람을 보내 주유를 위문했다. 이때 주유가 말했다. "군사 임무를 맡고 있어서, 자리를 함부로 이탈할 수 없습니다. 위엄을 낮추시고 찾아와 주신다면, 실로 바라는 바에 부응할 것입니다."
>
> ─《삼국지·촉서》〈선주전〉 배송지주 중

조조군의 남하 소식을 들은 유비는 매일 수상 정찰병을 내보내 손권의 군대가 도착했는지를 확인하곤 했다. 어느 날 정찰병이 주유의 함대를 발견하고 보고하자, 유비는 "어찌 청주나 서주의 군사가 아닌 줄 알았느냐?"라고 물었고, 병사는 "배를 보고 알았습니다."라고 답했다. '청주나 서주의 군사'란 조조군의 군사를 뜻한다. 이 문장을 보면 적벽대전을 앞둔 유비가 얼마나 조조를 두려워하고 있었는지, 얼마나 초초하고 불안한 심리 상태에 놓여 있었는지를 보여준다.

주유가 유비에게 직접 찾아와 달라고 요구한 것은 유비·손권 연합군 구도에서 좌장군이자 예주자사라는 고위 관직에 있는 유비에게 끌려다니지 않고 자신이 전투의 주도권을 잡기 위해서였다. 그러면서도 주유는 "위엄을 낮추시고 찾아와" 달라며 공손한 말투로 유비를 압박하는 고도의 심리전을 펼쳤다.

손권과 동맹을 맺은 상황에서 유비가 주유의 청을 거절한다면 신뢰를 저버리는 일이 될 수 있었기에, 유비는 홀로 주유를 찾아가는 관대함과 기개를 보여주었다. 두 영웅의 팽팽한 만남은 이어졌다.

> 유비가 물었다. "지금 조조를 막기 위해 깊은 계책이 있을 것입니다. 싸울 수 있는 병사가 얼마나 됩니까?" 주유가 말했다. "3만 명입니다." 유비가 말했다. "적은 것이 아쉽네요." 이에 주유가 말했다. "이 정도면 충분합니다. 예주(유비를 칭함)께서는 다만 저 주유가 그들을 격파하는 것을 보기만 하십시오."
>
> —《삼국지·촉서》〈선주전〉 배송지주 중

유비는 주유의 기개에 감탄하며 부끄러움과 기대를 동시에 느꼈다고 전해진다. 그는 관우, 장비와 함께 2천 명의 병사를 이끌고 적벽으로 향했다. 번구에서 이루어진 유비와 주유의 만남은 단지 전술 회의가 아니라 연합의 불균형과 리더십의 줄다리기 속에서 펼쳐진 지략과 신뢰의 탐색전이었다. 적벽대전은 그 긴장의 연장선에서 점차 모습을 드러내고 있었다.

적벽은 과연 어디인가

오늘날 적벽의 위치는 호북성 함녕시咸寧市 적벽시赤壁市에서 북서쪽으로 약 35킬로미터 떨어진 곳에 있는 삼국적벽고전장三國赤壁古戰場으로 알려져 있다. 그러나 실제 적벽의 위치에 대해서는 많은 논란이 있다. 그 이유는 사료마다 적벽의 위치에 관한 기록이 다르기 때문이다.

당나라 시대 학자 이길보李吉寶가 각 지역의 특징, 역사, 지리 등을 상세히 기록한 《원화군현지》에서는 적벽의 위치를 다음과 같이 전하고 있다.

> 적벽산赤壁山은 포기현蒲圻縣에서 서쪽 120리에 위치해 있다. 북쪽은 대강大江과 인접해 있고, 그 북안이 오림烏林이고, 적벽과 마주 보고 있다. 바로 주유가 황개黃蓋의 계책을 써서 조조의 함선을 불태워 승리한 곳이다. 그래서 제갈량이 조조에게 이르길 '오림에서 위태로웠다'라 한 것이다.
>
> —《원화군현지》 중

1998년에는 포기현에서 적벽시로 이름이 바뀌었다. 적벽시를 한자 발음 그대로 읽으면 적벽이므로, 이 이름이 삼국시대 적벽대전이 벌어진 장소로 홍보하기에 더 유리했다. 또한 삼국적벽고전장 맞은편에는 오림이 있어 《원화군현지》의 기록과도 대체로 일치한다.

반면 이보다 앞서 편찬된 북위시대의 대표적인 지리서 《수경주》에서는 적벽의 위치를 다르게 말하고 있다.

> 강수江水(장강)는 왼쪽으로 상오림上烏林의 남쪽을 지나는데, 마을 주민들이 거주하는 지명이다. 또 동쪽으로는 오려구烏黎口를 지나는데, 이는 강포江浦로 곧 중오림中烏林이다. 다시 동쪽으로 하오림下烏林의 남쪽을 지나는데, 오나라의 황개가 조조를 패퇴시킨 곳이다. … 강수는 왼쪽으로 흘러 백인산百人山 남쪽을 지나고, 오른쪽으로 흘러 적벽산 북쪽을 지난다. 옛날 주유가 황개와 함께 조조의 대군을 속여 공격한 곳이다. 강수는 다시 동쪽으로 흘러 대군산大軍山 남쪽을 지난다.
>
> —《수경주》 중

《수경주》에 따르면, 적벽의 위치는 포기현이 아니라 오늘날 호북성 무한시武漢市 강하구江夏區에 있는 적벽산이라 했다. 현재는 적기산赤磯山이라 불리고 있으며, 포기현에서 북쪽으로 약 80킬로미터 떨어진 곳에 있다. 실제로 '적기산고전장유적赤磯山古戰場遺蹟'이라는 비석까지 세워져 있다.

《삼국지·오서》〈주유전周瑜傳〉에 따르면, "양측 군대는 적벽에서 만났다. 첫 번째 교전에서 조조가 패해 퇴각하여 장강 북쪽에 주둔했고, 주유는 남쪽 기슭에 주둔했다."라고 기록되어 있다. 만약《수경주》에서 말하는 적기산이 실제 적벽이었다고 가정한다면, 적벽대전은 일반적으로 알려진 바와 같이 화공火攻으로 끝난 단일 격전이 아니라 초기 교전이 벌어진 장소에 불과하다고 볼 수 있다. 즉, 조조는 적벽에서 패한 뒤 장강을 따라 하류로 내려가 오림에 주둔했고, 주유는 그 맞은편 남쪽 강기슭에 진을 치고 화공으로 조조를 공격했다. 따라서 실질적인 전투가 벌어진 곳은 적벽이 아니라 오림이었다고 해석할 수 있다.

적기산이 적벽이었다고 보는 일부 학자의 주장을 살펴보면 아무 근거 없는 주장이라고 보기는 어렵다. 그들은 우선《여지기승輿地紀胜》에 기록된 "대군산과 소군산은 한양현漢陽縣에 있으며, 옛날 오와 위가 대치했을 때 이 두 산에 진을 쳤기 때문에 대군大軍, 소군小軍이라 불렀다."라는 내용을 근거로 제시했는데, 실제로 대군산과 소군산은 적기산 북쪽 장강 건너편에 있다. 또한 적기산 인근에서 적벽박물관에 전시된 것과 동일한 형태의 화살촉이 발견되었다는 점도 이들의 주장을 뒷받침하는 근거로 활용되고 있다.

이 외에도 오림이 곧 적벽이라는 설과 호북성 황주시黃州市에 위치한 동파적벽東坡赤壁을 적벽이라 주장하는 등 정말 다양한 견해가 있다. 하지만 수많은 논쟁 속에서도 분명한 역사적 사실은 존재한다. 바로 조조의 수십 만 대군이 손권과 유비의 연합군에게 화공을 당해 대패했다는 점 그리고 적벽대전이 삼국시대의 향방을 바꿔놓은 결정적인 분수령이었다는 점이다. 진짜 적벽이 어느 곳이든, 그 불길 속에서 벌어진 전략과 기세의 충돌은 지금도《삼국지》를 읽는 이들의 마음을 뜨겁게 만든다.

적벽대전의 개막

이제, 적벽 안으로 들어갈 시간이었다. 웅장해지는 마음을 안고 삼국적벽고전장으로 향했다. 2011년 10월 1일 정식으로 개장한 이곳은 관광객들이 적벽대전을 체험하고 삼국 문화를 이해할 수 있도록 다양한 콘텐츠가 마련되어 있었다.《삼국지》에는 3대 대전大戰이라 불리는 중요한 전투가 있다. 바로 관도대전, 적벽대전, 이릉대전夷陵大戰이다. 이 세 전투는《삼국지》의 흐름을 뒤흔든 결정적인 전투였으며, 지금은 이를 배경으로 한 관광지 개발도 이루어졌다. 그중에서도 적벽고전장은 가장 성공적으로 조성된《삼국지》테마파크라 할 수 있다. 이곳에서는 영화 촬영도 하고, 종종 공연도 상영한다.

삼국적벽고전장은 정문부터 남달랐다. 정문은 삼국시대의 양식을 본떠 세워졌으며, 높이 솟아오른 망루는 마치 장강 건너편에 진을 치고 있는 조조군을 내려다볼 수 있을 정도로 위엄 있고

위 삼국적벽고전장 정문
아래 적기산과 대군산 전경

압도적인 모습이었다. 또한 다양한 국적의 사람들이 찾는 만큼 한글을 포함해 영어, 일본어, 러시아어 등으로 된 안내판이 설치되어 있어 관광객을 향한 배려를 느낄 수 있었다. 입장료는 135

삼국적벽고전장에 있는 도원결의 동상

적벽대전을 지휘하는 듯한 주유의 모습

강변에 새겨진 '적벽'

장강의 전경

위안(2만 5,000원)이었고 다른 유적지보다는 비싼 감이 있었지만, 막상 입구를 지나쳐 들어가보니 탄탄한 구성과 웅장한 성벽에 '그럴만 하다'는 생각이 절로 들었다.

입구에 들어서면 가장 먼저 신무대神武臺와 마주하게 된다. '신무'라는 명칭은 《삼국지·오서》〈주유전〉에 등장하는 구절 중 "장군의 신명스러운 무위와 웅대한 재략"이라는 구절에서 유래했다. 신무대는 거대한 함선 위에 네 마리의 호랑이가 중앙의 수룡 형상의 장군을 호위하고 있는 조형물로, 압도적인 기세를 뽐내며 적벽을 지키고 있었다. 이곳은 유비·손권 연합군이 조조와 맞서 싸우겠다는 결사 항전을 다진 곳으로 주유가 이곳에서 장수들에게 임무와 역할을 부여했다고 한다.

삼국적벽고전장은 면적이 무려 3.5제곱킬로미터에 달할 정도로 넓었고 《삼국지》와 관련된 볼거리들이 가득해 눈이 정말 즐거웠다. 그 드넓은 곳을 돌아다니면서도 힘들다거나 쉬고 싶다는 생각은 들지 않았다. 조조와 노숙이 적벽대전을 앞두고 대화를 나누는 모습, 그리고 유비, 관우, 장비의 도원결의 현장이 동상으로 꾸며져 있었다. 또한 마치 적벽대전을 지휘하고 있는 듯한 주유 동상이 서 있었는데, 비록 동상이었지만 굳건함과 기개가 느껴져 휘하의 많은 병사들이 옛 전장에서 두려움을 떨치고 싸우러 나갔을 것 같다는 느낌이 들었다. 이렇듯 유적지는 《삼국지》의 순간순간을 눈앞에서 보는 듯한 생생함을 전해주었다.

특히 장강 강변의 마애석각에 새겨진 '적벽赤壁' 두 글자가 무척 압도적이었다. 가로 150센티미터, 세로 104센티미터에 달하는 거대한 글씨는 힘차고 당찬 필치로 보는 이의 시선을 단번에 사로잡았다. 전해지는 바에 따르면, 이 글자는 주유가 쓴 것으로 알려져 있으나 서체의 양식으로 추측하건대 당나라 시기에 쓰여졌을 가능성이 높다고 한다.

'적벽' 두 글자가 새겨진 절벽 반대편에서는 적벽대전이 벌어졌던 장강의 풍경을 한눈에 바라볼 수 있다. 안개가 자욱하게 낀 날, 적막하고 고요하게 흐르는 강물은 보는 이로 하여금 긴장감을 느끼게 한다. 본격적인 전투가 시작되기 전, 양군이 숨을 죽인 채 서로를 응시하며 대치하고 있었을 당시의 분위기 또한 비슷했을 것이다. 그 침묵을 깬 이는 바로 황개였다.

> "현재 적군이 많고 아군은 적어서 오랜 시간 전투가 이어지면 불리합니다. 그러나 조조군의 배는 앞뒤가 서로 이어져 있으므로 불을 지르면 승산이 있습니다."
>
> —《삼국지·오서》〈주유전〉 중

황개의 의견을 받아들인 주유는 몽충蒙衝[46]과 전투함 수십 척에 풀과 짚을 가득 실은 뒤, 그 안에 기름을 붓고 휘장으로 덮었다. 황개는 조조에게 거짓으로 항복하겠다는 뜻을 전한 뒤, 장강을 타고 조조군의 진영이 있는 오림으로 나아갔다.

5

웅장한 기운이 서린 적벽대전의 무대

조조를 무너뜨린 또 하나의 변수, 역병

조조는 첫 번째 전투에서 패한 뒤 오림에 주둔하고 있었지만, 그의 군영은 심각한 문제에 직면해 있었다. 《삼국지·위서》〈무제기〉에 따르면, "조조는 적벽에 도착했는데, 이때 역병이 크게 유행했다."라고 기록되어 있으며, 《삼국지·오서》〈주유전〉에도 "양측 군대는 적벽에서 만났으나, 그때 조조의 병사들은 이미 질병에 걸려 있었다."라고 밝히고 있다. 즉, 첫 번째 교전이 벌어졌을 당시 조조군 진영에는 이미 역병이 퍼져 있었던 것이다.

조조군은 중원에서 활약하던 군사들로 이루어져 있었으며,

중원과는 다른 남방의 기후, 풍토, 토양 등에 익숙하지 않았던 탓에 질병이 발생한 것으로 보인다. 놀랍게도 주유는 이 상황까지 이미 예측하고 있었다.

"기병을 버리고 수군을 중심으로 오나 월과 싸우는 것은 본래 중원에서 잘하는 방법이 아닙니다. 또 지금은 날씨가 매우 추워 말에게 먹일 것이 없고, 중원의 병사들에게는 머나먼 강호의 땅을 건너도록 했습니다. 그들은 이 물과 땅이 낯설기에 반드시 질병이 생길 것입니다."

―《삼국지·오서》〈주유전〉중

중국 학계에서는 당시 조조군에 퍼졌던 역병이 주혈흡충병住血吸蟲病이었을 것이라는 가능성을 제기했었다. 주혈흡충병이란 민물에 서식하는 달팽이류를 숙주로 삼는 유충이 물속에서 사람의 피부를 통해 체내로 침투해 장기 등을 손상시키는 열대성 풍토병이다. 이 병은 전 세계적으로 2억 명 이상이 감염된 것으로 알려져 있으며, 발진, 발열, 오한, 복통, 복부 팽창 등의 증상이 나타난다.

조조는 건안 13년(208년) 7월에 형주 정벌에 나섰고, 9월에야 신야에 도착했다. 곧이어 유비를 추격하며 정예 기병 5천 명이 하루 밤낮에 300여 리를 달려 장판에 이르렀고, 계속 남하해 강릉을 점령한 뒤, 장강을 따라 파구巴丘를 거쳐 12월에 적벽 일대까지 진군했다. 조조군은 형주에서 대략 3개월간 머물렀던 것으로 보이며, 때는 늦가을에서 겨울에 해당하는 시기였다. 한편, 주혈흡충의 고위험 감염 시기는 기후가 따뜻하고 습한 때인 4월부터 10월 사이로, 계절적으로 조조군이 형주에서 활동하던 시기와는 차이가 있다.

그러나 조조군이 적벽으로 향한 경로가 주혈흡충병의 주요 발생지였다는 점은 또 다른 해석의 여지를 제공한다. 1971년 호남성湖南省 장사시長沙市 마왕퇴馬王堆에서 출토된 서한시대 여성 미라와 1975년 호북성 강릉현江陵縣(삼국시대 강릉) 기남고성紀南古城 봉황산鳳凰山에서 출토된 남성 미라를 조사한 결과, 간과 대장 등에서 주혈흡충의 충란이 검출되었다. 이 결과는 이미 서한 시기에 형주 남부 지역 일대에 주혈흡충병이 존재했음을 말해주고 있다.

또한 조조가 지나온 파구의 동정호洞庭湖는 지금도 주혈흡충 감염률이 특히 높은 지역에 속한다. 이와 관련된 기록은《삼국지·위서》〈곽가전〉에서도 확인할 수 있는데, "조조가 형주를 정벌하고 돌아올 때, 파구에서 역병을 만나 배를 모두 불태웠다."라고 했다. 비록 이 기록은 적벽대전 시기와 다소 차이가 있지만, 당시 파구 일대에 전염병이 발생했음을 보여주는 자료로 이해할 수 있다.

비록 조조가 겨울에 접어든 시기에 적벽으로 향했다고 하더라도, 주혈흡충병의 고감염 지역인 강릉과 파구 일대를 지나는 과정에서 일부 병사들이 감염되었다는 가능성도 생각해 볼 수 있다. 주혈흡충병의 일반적인 잠복기가 2~4주임을 고려할 때, 적벽대전이 벌어진 12월 무렵에는 실제 발병자가 나타났고,《삼국지·오서》〈주유전〉에서 말하는 "그때 조조의 병사들은 이미 질병에 걸려 있었다."라는 기록과도 부합한다.

물론 적벽대전 당시 조조군에 퍼졌다는 역병이 주혈흡충병이라는 주장은 하나의 가설에 불과하다. 여전히 이에 대해 다양한 반론이 제시되는 등 논란이 있다.《삼국지》의 기록에도 조조군에서 발생한 역병의 구체적인 증상이나 병명이 없기에 말라리아, 발진티푸스, 인플루엔자 등의 가능성이 제기되기도 했다.

역병 때문에 조조군의 전투력이 어느 정도 저하되었다고는 하지만, 결정적으로 조조군이 적벽에서 패배한 원인은 유비·손권 연합군의 화공에 있었다는 점은 사실이다.

장강을 건너며 적벽의 불꽃을 되새기다

삼국적벽고전장에서 나와 동풍대도東風大道를 따라가다 보니 장강에 도달했다. 고요히 흐르는 장강을 눈앞에서 마주하니, 과거 이곳을 가득 채웠을 손권·유비 연합군의 수많은 군선이 그려지는 듯했다. 멀리 장강 위로는 화물선 한 척이 둥둥 소리를 내며 다가오고 있었는데, 마치 적벽에서 개전을 알리는 북소리 같았다. 이 화물선은 하루에도 몇 차례 장강을 횡단하며 화물차를 싣고 강을 건넜다. 일반인도 요금을 내면 화물선에 탑승해 장강을 건널 수 있었다. 이에 나도 화물선에 몸을 싣고, 적벽대전의 불꽃이 타올랐던 강물 위를 서서히 지나가 보았다.

 장강에서 불어오는 바람은 거칠면서도 상쾌했고, 배를 타고 강을 건너보니 장강의 드넓은 폭을 온몸으로 체감할 수 있었다. 적벽대전이 벌어졌던 그 장소에서 잠시 눈을 감고, 황개가 조조군을 향해 세차게 돌진하며 조조군의 군선을 불사르던 장면을 떠올렸다.

> 황개는 많은 배를 풀어서 한꺼번에 불을 질렀다. 그때 바람이 매우 사납게 불어 강 위의 조조군 진영까지 불길이 번졌다. 순식간에 연기와 불꽃이 하늘 가득 퍼져서 불에 타 죽거나 물에 빠져 죽은 병사와 말의 수는 헤아릴 수가 없었다.
>
> ―《삼국지·오서》〈주유전〉 중

 배송지주의 〈강표전江表傳〉에 따르면, "배가 화살처럼 날아들었고, 불꽃과 먼지가 하늘을 뒤덮었으며, 조조군의 배들이 모조리 불타올랐고, 불길은 강가의 진영까지 번졌다."라고 했다. 당시 화공이 조조군에 얼마나 치명적인 타격을 입혔는지, 또 얼마나 치열한 전투였는지를 보여준다. 심지어 황개도 적의 화살에 맞아 장강에 빠졌으나, 곧 수군에 의해 구조되었다고 한다. 그는 적

장강 북안. 수많은 조조군이 전사한 곳이다.

벽대전에 함께 참전한 한당韓當과 마주하자 끝내 눈물을 쏟았다. 황개의 눈물은 조조군의 무너뜨린 승리의 순간에 흘린 영광의 눈물이었다.

어느덧 15분 정도가 흘렀고, 내가 탄 화물선이 장강 북안에 도착했다. 배에서 내려 한때 조조군의 진영이었으나 불길에 휩싸여버린 오림을 향해 걸음을 옮겼다. 적벽 맞은편의 오림으로 가는 길은 적벽과는 완전히 다른 풍경이었다. 나뭇잎 하나 없이 말라버린 나무들이 들판을 빼곡히 메우고 있었고, 마른 풀더미 곳곳에는 쓰레기들이 흩어져 있었다. 쓸쓸하고 적막한 분위기가 감돌았다. 조조군의 수많은 병사가 이곳에서 전사했다는 사실을 떠올리자, 서서히 스며드는 으스스한 기운을 떨쳐버릴 수가 없었다.

오림 입구의 적벽대전 벽화들

위 오림채 유적지
아래 조공사

오림 입구에는 중국 전통 양식으로 만든 목재 패루牌樓가 우뚝 서 있었다. 가운데에 '오림烏林'이라고 쓰여 있었는데, 이곳이 바로 조조군의 진영이 자리했던 곳이자 격전의 현장이었음을 말

위 만인갱 유적
아래 과거에 장강이 흘렀던 백골탑 동네

해주고 있었다. 마을 안 담장 곳곳에는 《삼국지》의 장면을 그린 벽화들이 여럿 있었다. 제갈량부터 유비, 장비, 관우, 조조까지 적벽대전을 지휘하는 주유를 비롯한 영웅들을 바라보며, 마을 전체가 오래전 역사의 기록을 잊지 않고 지금까지 간직해 오고 있다는 인상을 받았다.

마을 안쪽으로 들어가면 오림채烏林寨 유적지가 모습을 나타낸다. 안내판에 따르면, 이곳은 본래 조조군의 중군中軍 진영이 있었던 자리로 울창한 소나무 숲에 강을 끼고 있어 까마귀들이 모여들었고, 그로 인해 오림이라는 이름이 붙었다고 한다. 지금도 유적지 뒤편 소나무에 까마귀가 앉아 있는 모습을 볼 수 있었다. 이곳 역시 적벽대전 때 거센 불길에 휩싸여 완전히 초토화되었다고 한다.

오림채 유적지 오른쪽으로는 명나라 가정嘉靖 15년(1536년)에 세워졌다고 전해지는 조공사曹公祠가 자리하고 있었다. 파릉현령巴陵縣令 왕괴현王槐賢이 부임지로 향하던 중 오림을 지나며 배를 멈추고 이 일대를 둘러보았는데, 그는 조조가 병법에 능하고 인재를 아꼈다는 점에 감명을 받아 이곳 백성들과 함께 조공사를 세웠다고 한다.

조공사 입구는 석사자 한 쌍이 좌우를 지키고 있었고, 굳게 닫힌 문 양옆 주련柱聯에는 "하늘은 땅만 못하고 땅은 사람만 못하다. 허나 조조는 이것을 얻었고 거대한 책략과 웅대한 재주, 위대한 대업은 완전함을 갖추었다."라는 문구가 적혀 있었다. 비록 조조는 오림에서 유비·손권 연합군에게 대패했지만, 오림 사람들은 조조를 향한 존중과 존경의 마음을 가지고 있었다.

이외에도 조조군의 시신을 매장한 곳으로 전해지는 만인갱萬

人坑, 유비·손권 연합군이 추격해 오자 서황이 조조를 호위하며 필사적으로 항전하면서 시체가 산처럼 쌓이고 피가 강처럼 흘렀다는 홍혈항紅血巷, 강가에 떠다니던 조조군의 시신들을 수습해 흙으로 덮었으나 시간이 지나 백골로 드러났다는 백골탑白骨場 유적까지, 오림에는 처절한 전투와 관련된 이야기들이 곳곳에 남아 있었다.

화용도를 넘어 강릉까지, 삼국의 문을 열다

오림에서 대승을 거둔 유비와 주유는 힘을 합쳐 조조를 추격했다. 주유는 경무장한 정예병을 이끌고 북을 천둥처럼 울리며 맹렬히 뒤쫓았고, 조조는 화용도華容道를 지나 강릉을 향해 도주했다. 화용도는 《삼국연의》에서 관우가 조조를 놓아주었던 곳으로 유명하지만, 실제로 조조는 화용도에서 관우를 만나지 않았다.

화용도는 오늘날 호북성 형주시荊州市 감리시監利市에 위치해 있다. 호삼성은 《자치통감》에 주석을 달면서 "화용현華容縣은 남군에 속하며, 이 길을 따라가면 화용에 이를 수 있다."라고 설명했다. 이 기록은 조조가 도주한 화용도가 곧 화용현으로 향하는 길이었음을 말해준다. 화용현은 오늘날의 감리시에 해당하며, 지리적으로 오림과 강릉 중간에 있다.

《삼국지》를 읽으며 머릿속으로 그렸던 화용도는 깊은 협곡

현재 화용도의 모습

사이를 가로지르는 험준한 길이었다. 그러나 실제로 찾아간 화용도는 평범한 농촌 마을을 지나는 길이었고, 들녘 한가운데에 '화용고도華容古道'라고 쓰여 있는 표지석만이 덩그러니 서 있을 뿐이었다. 표지석에는 네 글자 외에 아무런 설명도 없었지만, 그 명칭 하나만으로도 《삼국지》의 시대를 걷고 있는 듯한 느낌이 들었다.

하지만 《삼국지》 시대의 화용도는 지금과는 전혀 다른 모습으로 운몽택雲夢澤이라 불리던 광활한 늪지대였다. 화용도를 따라 도주하던 조조 역시 늪지대를 지나며 생사의 기로에 섰고, 당시 기록은 《삼국지·위서》〈무제기〉에서 배송지가 인용한 〈산양공재기山陽公載記〉에 생생하게 남아 있다.

> 조조의 군선이 유비에 의해 불태워지자, 조조는 군사를 이끌고 화용도를 따라 걸어서 퇴각했다. 진흙탕을 만나 길이 막히고, 하늘에서는 거센 바람이 불었다. 지친 병사들에게 풀을 짊어지게 하여 진흙탕을 메우게 하니, 기병이 겨우 지나갈 수 있었다. 지친 병사들은 군사와 말에게 밟히고 진흙에 빠져 죽었고 그 수가 매우 많았다. 겨우 군이 빠져 나오자 조조는 크게 기뻐했다.
>
> —《삼국지·위서》〈무제기〉 배송지주 중

무사히 남군 강릉현까지 도착한 조조는 조인과 서황에게 수비를 맡기고 중원으로 돌아갔다. 조조군을 추격해 온 유비와 주유는 강릉을 공격했고, 1년이 넘는 공방 끝에 조인이 성을 버리고 달아나면서 마침내 강릉을 점령했다. 이로써 손권·유비 연합군은 형주 남부의 중심지인 남군을 차지하며, 적벽대전의 최종 승리자가 되었다.

천하를 호령하던 조조의 패배는 많은 것을 바꾸었다. 조조를 중심으로 형성되던 천하의 구도가 뒤집혔고, 유비와 손권이 강력한 군벌로 부상할 수 있었으며, 삼국 정립의 서막이 열렸다. 한편, 손권은 유비에게 장강 남쪽 강변의 땅을 떼어주었고, 유비는 그곳에 주둔하며 공안公安이라 이름 지었다.

곧이어 유비는 형주 남부의 네 군[47]을 정벌하며 서서히 영역을 넓혀나갔다. 이 무렵 서쪽의 익주에서 한 인물이 유비를 찾아왔으니, 바로 법정法定이었다. 그는 유비의 영웅다운 면모에 감탄해 익주목 유장의 참모인 장송張松과 함께 유비를 받들기로 결심했다.

양양이의 기행 루트

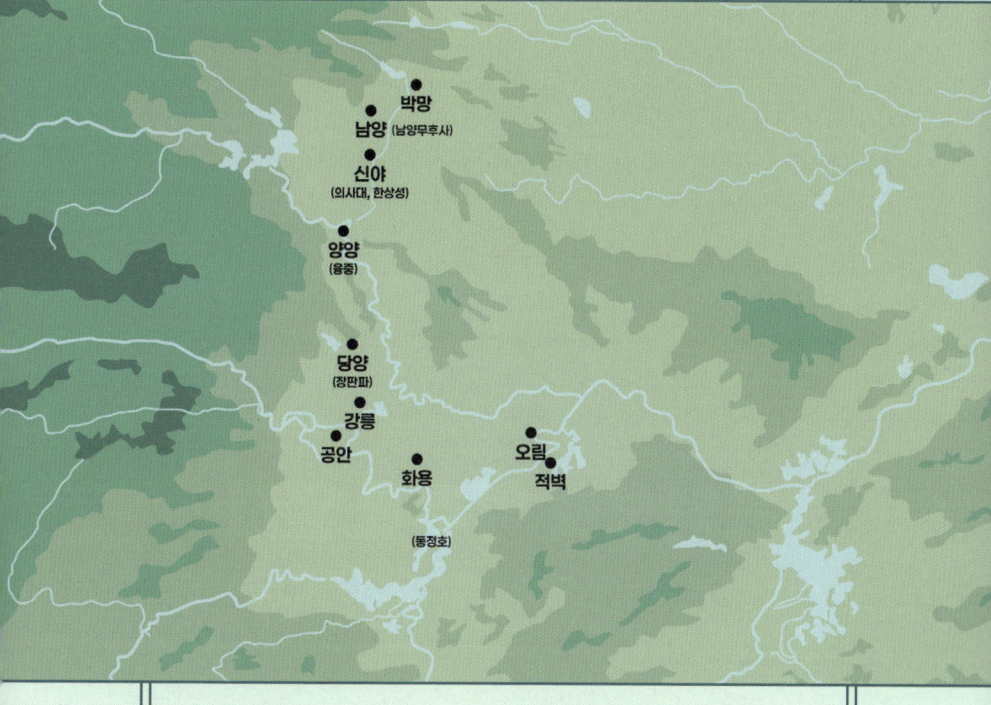

- **신야** 유비가 유표에게 의지하며 주둔했던 지역. 한상성, 의사대 유적이 있는 곳
- **융중** 제갈량의 은거지로, 유비가 삼고초려 끝에 제갈량을 군사로 영입한 결정적 장소
- **남양** 제갈량의 은거지로 추측되는 또 하나의 지역
- **당양** 조운이 유비의 아들 유선을 안고 수천의 적병을 뚫고 나온 전설적인 구조 장면이 벌어진 장판파 언덕이 있는 곳
- **적벽, 오림** 유비가 손권과 연합해 조조를 상대로 대승을 거둔 적벽대전의 현장
- **화용** 적벽대전 후 패배한 조조가 도망친 길목

7장

은덕으로 악주를 얻다

배경지식

건안 16년(211년), 유비는 장로를 견제하기 위해 유장의 초청을 받아 익주로 들어갔다. 익주에 도착한 유비는 익주의 풍요로움과 지리적 가치를 간파했고, 점차 군사력과 인맥을 축적해 나갔다. 결국 유비는 유장과의 전면전을 일으키며 3년에 걸친 익주 공략전을 벌였다.

이 과정에서 유비는 익주의 백성과 병사들에게 인정받는 정치와 태도를 보였다. 마침내 유장은 유비에게 항복했고, 유비는 익주를 평정해 자신의 본거지로 삼았다. 이후 유비는 한중을 차지하고 한중왕에 오르며 '천하삼분지계'의 일각을 현실화시키게 되었다.

함께 보면 좋은 기행 영상

'유비의 입촉'편

'유비의 익주 침공'편

'유비의 익주 평정'편

1

익주로 들어간 유비

익주에서 뜻을 품은 유언

유언은 강하군江夏郡 경릉현竟陵縣 사람으로, 노공왕 유여의 후손이다. 후한 말 영제 시기에 접어들면서 조정이 부패하고 혼란스러워지는 모습을 본 유언은 낙양에서 남쪽으로 수천 리 떨어진 교주交州로 부임하길 희망했다. 그러나 그의 의견은 받아들여지지 않았고, 익주 출신 시중 동부董扶가 "앞으로 낙양은 혼란에 휩싸일 것입니다. 익주에 기운이 서려 있습니다."라고 조언하자 유언은 방향을 바꿔 익주행을 결심했다.

당시 익주자사 극검郄儉은 과중한 세금을 걷으며 민심을 잃고 있었고, 병주와 양주에서도 잇따라 소란스러운 일이 발생하자 조정은 이를 수습하기 위해 유언을 익주목으로 임명했다. 마침내 유언은 낙양을 떠날 수 있었다. 익주에 도착한 유언은 우선 세력 확장을 위해 이 지역 토착 세력과 손을 잡았다. 특히 미적米賊[48]의 수령 장로張魯와 가까운 관계를 맺게 되었다. 장로의 어머니가 용모가 뛰어나 유언과 자주 왕래했으며, 이는 유언과 장로의 협력 관계로까지 발전했다. 유언은 장로를 독의사마督義司馬[49]로 임명해 한중 공격을 맡겼다.

장로는 한중을 점령한 뒤 한중태수 소고蘇固를 살해하고, 장안과 연결되는 교통로를 차단했으며, 조정에서 파견한 사신마저 죽였다. 그러자 유언은 조정에 표를 올려 "미적이 길을 끊어놓아서 수도와는 연락할 수 없습니다."라며, 장로의 행동을 정치적으로 이용했다. 즉, 장로의 독립적 행동을 유리하게 활용한 것이다. 그러나 자신이 이용당하고 있음을 깨달은 장로는 점차 유언에게서 등을 돌리게 된다. 유언은 후한 조정의 신하로서 직접 한중을 공격할 수는 없었기에, 장로를 앞세워 간접적으로 한중을 정벌한 것으로 보인다.

중앙 조정과 단절한 유언은 마침내 속내를 드러내기 시작했다. 천자의 수레를 만드는 등 제위를 노린다는 의도를 숨기지 않았다. 이에 헌제는 유언의 넷째 아들 유장을 보내 설득하려 했지만, 유언은 오히려 유장을 익주에 머물게 하고 돌려보내지 않았다. 이 무렵 유언의 두 아들, 유범劉範과 유탄劉誕이 정서장군 마

등馬騰의 반란에 가담했다는 이유로 사형당하는 비극을 맞았다. 설상가상으로 어느 날 천자의 수레에 벼락이 떨어져 불이 붙었고, 불길은 민가까지 번져 커다란 화재를 일으켰다. 유언은 이를 하늘의 경고로 받아들이고 깊은 절망에 빠졌다. 얼마 지나지 않은 흥평 원년(194년), 유언은 악성 종양으로 병사하고 말았다.

유언의 뒤를 이어 익주를 차지한 유장

유언이 사망하자 아들 유장이 그 뒤를 이어 익주의 통치자가 되었다. 동진 시기의 사학자 상거常璩가 저술한 《화양국지華陽國志》에 따르면 유장의 성품은 "나약하고 결단력이 모자랐다."라고 나온다. 장로 또한 유장의 명령을 따르지 않았고, 이에 격분한 유장은 그의 가족을 살해했다. 이 사건으로 두 사람은 완전히 원수가 되었고, 장로는 한중을 중심으로 독립 세력화에 성공하며 익주를 위협하는 군벌로 성장하게 되었다.

건안 16년(211년), 조조는 관중의 지배권을 두고 동관潼關에서 마초馬超와 격돌해 승리했다. 이후 조조가 그 기세를 몰아 한중의 장로를 토벌할 것이라는 소식이 익주까지 전해졌다. 그 소식을 들은 유장이 조조군이 익주로 쳐들어올까 봐 두려워하자, 별가종사 장송은 유장을 설득하며 "유비는 한 황실의 종실이며 용병도 뛰어나니, 장로를 토벌할 수 있을 것입니다."라고 제안했다.

유장은 장송의 제안을 받아들였고, 장송은 법정을 사신으로 추천했다. 장송과 법정은 오랫동안 친분이 있던 사이로, 앞서 언급한 바와 같이 "우유부단하고 결단력이 모자란" 유장과는 큰일을 도모하기는 어렵겠다고 판단하고 있었다. 이때 법정은 유장에게 중용되지 못해 뜻을 펼칠 기회를 얻지 못하고 있었으나, 일찍이 유비의 영웅다운 재략에 감탄했기에 이번 기회를 놓치지 않고 유비에게 가 은밀하게 익주 정벌을 제안했다.

> "장군의 영웅적인 재략에 의지하고 유장의 유약함에서 기회를 엿보십시오. 장송은 주州의 팔다리 같은 신하이므로 안에서 호응할 것입니다. 그다음 익주의 풍부한 자원과 하늘로부터 받은 험준한 지세에 기대십시오. 그러면 대업을 이루는 일이 마치 손바닥을 뒤집는 것과 같을 것입니다."
>
> —《삼국지·촉서》〈법정전法正傳〉 중

이 말을 들은 유비의 참모 방통龐統은 "형주의 동쪽에는 손권이 있고, 북쪽에는 조조가 있어 뜻을 펼치기 어렵습니다. 그러나 익주는 호구가 1백만에 이르고, 토지는 비옥하고, 재물도 풍부하니, 대업을 이루기에 적합한 곳입니다."[50]라며 유비를 설득했다. 결국 유비는 법정의 계책을 받아들여, 제갈량과 관우, 장비 등은 형주를 지키게 하고, 법정, 방통, 황충 등과 함께 익주 진출을 감행하게 되었다.

2

유비와
유장의 경계심 어린 만남

부약산에서 풍류를 논하다

　형주를 출발한 유비는 강주江州를 거쳐 북쪽의 점강墊江으로 이동한 뒤, 부수涪水를 따라 수로를 거슬러 올라 부현涪縣에 도착했다. 이곳에서 유비는 익주목 유장을 처음으로 대면하게 되었다. 부현은 오늘날 사천성四川省 면양시綿陽市에 해당하며, 유비와 유장이 만난 장면은 다음과 같이 전해진다.

　유장은 보병과 기병 3만여 명을 거느리고 수레에 휘장을 달아 태양처럼 광채를 비추며 유비와 만났다. 유비가 이끄는 장수와 사병은 유장이 있는 곳으로 가서 100여 일 동안 즐겁게 마셨다.
―《삼국지·촉서》〈유장전劉璋傳〉 중

이 장면은 송나라 때 편찬된 《방여승람方輿勝覽》에서 보다 구체적으로 이어진다. "건안 16년(211년) 겨울, 유비가 촉으로 들어오자 유장이 그를 산으로 초대했고, 두 사람은 촉의 절경을 바라보며 술을 마시고 즐거워했다. 유비는 크게 기뻐하며 '풍요롭구나! 오늘의 즐거움이여!'라고 말했고, 이로써 부악산富樂山이라 불리게 되었다."

부악산은 면양시 한가운데를 가로지르는 부수의 동쪽에 자리하고 있다. 부악산 입구 누각에는 금빛 글씨로 '부악산'이라 적힌 현판이 걸린 누각이 서 있는데, 하늘 높이 치솟은 곡선 지붕의 처마가 산의 녹색과 어울려 더욱 아름다웠다. 하늘과 산 그리고 누각 전체가 하나의 풍경처럼 어우러져 한 폭의 그림 같았다. 그 아래로 오가는 사람들의 모습까지 더해지면서, 이층누각 위에 걸린 '천지인화天地人和(하늘과 땅과 인간이 모두 조화롭다)'라는 글귀의 의미가 절묘한 조화를 이루었다. 산으로 둘러싸인 곳이지만 여름에 방문해서 그런지 아니면 사천 지역이라 그런지 유난히 덥고 습했다.

시원한 물을 마시고 누각 내부로 들어서자, 천장 위 사방으로 짜인 구조물 안에는 화려한 색채의 《삼국지》 그림들이 곳곳에 그려져 있었다. 유비가 한중왕으로 즉위하는 모습, 성도成都를

부악산 입구 누각

유장과 유비가 잔을 주고받는 그림

위 **예주원의 모습**
아래 **부악각의 정면**

차지하는 장면 등 다양한 순간이 묘사되어 있지만, 그중 가장 인상적인 장면은 부악산에서 유장과 유비가 잔을 주고받으며 마주한 순간을 묘사한 그림이었다. 유비와 유장이 바라보았을 그 풍

부악각에서 바라본 면양시 풍경

경을 똑같이 마주하고 있다는 사실만으로도 역사의 순간에 다가가고 있는 듯한 감동을 선사했다.

  부악산을 오르다 보면 산속 자연 풍경과 어우러지는 황색 유리기와 지붕과 붉은 담장을 갖춘 예주원豫州園을 마주하게 된다. 예주는 중원 한가운데 있는 지역을 말한다. 황색 기와는 황제만이 쓸 수 있었던 색으로, 과거 유비가 예주목이었던 시절을 암시함과 동시에 훗날 촉한의 황제가 되었음을 드러낸다.

  정원으로 들어서니 연못 가장자리를 따라 길게 이어지는 회랑 아래로 더위를 피해 쉬는 사람들의 모습이 보였다. 솔솔 불어오는 바람과 연못의 이슬이 어우러져 마치 산속 정원에 들어온 듯한 분위기가 느껴졌다. 정상에 자리 잡은 부악각富樂閣까지 올라가면 사천의 광활한 평야와 비옥한 대지가 눈앞에 펼쳐진다.

이 장대한 풍경을 마주한 순간, 왜 유장이 유비를 이곳으로 초대해 100여 일 동안 머무르게 했는지 단박에 이해가 되었다. 유장에게 이곳은 촉의 부와 평화를 상징하는 공간이었고, 유비에게는 미래를 위한 또 하나의 여정이 시작되는 장소가 되었다.

환대와 긴장 속의 부악당

두 마리의 용이 반기는 부악당富樂堂에는 유장과 유비가 술잔을 주고받는 장면이 동상으로 재현되어 있었다. 언뜻 보기에는 평화로운 연회의 한 장면처럼 보이지만, 자세히 보면 두 사람 사이에 배어 있던 긴장감이 그대로 느껴지는 듯하다. 유장은 너그러운 표정으로 유비를 진심으로 환대하는 모습이었지만, 큰 귀를 가진 유비의 눈빛에서는 '반드시 촉을 갖고야 말겠다'라는 날카로움과 함께 묘한 야심이 느껴졌다. 유비의 뒤편에는 유비와 함께 익주에 온 방통, 황충, 위연魏延이 긴장한 기색을 감추지 못하고 있었고, 법정, 유괴劉璝, 장임張任은 유장의 뒤를 지키며 유비 일행을 경계하는 듯한 모습이었다.

그날의 연회는 겉으로는 화려했지만 실상은 한 치 앞을 알 수 없는 팽팽한 기싸움이 오가는 자리였을 것이다. 이러한 분위기는 사료에서도 확인할 수 있다.

위 **부악당 입구**
아래 **유장이 유비를 접대하는 장면**

장송이 법정을 시켜 유비와 모신謀臣 방통에게 진언할 때 회담 장소에서 유장을 습격하자고 말하도록 했다. 그러자 유비가 말했다. "이는 중대한 일이니 급하게 할 수는 없소."

—《삼국지·촉서》〈선주전〉 중

부악산에 있는 오호상장 동상

유장이 유비와 부성涪城에서 회견하기 전, 방통이 계책을 말했다. "이 회담을 이용하여 유장을 잡는다면 장군께서는 병사를 쓰는 수고로움 없이 한 주를 평정할 수 있습니다." 유비가 말했다. "익주에 처음 들어왔으므로 은혜나 신의가 빛나지 않으니 그렇게 할 수 없습니다."

—《삼국지·촉서》〈방통전〉 중

유장 또한 유비를 마냥 환대하기만 했다고 보기는 어렵다. 유비는 형주에서 익주로 들어올 때, 보병 수만 명을 이끌고 왔고, 유장도 부현에서 유비를 맞이할 때 보병과 기병 3만여 명을 동원했다. 이는 유비의 군대와 상응하는 규모로 분명 군사적 균형을 맞추기 위한 조치였다. "수레에 휘장을 달아 태양처럼 광채를 비추며"라는 표현은 성대한 의전처럼 보이지만, 익주군의 위세를 과시하려는 의도도 담겨 있었다.

유비에게 권한 없는 지위만 준 유장

유장이 유비와의 회담 장소로 부현을 선택한 것 역시 주목할 만하다. 부현은 익주의 치소인 성도에서 동북쪽으로 약 150킬로미터 떨어진 곳에 있으며, 겉으로는 장로를 토벌하려는 유비를 배려해 거리를 최소화한 선택으로 보인다. 하지만 성도와 거리를 두며 만일의 사태에 대비하려는 유장의 경계심이 엿보이는 선택이기도 하다.

또한 유장은 유비를 행대사마行大司馬와 사예교위로 추천했다. 이 두 직책은 실질적인 권한을 가진 관직이라기보다 명예직에 가까웠다. 대사마는 후한 초기 광무제 때 사라졌고 명칭이 태위太尉로 변경되면서 삼국시대에 들어선 후에야 다시 공식적으로 사용되었기 때문이다. 게다가 당시 대사마는 조정에서 최고 지휘관에게 임명하는 것이었기에, 유비가 받은 '행대사마'는 명목상의 직책에 불과했다. 마찬가지로 사예교위도 후한의 수도 허도를 관할하는 중앙 관직이었으므로 익주에서는 아무런 행정적인 권한이 없었다.

결국 유비는 장로 토벌을 도와준다는 명분 아래 익주로 들어왔지만, 익주 내에서 행동할 수 있는 정당한 권한을 부여받지 못한 외부 세력일 뿐이었다. 이 상황은 유언이 한중을 공격하기 위해 장로에게 독의사라란 독자적인 관직까지 부여했던 것과는 분명한 차이를 보여준다. 비슷한 맥락에서 유비도 유장을 행진서대장군行鎭西大將軍 겸 익주목으로 추천했으나, 유장은 이미 후한 조정에서 임명한 익주목이었기에 큰 의미는 없었다.

그럼에도 유장과 유비 사이에 이뤄진 100여 일의 회담과 환대는 어느 정도 성과가 있었다. 유장은 유비에게 백수군白水郡의 지휘권을 맡기고, 수레와 갑옷, 무기 등 군수 물자를 제공했다. 이후 유장은 성도로 돌아가고, 유비는 가맹葭萌으로 향하며 익주 정벌의 첫발을 내디뎠다.

3

익주를 사로잡은 유비의 전략

유비가 머물렀던 가맹을 찾아서

유비가 한때 주둔했던 가맹을 찾기 위해, 오늘날 사천성 광원시廣元市 소화고성昭化古城으로 향했다. 이곳은 백룡강白龍江과 가릉강嘉陵江이 합류하는 지점에 자리하고 있으며, 삼면은 강으로, 사면은 산으로 둘러싸인 천혜의 요새였다. 북쪽으로는 한중, 서남쪽으로는 성도로 통하며, 가릉강을 따라 남쪽으로 내려가면 파서巴西의 주요 도시인 낭중閬中에 이르는 등 전략적으로도 중요한 교통 요충지였다.

이곳은 가맹관葭萌關이라는 이름으로 더 유명하다. 《삼국연의》에서 장비와 마초가 등불을 밝히고 사흘간 밤낮으로 일대일 결투를 벌인 장소로 묘사된 덕분이다. 이 장면은 소설의 상상력으로 만들어진 허구다. 하지만 소화고성의 서문인 임청문臨淸門 아래에서 만난 한 노점 주인은 "바로 앞에 보이는 이 임청문 아래가 마초와 장비가 싸운 그 자리요!"라며 자신감 넘치는 말투로 말했고, 소설의 장면이 실제 역사라고 굳게 믿고 있었다. 이곳에서 삶을 이어가는 이들에게는 그런 이야기가 현재를 지탱해 주리라는 생각에, 굳이 진실을 바로잡지는 않았다. 중요한 것은 허구든 아니든 아직도 이곳에 전설이 살아 숨 쉬고 있으며, 덕분에 수많은 사람이 이곳을 찾아온다는 사실이었다.

《삼국지·촉서》에 따르면, 유비는 가맹에 머물면서 "장로를 토벌하지 않고 두터운 은덕을 베풀며 백성들의 신뢰를 얻었다."라고 한다. 이러한 유비의 행보는 단순한 전술적 지연이 아니라, 익주의 정치적 상황을 꿰뚫은 전략적 판단에 가까웠다. 유장은 백성들의 마음을 완전히 얻지 못하고 있었고, 민심은 불안정한 상태였다.

익주의 내정이 불안정했던 배경에는 유장의 아버지 유언의 폭압적인 통치가 있었다. 그는 익주에서 정치적 기반을 다지기 위해 대대적인 호족 탄압을 감행했고, 그 시점은 장로가 한중을 점령하고 후한 조정과의 연결을 끊은 직후였다. 의도적인 시기에 행해진 이 조치로 인해, 익주 명문가 출신인 왕함王咸, 이권李權 등 10여 명이 처형당했으며, 유언을 처음 익주로 맞이하고 지지했던 촉군 출신 가룡賈龍 역시 건위태수 임기任岐와 함께 반기를 들었으나 진압되며 생을 마감했다.

유언의 독선적인 통치는 유언 일가와 익주 토착 세력 간의 갈등이 본격적으로 표면화되는 계기가 되었고, 이어진 유장의 통치 역시 이런 불안정한 기반 위에 놓여 있었다. 유비는 이 점을 간파하고, 장로를 공격하기보다 먼저 백성들의 신뢰를 얻는 데 집중한 것이다. 유비에게 가맹은 군사 거점이었을 뿐만 아니라 익주의 민심을 얻기 위한 정치적 전환점이었다.

익주의 균열과 민심의 변화

유비가 익주로 들어오기 한참 전인 초평 3년(192년), 장안에서 이각과 곽사가 난을 일으켰고, 관중 지역은 극심한 혼란과 기근에 시달리게 되었다. 그로 인해 수많은 관중과 남양 백성들이 난을 피해 익주로 유입되었다. 피난민들은 익주 동부 지역에 정착하게 되었고, 관료 집단은 동주사東州士, 군사 집단은 동주병東州兵이라 불렸으며, 이들을 아우르는 정치·군사 세력은 통칭해 동주파東州派라 불렸다. 동주파는 익주 내 토착 세력과는 분리된 또 하나의 강력한 분파로 성장하게 되었다.

유장이 유언의 뒤를 이어 익주를 통치하게 되었으나 아버지 때부터 이어져온 익주 토착 세력과의 갈등은 해소하지 못했다.

더구나 유장은 새로 유입된 동주파 인사들을 중용하면서 동주파와 토착 세력 간의 대립에 불을 붙였다. 결국 불만이 쌓여갔고 건안 5년(200년), 익주 세력의 반란이라는 결과로 이어졌다.

> 유장은 성격이 우유부단하고 엄격하지 않았다. 이에 동주 사람들이 그 옛날부터 살던 익주 백성들을 침략해도 제대로 막지 못하고 정치와 법령에도 허점이 많아 익주 백성은 매우 원망하는 마음이 있었다. 조위趙韙가 평소 인심을 얻었으므로 유장은 이 문제를 그에게 맡겼다. 하지만 조위는 백성의 마음을 이용하여 모반을 계획하고 형주에 성대한 뇌물을 보내 화해를 청하는 동시에 은밀히 호족들과 손을 잡고 유장을 공격했다. 촉군蜀郡, 광한廣漢, 건위犍爲가 모두 조위와 뜻을 함께했다.
>
> —《삼국지·촉서》〈유장전〉 배송지주 중

비록 조위의 반란은 실패로 끝났지만, 그는 파군巴郡 출신으로 익주 토착 세력을 대표하는 인물로 볼 수 있다. 익주 백성들의 지지를 받았고, 촉군, 광한군, 건위군 등 세 개 군이 그에게 호응했다는 점에서 오히려 당시 익주목 유장보다 더 많은 지지를 받고 있었다고 할 수 있다.

물론 유비가 익주에 본격적으로 진입한 때는 이 사건으로부터 10여 년이 지난 후였다. 그러나 이러한 과거의 내분을 유비가 몰랐다고 보기는 어렵다. 특히 "두터운 은덕을 베풀어 인심을 얻었다."라는 기록은 유비의 명성을 들어왔던 익주 백성들이 이미 그에게 기대를 걸고 있었음을 암시한다. 유비의 실질적인 목적은 장로 토벌이 아니라 익주 정착에 있었으며, 그가 익주 백성들의 지지를 얻고 있다는 소식은 익주의 토착 세력들까지 끌어들이는 결과를 낳았다. 그 대표적인 인물이 바로 팽양彭羕과 이회李恢 등이다.

팽양은 광한군廣漢郡 출신으로 주에서 서좌書佐[51]라는 관직을 맡아 행정 업무에 종사하고 있었다. 어느 날, 그가 익주목 유장을 비방했다는 고발이 있었고, 유장은 팽양에게 머리를 깎고 수갑을 채우는 형벌을 내렸다. 팽양은 졸지에 죄인의 신분으로 전락하고 말았다. 팽양을 고발한 인물이 누구인지는 명확하지 않지만,《삼국지·촉서》〈유장전〉에 "유장은 명석한 판단력이 부족하고 외부 사람의 말을 듣는다."라는 기록이 있는 것으로 보아, 그 배후에는 동주계 세력이 있었을 가능성이 컸다. 유장에게 배척당한 팽양은 마침 유비가 장강을 따라 북상하고 있다는 소식을 듣고 유비를 찾아가 뜻을 함께했다.

또 다른 인물 이회는 건녕군[52] 출신으로, 군에서 독우의 관직을 맡고 있었다. 하지만 고모부인 건녕현령建寧縣令 찬습爨習이 법령을 위반한 사건에 연루되어 함께 파면되었다. 찬습이 어떤 법령을 어겼는지에 대해서는 구체적인 기록이 없지만, 당시 익주군 태수였던 동화董和는 찬습이 지방의 유력한 호족 가문 출신이라는 점을 고려해 이회의 파면을 승인하지 않고, 오히려 그를 주의 관리로 추천했다. 이 사실은 이회 역시 익주 토착 세력에 속한 지방 호족 출신이었음을 보여준다. 이회는 유비가 가맹에서 방향을 돌려 유장을 공격한다는 소식을 듣고, 유비를 찾아가 따르게 되었다.

흥미로운 점은 팽양과 이회 모두 익주 지역의 인물이었음에도 나라에서 임명한 유장의 정권이 아닌 외부 세력인 유비에게 자발적으로 협력했다는 사실이다. 이는 유장의 정권이 가진 불안정성을 반영하는 단적인 예이기도 하다. 유언 때부터 쌓아온 동주계와 토착 세력 간의 긴장, 조위의 반란 이후 심화된 내홍 등은 익주의 기반을 하나씩 무너뜨렸다.

따라서 유비가 가맹에서 민심을 얻었다는 기록은 단순히 군사적인 이유로 주둔한 것이 아니라, 의도적으로 익주에 정착해 내정을 장악하려 했음을 보여준다고 할 수 있다. 장로 토벌이라는 명분은 유비의 실질적인 전략을 감추는 외피였고, 결과적으로는 익주 토착 세력의 협력을 이끌어낼 수 있었다.

가맹성을 지킨 곽준

마침내 익주에 배어 있던 긴장감이 폭발했다. 유비의 움직임을 수상히 여긴 유장이 군수 물자 공급을 줄이면서 불신을 표했고, 이때 결정적인 사건 하나가 일어났다. 유비의 계획을 알게 된 장송의 형 장숙張肅이 모든 사실을 유장에게 말한 것이다. 격노한 유장은 장송을 즉시 처형했고, 유비와 유장 사이의 갈등은 돌이킬 수 없는 전면전으로 접어들게 되었다.

유비는 먼저 백수군의 장수 양회楊懷를 회유한 뒤, 그의 목을 베고 군사를 일으켜 본격적으로 익주 정벌에 나섰다. 이때 유비는 자신이 출발한 가맹에 곽준霍峻을 남겨 후방을 맡겼다. 곽준은 형주 출신으로 본래 유표를 섬겼으나 유표가 사망하자 유비를 따르게 되었고, 유비가 익주로 들어올 때부터 함께했다.

익주 정벌에 나선 유비가 성도로 진격하자, 장로는 장수 양백楊白을 보내 곽준을 회유하며 함께 성을 지키자고 권했다. 그러나 곽준은 "소인의 머리는 얻을 수 있을지 몰라도 결코 성은 얻을 수 없습니다."라며 단호히 거절했다.

곧이어 유장의 장수 부금扶禁과 상존向存이 병사 1만 명을 이끌고 낭수閬水[53]를 따라 가맹을 포위했다. 그러나 곽준은 수백 명의 병력만으로 1년 가까이 성을 지켜냈다. 오늘날 사천성 광원시 소화고성으로 삼면이 물, 사면이 산으로 둘러싸인 이 천혜의 요새에서 곽준은 익주 평정이 끝날 때까지 든든하게 전선을 맡았다.

오늘날 이곳을 찾는 이들은 대부분 장비와 마초의 일대일 결투에만 관심을 두지만, 사실 곽준이 가맹성을 1년 가까이 지켜낸 사건이야말로 더욱 강조되어야 할 역사가 아닐까. 곽준이 가맹을 지켜냈다는 것은 역사적 사실이다. 그리고 유비는 곽준의 공로를 잊지 않았다. 익주를 평정하고 얼마 지나지 않아 곽준이 마흔이라는 젊은 나이에 세상을 떠나자 유비는 그의 시신을 성도로 옮겨 장례를 치르게 했고, 조서를 내렸다.

"곽준은 훌륭한 선비였으며 나라에 큰 공을 세우기도 했으니, 뇌爵(술을 땅에 부어 혼령을 기리는 의식)를 거행하려 한다."

―《삼국지·촉서》〈곽준전〉 중

오늘날 곽준의 이름은 자주 잊히곤 하지만, 그가 가맹에서 버텨낸 시간은 유비 정권의 후방을 안정적으로 지켜낸 결정적 순간이자 곧고도 한결같은 충성심이 가장 빛난 장면이었다.

4
면죽관전투와 방통의 죽음

유비와 유장이 충돌한 격전지

가맹을 떠나 성도로 진격한 유비가 처음으로 유장의 군대와 격돌한 곳은 바로 부현이었다. 부현은 유장이 유비를 맞이하며 협력을 맺었던 장소였지만, 환대의 기억이 무색하게도 양측이 치열한 전투를 벌이는 격전지로 변하고 말았다. 유장은 유괴, 장임, 냉포冷苞, 등현鄧賢 등을 보내 유비군과 맞서 싸우게 했으나, 모두 패하고 결국 성도로 향하는 관문인 면죽綿竹으로 후퇴했다. 부현을 점령한 유비는 곧장 면죽으로 진격했다.

나 또한 유비의 뒤를 따라 면죽성 유적으로 향했다. 면죽고성

위 '면죽고성유적' 비석과 안내판
아래 '면죽고성유적'이라 적힌 또 다른 비석

까지는 대중교통이 없어서 택시를 타고 이동했다. 사천성 덕양시德陽市 중심에서 북쪽으로 약 20킬로미터 떨어진 황허진黃許鎮 외곽의 조용한 들녘에 삼국의 전운이 잠들어 있었다.

시내를 벗어나 차를 타고 한참을 달리다 보니, 인적 드문 길 왼편에 풀과 덩굴이 무성히 자라난 곳이 눈에 들어왔다. 그곳에는 '면죽고성유적綿竹故城遺跡'이라고 적힌 비석과 성에 대한 설명이 적힌 안내판이 외로이 서 있었다.

안내판에는 "면죽성은 고대 성도평원의 북대문北大門 역할을 했으며, 전한 초기부터 삼국시대 말기까지 존속했다."라고 쓰여 있었다. 성의 규모는 동서 길이 약 1,200미터, 남북 너비 약 1,000미터에 달했다고 한다. 처음 면죽고성이 발굴되었을 때 이곳에서 한나라시대의 벽돌과 기와, 도자기 조각 등이 출토되었지만, 이 유적의 정체를 정확하게 알지 못해 토장대유적土將台遺跡이라 불렀다. 이후 '면죽성'이라 새겨진 벽돌이 여러 차례 발견되면서 비로소 이곳이 유비가 진군했던 삼국시대의 면죽성이라는 사실이 밝혀졌다.

좁은 길을 따라 걷다 보면, 마을 도로를 사이에 두고 면죽성유적이라고 쓰인 비석들이 곳곳에 보였다. 호박 넝쿨에 덮인 채 반쯤 묻힌 비석, 허물어진 담장 뒤로 숨듯 서 있는 표지들이었다. 마을 초입에 붉은 글씨로 '면죽고성'이라 새겨진 비석은 이곳이 삼국의 격돌이 펼쳐졌던 무대였음을 증언하고 있었다.

정작 마을 주민들은 그 이름을 무심히 지나치는 듯했다. 지금

비옥한 면죽성 자리. 유언이 치소로 삼았던 곳이다.

을 살아가는 사람들과 역사의 흔적은 동떨어진 이야기처럼 보였다. 마을 어르신들에게 물어보려 했지만 강한 방언 탓에 소통이 쉽지 않았다. 다행히 동행한 택시 기사가 도와준 덕분에, 우리가 서 있는 자리가 군대의 지휘소로 사용되었던 점장대点将台 유적이라는 사실만은 알 수 있었다.

지금의 면죽성에는 현대식 주택과 건물들이 들어서 있다. 과거의 성곽은 흔적도 남지 않았고, 유적의 존재도 모르는 이들이 대다수였다. '이곳을 중심으로 도시가 조성되었다면, 면죽성은 얼마나 멋진 《삼국지》 관광지가 되었을까' 하는 안타까운 마음도 있었지만, 그나마 비석이라도 남아 있다는 사실이 새삼 다행이라고 느껴졌다. 유비가 성도를 향해 전진하기 직전 《삼국지》의 전장이었던 이 작은 마을에서 비로소 흙냄새에 실린 시간의 숨결을 느낄 수 있었다.

유장의 망설임, 유비의 기회가 되다

유장은 유비가 면죽으로 진군하자 이엄李嚴을 보내 맞서게 했지만, 이엄 역시 군사를 이끌고 유비에게 항복하고 말았다. 이엄은 형주 남양군 출신으로 본래 유표 휘하에 있었으나, 조조가 형주를 침공하자 서쪽으로 달아나 유장을 따랐다. 유장은 이엄을 중용했지만, 유비가 익주로 진입하자 이엄은 주저 없이 유비에게 투항했다. 토착 세력이 아닌 동주파 출신인 이엄마저도 유비를 선택했다는 것은 유장의 정권이 얼마나 불안정한 인적 기반을 가지고 있었는지를 드러내는 대목이다.

유비가 면죽으로 향한 이 길은 촉의 처음과 끝을 함께 품고 있다고 해도 과언이 아니다. 유비가 촉한을 세우기 위해 통과했던 이 길은, 훗날 촉한이 멸망할 때도 결정적인 무대가 되었다. 위나라 장수 등애鄧艾는 음평도陰平道를 넘어 면죽성으로 진격했고, 이를 막기 위해 제갈량의 아들 제갈첨諸葛瞻이 등애의 군대와 격렬히 맞서 싸우다가 전사했다. 면죽성이 등애에게 함락되면서, 촉한은 멸망의 길로 서서히 곤두박질치게 되었다.

한편, 유비가 가맹에서 군사를 돌려 성도를 향해 진군했을 때 유장은 부금과 상존을 보내 가맹을 공격했지만, 다른 전략적 움직임은 보이지 않았다. 그렇다고 해서 유장의 책사들이 전혀 대응하지 않았던 것은 아니었다. 광한군 출신의 정도鄭度는 유장을 설득하며 다음과 같은 계책을 내놓았다.

> "유비는 먼 곳에 있는 본거지를 떠나 우리를 습격하는데 그 병력은 1만 명이 채 못 되며, 병사들은 복종하지 않고 들녘에 있는 곡식에 의지한 채 군에 충실하지 않습니다. 파서군巴西郡과 재동현梓潼縣 백성을 모조리 쫓아 부수 서쪽으로 들어가도록 하여 창고 속의 식량과 들녘의 곡식을 다 불태우고, 높은 보루와 깊은 계곡을 만들어 기다리는 것이 최고의 계책입니다. 유비가 싸움을 걸어와도 응하지 마십시오. 식량을 얻을 곳이 없으니 100일도 못 되어 틀림없이 후퇴할 것입니다. 그들이 달아날 때 뒤쫓으면 반드시 사로잡을 수 있습니다."
>
> ―《삼국지·촉서》〈법정전〉 중

정도의 계책에 따르면, 유비는 익주에 진입한 이후 군량과 보급 면에서 유장에게 계속 의존하고 있었다. 그러나 두 사람이 전면적으로 충돌하게 되자 유장은 당연히 물자 공급을 끊었고, 유비는 더 이상 안정적으로 군량을 보급받을 수 없어 현지에서 곡식을 조달해야 했다. 정도의 계책은 유비군의 불리한 조건을 정확히 지적한 것이었다.

그러나 이 계책은 끝내 받아들여지지 않았다. 법정은 유비에게 "유장은 이 계책을 채택하지 못할 것입니다."라고 단언했고, 실제로 유장은 "적을 막기 위해 백성을 옮긴다는 말은 들어보지 못했다."라며 일축하고는 오히려 정도를 파면했다. 유장이 이처럼 우유부단하고 결단을 잘 내리지 못한다는 점을 법정은 이미 꿰뚫고 있었다.

정도는 광한군 출신으로 익주 토착 세력이었다. 유장이 유비를 초청하려 하자 정도와 같은 광한군 출신인 왕루王累는 성문에 거꾸로 매달려 유비의 진입을 격렬히 반대했을 정도였다. 반면 유비 휘하에 들어간 팽양 역시 광한군 출신이었다. 유장이 정도의 계책을 받아들이지 않았을 뿐만 아니라, 그를 파면하는 중징계까지 내렸다는 점은 광한군 출신 토착 세력이 익주 내에서 다소 취약한 정치적 입지에 놓여 있었음을 보여준다.

결국 유장은 이 기회를 놓쳤고, 유비는 가는 곳마다 필요한 물자를 확보하며 면죽까지 무리 없이 진군할 수 있었다. 이는 결국 유장이 왜 영웅의 반열에 들지 못했는가를 보여주는 장면이기도 하다. 장송과 법정이 왜 유장을 경계하고 유비에게 기대를 걸었는지, 그 판단이 얼마나 정확했는지를 증명한 순간이었다.

제갈량과 쌍벽을 이루었던 봉추의 최후

마침내 유비의 군대는 낙성雒城까지 진군했다. 낙성 성문 너

위 낙봉파 입구에 세워진 비석
아래 낙봉파 현장

머에는 유장의 아들 유순劉循을 비롯해 장임, 유괴 등 주요 장수가 성을 지키고 있었지만, 유비는 성을 포위해 철통같이 봉쇄했다. 낙성은 성도에서 불과 40킬로미터밖에 떨어져 있지 않아, 사실상 마지막 방어선이라 할 수 있었다. 이곳이 무너지면 유비군은 곧장 성도의 심장부까지 진격할 수 있었기에, 유장 측은 결사항전의 태세로 유비군에 맞섰다. 팽팽한 긴장감이 흐르던 전장에서 유비 진영의 핵심 책사 방통이 군을 이끌고 낙성 공략에 나섰다. 하지만 안타깝게도 그는 날아든 화살에 맞아 끝내 전사하고 말았다.

대부분의 사람이 방통이 전사한 장소를 낙봉파落鳳坡로 알고 있다. 이는 소설 《삼국연의》의 영향이 크다. 실제로 낙봉파 유적지가 조성되어 지금도 사람들의 발길이 이어지고 있다. 낙봉파 입구에는 '한정후방봉추선생진충처漢靖侯龐鳳雛先生盡忠處'라는 장문의 비문이 새겨진 비석이 서 있는데, '정후'란 방통이 사후에 받은 시호로, '한나라 충신 방통이 충절을 다한 곳'이라는 뜻이다. 사실 방통은 낙성에서 전사했지만, 낙봉파에 세워진 비석을 마주하고 있자니 '방통이 화살에 맞아 죽었다는 사실이 얼마나 애석했으면, 이곳에까지 와서 비석을 세웠을까?'라는 생각이 들었다. 한 시대를 풍미한 안타까운 영웅의 넋을 기리고자 했던 후대인들의 간절한 마음이 느껴졌다. 애석함이 쌓이고 쌓여 비석이 된 듯한 감정이 전해졌다.

낙봉파에서 멀지 않은 거리에 자리한 방통사龐統祠는 후세 사람들이 방통을 추모하고자 세운 사당이다. 걷다 보면 둥글게 쌓인 봉분이 눈에 들어오는데, 그곳이 방통의 의관총이다. 비석에는 '한정후방사원지묘漢靖侯龐士元之墓'라는 글귀가 선명하게 새겨져 있었으며 이는 청나라 강희康熙 48년(1709년)에 세워진 것이다. 비록 삼국시대와는 수백 년의 시간차가 있지만, 그 앞에 서 있는 순간만큼은 시간을 뛰어넘는 경건함이 마음 깊은 곳에서 차오르는 듯했다.

방통사 안쪽에는 봉추鳳雛라 불리며 와룡 제갈량과 쌍벽을 이루었던 방통의 좌상坐像이 세워져 있다. 기록에서는 봉추가 책략에는 능했지만 외모는 추했다고 전해지는데 이곳에서 마주한 방통의 모습은 위엄과 침착함이 공존하고 있었다. 또렷한 눈빛과 절제된 표정, 한 손에 단단히 쥔 병법서는 그가 얼마나 냉철한 지략가였는지를 단번에 보여주는 듯했다. 유비 곁에서 전략을 세우고 정세를 파악하던 모습이 상상 속에서 겹쳐졌다.

다음으로 방통이 마지막을 맞이한 낙성으로 향했다. 낙성은 오늘날 사천성 덕양시 광한시廣漢市에 있으며, 지금도 낙성 유적지가 남아 있다. 성문 위에는 전통 기와 구조의 이층누각이 장엄하게 서 있고, 그 아래에 회색 벽돌로 쌓아 올린 성벽은 한눈에 봐도 웅장하고 견고해 보였다. 유장의 군대가 이곳을 1년 가까이 지켜냈다는 사실을 실감하기에 충분했다. 안내판에 따르면 낙성은 후한시대에 처음 세워졌지만, 오랜 세월 전란을 겪으며 수차례 훼손되었다가 명청 시기와 민국 시기에 일부 복원되었다고 한다. 다만 오늘날 남아 있는 것은 아주 일부분에 불과했다.

낙성의 성문을 지나 안으로 들어서자 고요한 공원이 펼쳐졌다. 연못 위로 연잎이 무성하게 자라고 있었고, 전통 건축물이 흐

방통의 무덤

방통사 안쪽에 놓인 방통의 좌상

낙성 유적지

장임과 유비의 동상

장임의 무덤

르는 물소리와 어우러져 마치 고대의 정원에 들어온 듯한 인상을 주었다. 한때 전장의 함성이 울려 퍼졌던 이곳이 이토록 평화롭고 조용하다는 사실이 묘한 감정을 불러일으켰다.

낙성 유적지 안을 둘러보다가 길을 향해 서 있는 《삼국지》 인물들의 동상을 발견했다. 유비가 한 장군의 포승줄을 풀어주는 장면을 묘사하고 있었는데, 자세히 들여다보니 그 장수는 낙성 전투에서 가장 인상적인 활약을 펼친 유장군의 장수 장임이었다. 장임은 촉군 출신으로, 낙성이 포위되자 군사를 이끌고 성 밖으로 나가 용맹히 싸웠으나 유비에게 사로잡히고 말았다.《삼국지·촉서》배송지주의〈익부기구잡기益部耆舊雜記〉에 따르면, "유비는 장임의 용맹과 충성에 깊이 감복하여 투항을 권유했으나, 장임은 '두 주인을 섬기지 않는다'라며 단호히 거절했다."고 한다. 유비는 어쩔 수 없이 적군의 장수인 장임을 죽일 수밖에 없었지만, 몹시 애석해했다고 전해진다.

광한시 곳곳에는 낙성의 흔적이 여럿 남아 있었다. 현재 관광지로 개발된 낙성 유적지는 방호공원房湖公園이란 이름으로 조성되어 있는데, 공원 길을 따라 동쪽으로 걸어가다 보면 벽돌로 쌓은 성벽이 아닌 낙성 토성의 흔적까지 찾아볼 수 있었다. 이곳에서 만난 한 어르신은 "1950년대까지만 해도 토성 성벽이 공원에서부터 길게 이어져 있었으나 개발이 진행되면서 성벽이 헐리고 지금과 같은 모습으로 남게 되었어."라며 회상했다. 토성 위로 올라가 보니 금세 떨어진 나뭇잎들로 온통 뒤덮여 있었고, 심지어 그 위에는 닭장까지 설치되어 있었다. 한때 성도로 향하는 마지막 관문이자 반드시 방어해야 했던 낙성은 작은 흔적만 남긴 채 자취를 숨기고 있었다.

유씨 가문의 마지막 순간

한편, 형주에 있던 장비는 제갈량, 조운 등과 함께 군사를 이끌고 장강을 거슬러 올라왔다. 흥미롭게도 형주에서 군대를 이끈 최고사령관은 제갈량이 아니라 장비였다. 이 사실은 낙성을 포위했을 당시 법정이 유장에게 보낸 편지에서 확인할 수 있다. "지금 장익덕의 수만 군사가 이미 파동巴東[54]을 평정하고 건위犍爲 경계 지역으로 들어왔다." 기록에서 느껴지는 무게감이 장비의 위세를 실감케 한다.

형주에서 출발한 지원군은 파군으로 진입했고, 이 지역을 지키고 있던 파군태수 엄안嚴顔은 장비에게 생포된 뒤 빈객으로 대우받았다. 조운은 강양江陽과 건위를 평정했으며, 제갈량은 덕양德陽을 함락시켰다. 유비의 장수들은 각자의 임무를 수행하며 익주 곳곳을 점령한 뒤, 촉군으로 진입한 군사들과 합세해 마침내 성도를 포위했다. 이 무렵 장로에게 몸을 의탁하고 있던 마초도 유비에게 귀순해 성도 북쪽에 주둔했다. 성안의 유장과 백성들은 내외부로 포위망이 조여오는 가운데, 마초까지 등장하자 더욱 깊은 두려움에 휩싸였다.

성이 포위된 지 열흘가량 지나 유비는 오랜 친구인 간옹簡雍을 성안으로 들여보내 유장을 설득하고자 했다. 당시 성안에는 3만 명의 정예 군사와 1년 치 군량이 비축되어 있었기에, 관리와 백성들은 죽을힘을 다해 싸울 각오를 하고 있었다. 그러나 유장은 이 각오와는 다른 생각을 하고 있었다.

"우리 부자가 익주에 20여 년 동안 있었지만 백성에게 은덕을 베풀지 못했소. 백성이 3년이나 싸우다가 들풀 속에 버려진 시체가 된 것은 나 유장 때문이오. 어찌 마음이 편할 수 있겠소!"

―《삼국지·촉서》〈유장전〉 중

간옹의 설득과 유장의 의지가 만나 마침내 성도의 성문이 열렸다. 유장은 간옹과 함께 수레를 타고 나와 유비에게 항복했다. 그 모습을 본 유장의 부하들 가운데 눈물을 흘리지 않는 자가 없었다고 한다. 강압적인 통치로 민심을 잃었던 유언과는 달리, 비록 재능은 부족했을지언정 백성의 입장을 헤아리며 나름 온화한 통치를 펼쳤던 유장에게 익주 사람들은 눈물로 마음을 표현했다. 유장이 항복할 때 흘러나온 눈물은 패배의 슬픔만이 아니라 한 시대를 보내는 진심 어린 작별이었을 것이다.

유언은 중평 5년(188년), 익주목으로 임명되었고 아들 유장은 건안 19년(214년)까지 익주를 다스렸다. 2대에 걸쳐 27년 동안 익주를 다스렸던 유씨 부자의 통치가 마무리되는 순간이었다.

5

《삼국지》의 심장인 성도

성도의 흔적을 찾아서

《삼국지》 시대의 성도는 오늘날의 사천성 성도시成都市에 있다. 후한 시기 성도는 익주자사부益州刺史部[55]와 촉군의 치소로 기능했으며, 촉한 정권이 수립된 이후에는 촉나라의 도성이기도 했다. 그렇기에 성도는 촉나라 기행에서 결코 빠질 수 없는,《삼국지》의 심장부이자 성지라 할 수 있다.

현재 성도시에는 제갈량을 모시는 사당인 무후사와 유비의 무덤인 혜릉惠陵 등《삼국지》와 관련된 관광지와 유적들이 남아 있다. 그러나 원래 성도성이 위치했던 지역을 명확히 확인하기는 쉽지 않았다. 성도는 성도시 시내 중심부와 크게 다르지 않은 위치에 있었던 것으로 보이지만, 오랜 시간이 지나며 현대적인 고층 건물이 들어선 탓에 옛 성도성의 자취를 온전히 보존하기가 어려워 보였다. 고대의 성 위에 세워진 오늘의 성도시는 역사의 흔적을 묻은 채 살아가고 있는 셈이었다.

촉한의 수도였던 성도의 구체적인 위치를 파악할 수 있는 방법은 지극히 제한적이었다. 현존하는 사료와 연구 자료들을 살펴보면, 《삼국지》 시대 성도성의 대략적인 위치를 어느 정도 파악할 수 있다. 상거가 저술한 《화양국지》에는 성도성의 규모가 상세히 기록되어 있다.

> 주난왕周赧王 5년(기원전 310년), 진혜왕秦惠王 27년에 장의張儀와 장약張若이 성도에 성을 쌓았는데 그 둘레는 12리이고 높이는 7장이다. 비성郫城은 둘레가 7리이며 높이가 6장이다. 또한 임공성臨邛城은 둘레가 6리이며 높이가 5장이다.[56]
>
> —《화양국지》 중

이 기록을 통해 전국시대에 만든 성도성이 방어 요새로 조성되었으며, 주요 거점 도시들과 긴밀한 방어망을 형성하고 있었음을 짐작할 수 있다. 또한 성도에는 대성과 소성의 이중 구조가 존재했는데, 대성은 동쪽에 위치해 정치와 군사의 중심지였고 소성은 서쪽에 자리해 상업과 주거의 기능을 담당했다. 한무제

시기인 원정 2년(기원전 115년)에 "성도 성곽과 18개의 문을 세웠다."라고 전하지만, 이것은 대성과 소성을 합한 전체 성문의 수로 짐작한다.[57]

성도성에 관한 기록들을 하나하나 따라가며 유비가 유장의 항복을 받아낸 그곳, 촉한의 수도였던 성도를 직접 두 발로 걷고 싶다는 마음이 불현듯 밀려들었다. 마침내 발걸음은 자연스럽게 사천성 성도시로 향했다.

무담산에서 황궁 유적까지, 성도를 거닐다

성도시에 도착하자마자 분지 특유의 눅눅하고 습한 공기가 온몸을 감쌌다. 여름 햇살이 무자비하게 내리쬐고 있었고, 뜨거운 열기 속에서 도시 전체가 가쁘게 숨 쉬고 있었다. 거리 곳곳에는 대나무 의자와 나무 탁자를 펼쳐놓은 찻집들이 줄지어 있었고, 사람들은 그늘에 앉아 차 한잔의 여유를 즐기고 있었다. 인구 2천만 명이 넘는 대도시답게 성도시의 중심가는 분주하고도 활기찼다. 특히 인상 깊었던 것은, 티베트와 인접한 지역인 만큼 거리 곳곳에서 붉은 승복을 입은 승려들을 어렵지 않게 마주칠 수 있었다는 점이었다. 머릿속으로만 그려왔던 성도의 모습은 낯설면서도 생생한 현실로 다가왔다.

도시 속에 숨어 있는 《삼국지》를 찾기 위해 가장 먼저 발걸음

무담산 입구

을 옮긴 곳은 무담산武擔山이었다.《삼국지·촉서》〈선주전〉에 따르면, "건안 26년(221년) 4월,[58] 유비는 성도 무담산 남쪽에서 제위에 올랐다."라는 기록이 있다. 무담산은 촉한 정권이 공식적으로 출범한 바로 그 자리다. 하지만 현장을 찾고 보니 그 역사적 의미와는 달리 무담산의 흔적은 쉽게 눈에 띄지 않았다. 빽빽하게 들어선 고층 빌딩만이 여행자를 맞이했다. 유비가 황제로 즉위했다는 현장은 흔적도 없이 도시로 변했고, 그 앞에는 신화호텔이라는 대형 호텔이 웅장하게 버티고 있었다. 더군다나 이 일대는 현재 군사관리구역으로 지정되어 외국인의 출입은 물론, 호텔 투숙조차 불가능하다는 안내문이 붙어 있었다.

조심스럽게 주변을 둘러보던 중 호텔 서쪽에 무담루武擔樓라 적힌 별관 건물이 눈에 들어왔다. 역사서에서 수차례 보았던 바로 그 이름, 무담이라는 명칭만이 이곳이 무담산이라는 사실을 증언해 주고 있었다. 혹시나 하는 마음에 경비원에게 안으로 들어갈 수 있는지 물어보았지만, 돌아온 대답은 단호했다. "절대 출입 불가합니다." 결국 무담산을 눈앞에 두고도 거대한 호텔 너머를 바라보는 것 외에는 아무것도 할 수 있는 것이 없었다.

무담산을 가장 먼저 찾아온 이유는 단지 이곳이 유비가 황제로 즉위한 장소였기 때문만은 아니었다. 배송지가 "무담은 성도 서북쪽에 위치하는데, 이쪽은 건乾, 곧 하늘의 방위이므로 이 땅을 택해 천자 자리에 오른 것이다."라는 말을 남겼기 때문이다. 배송지의 말에 따르면 무담산은 성도성의 서북쪽에 있었고, 지금의 무담산에서 동남쪽으로 약 1.5킬로미터 떨어진 곳은 현재의 사천과기관四川科技館 자리다.

무담산에서 방향을 틀어 내려가자 도심 중심부에 자리한 동화문유적공원東華門遺址公園에 도착했다. 입구 안내판에는 "화려하고 위엄 있는 명나라 촉왕궁원"이라는 글귀 아래, 명나라 초대 황제 주원장朱元璋이 남긴 문장이 적혀 있었다.

> 촉은 제국의 서남쪽 변방에 자리하였지만, 강족羌族과 융족戎族 같은 이민족들이 우러러보는 곳이기에, 왕궁이 웅장하지 않으면 제국의 위엄을 보여줄 수 없다. 마땅히 장엄하게 지어야 한다.

고층 건물로 둘러싸인 동화문 유적

실제 마주한 동화문 유적은 유적이라 부르기에는 어딘가 부족하고 허전해 보였다. 성문 아래를 지나는 배수로의 흔적과 그 주변에 정돈된 산책로와 넓은 잔디밭이 펼쳐져 있을 뿐이었다. 유적이라기보다는 도심 속 휴식 공간처럼 고요했고, 사방을 둘러싼 고층 건물 사이에 있는 이곳이 한때 왕부가 자리했던 곳이었다는 사실이 실감 나지 않았다.

그러나 이 조용한 공간 아래에는 눈에 보이지 않는 역사의 증거들이 숨어 있었다. 사천과기관과 동화문 유적 일대는 현재 천부광장天府廣場 북쪽 지역으로, 2013년부터 시작된 고고학 발굴에서 촉한 시기의 유물들이 다수 출토되었다. 특히 고급 건축 기단, 기와, 와당 등이 다수 발견되었다.

이 중에는 부귀창富貴昌, 수만년壽萬年 등 길상의 문구가 새겨진 와당도 포함되어 있었는데, 이곳이 일반 주거지가 아니라 권력의 중심지 또는 궁궐 시설에 해당했음을 보여준다. 더 나아가 《명태조실록明太祖實錄》에 따르면, 주원장은 촉왕부를 건설할 당시 "촉한 선주의 옛 도성에서 물이 둘러 흐르던 곳을 외곽 담장으로 삼고, 그 안에 왕성을 세웠다."라고 했다. 여러 사료와 발굴 결과를 종합해 볼 때, 지금의 사천과기관 일대는 실제로 유비가 다스렸던 촉한의 황궁이 있었던 핵심 지역일 가능성이 매우 높다. 고층 빌딩 속 우리가 걷고 있는 이 땅 아래에는 여전히 《삼국지》의 심장이 고동치고 있었다.

형제의 영혼을 기리는 다리와 사당

성도시의 서쪽을 따라 천천히 걷다 보면, 물줄기 하나가 길동무가 되어준다. 비강郫江은 성도성을 끼고 남쪽으로 흘러가다가 어느 순간 동쪽으로 방향을 틀며 조용히 흐르는 강이다. 비강에는 서쪽에서 검강檢江이 흘러들어와 두 물줄기가 하나로 합쳐지는 지점이 있다. 검강 위에는 만리교萬里橋라는 이름의 다리가 놓여 있었는데, 《원화군현지》에는 만리교에 얽힌 제갈량과 비의費禕의 일화가 하나 전해지고 있다.

만리교는 큰 강물 위에 놓인 다리로, 성도현 관아에서 남쪽으로 8리에 위치해 있다. 촉한의 사신 비의가 오나라에 사절로 떠날 때, 제갈량이 이곳까지 나와 배웅했다. 비의가 감탄하며 말하기를 "만 리의 여정이 이 다리에서 시작되는구나."라고 했고, 이 다리를 만리교라 부르게 되었다.

―《원화군현지》 중

오늘날의 만리교는 말끔히 정비되어 넓은 다리 위로 차량이 끊임없이 오가고 있었다. 나는 잠시 제갈량과 비의가 서 있었을 그 자리에 멈춰 섰다. 차가 지나는 사이로 검강, 오늘날의 남하南河가 잔잔히 흐르고 있었고 강 건너편에는 고층 아파트가 삐죽삐죽 솟아 있었다.

다리를 건너 남쪽으로 조금만 더 걸어가면 옛 의관묘衣冠廟가 자리했던 장소에 도착한다. 이곳은 슬픈 사연을 품고 세워진 사당이었다. 관우는 맥성麥城에서 탈출을 시도하다 손권에게 사로잡혀 전사했다. 그의 머리는 조조에게 보내졌고, 몸은 손권이 정중히 장례를 치렀다. 비보를 들은 유비는 깊은 비탄에 빠졌고, 육신 없이 남겨진 형제의 영혼을 달래기 위해 의관묘를 세워 제사를 올렸다고 한다.

지금의 의관묘 자리는 작은 공원으로 꾸며져 있었다. 나무 그늘 아래 유비의 동상이 서 있었다. 그는 말에서 내려 한 손에 제사상을 들고, 다른 손으로는 관우를 향한 깊은 애도를 표하듯 가슴을 누르고 있었다. 유비의 표정은 슬펐지만 어딘가 단호했고,

위 만리교의 모습
아래 의관묘가 자리했던 작은 공원

그 모습은 보는 이의 마음까지 울리는 듯했다. 형제애로 이루어진 그들의 굳건한 맹세가 의관묘에서 짙게 되살아나고 있었다.

양양이의 기행 루트

- **부현** 유비가 유장의 초대를 받아 익주로 진입하면서 머문 곳. 부악산에 있으며 익주 진입의 시발점이 된 장소
- **가맹** 장로의 거점으로, 유비가 파견되었던 지역
- **면죽** 촉한으로 진입하는 요충지로 유비군의 전략적 통로. 유비군이 낙성 공격을 위해 통과한 관문. 낙봉파, 방통사당 유적지가 있는 곳
- **낙성** 유비와 유장의 마지막 결전지. 방통이 전사한 장소
- **성도** 유비가 황제로 즉위하고 촉한을 건국한 중심지. 무담산, 동화문, 만리교, 의관묘 등 유적지가 있는 장소

8장

한중공방전, 촉나라의 신호탄이 울리다

배경지식

한중공방전漢中攻防戰은 217년부터 약 1년 반 동안 벌어진 조조와 유비 간의 승부다. 조조는 유비가 익주를 차지하자 한중을 거점으로 유비의 공격을 저지하고자 했으며, 대익주 전략을 세우고 대군을 보내 침공을 시도했다. 조조는 한중을 직접 시찰하면서 그 유명한 '계륵鷄肋'이라는 말로 지형적 난해함을 토로했다.

유비는 장비를 선봉으로 탕거전투에서 조조군의 장합을 물리쳤고, 이어 양평관전투에서 황충 등의 활약으로 조조군을 크게 위협했다. 결국 조조는 한중의 험준한 산악 지형과 유비의 고착 전술에 밀려 철수하게 되었고, 유비는 한중왕에 오르며 촉한의 입지를 공고히 다졌다. 한중공방전은 유비가 전략가로서의 면모를 드러낸 대표적인 승전 중 하나로 평가된다.

▶ 함께 보면 좋은 기행 영상

'한중왕 즉위'편

1
한중을 '계륵'으로 만든 조조

한중을 향한 조조와 유비의 시선

익주를 평정한 유비는 익주목 자리에 올라 정사를 주관했다. 유비는 유장과 달리 토착 세력 인물들과 동주계 인사들을 적극적으로 기용했으며, 익주 평정에 앞장섰던 자신의 수하들에게도 주요 직책 맡겨 모두가 재능을 발휘할 수 있게 했다. 특히 재동군梓潼郡 부현 출신의 윤묵尹默을 권학종사勸學從事로 임명해 익주 지역의 학문 진흥과 교육 장려에 힘쓰는 등 익주의 안정에 전력을 기울였다. 유비가 익주를 장악한 초창기에는 창업계 인물들과 형주계, 익주계, 동주계[59] 인사들이 균형을 이루

며, 유언과 유장 때와는 달리 보다 안정적인 정치 체계를 갖추어
나갔다.

유비가 익주를 평정해 독립적인 세력권을 구축하는 동안 손
권과 조조 또한 바쁘게 움직이고 있었다. 유비의 동맹이자 잠재
적 경쟁자였던 손권은 노숙의 건의를 받아들여 유비에게 임시로
빌려주었던 형주 반환을 요구했다. 하지만 유비가 이를 거절하
자 손권은 형주를 공격하기에 이른다. 유비는 급히 관우를 익양
益陽으로 보내 방어했고, 자신도 장강 남쪽의 공안으로 가 전선
을 지휘했다.

한편, 북방에서는 조조가 확고한 군사적 우위를 다지고 있었
다. 조조의 부장 하후연은 양주 지역의 전투에서 마초와 한수를
이겼고, 이어 강족의 항복까지 이끌어내며 농우隴右 지역 전체를
평정했다. 조조는 유비의 다음 목표가 한중漢中이라 판단해 직접
군을 이끌고 장로를 정벌하기 위해 한중으로 향했다.

한중은 삼국시대의 전략 요충지였다. 북쪽은 진령산맥秦嶺山
脈을 넘으면 관중으로 연결되었고, 서쪽은 농서隴西, 동쪽은 형
주, 남쪽은 익주로 이어지는 교통과 병참의 중심지였다. 촉한의
위치에서 보면 험준한 지세를 지닌 한중은 천혜의 방어기지이자
촉도를 통해 장안으로 진출할 수 있는 교두보였다. 이를 꿰뚫고
있던 양홍楊洪은 제갈량에게 "한중은 익주의 목구멍과 같은 곳이
니, 만약 한중을 잃는다면 촉은 존재하지 못할 것이다."라고 말한
바 있다.

이 말처럼, 한중은 공격에도 방어에도 반드시 점령해야 하는 요충지였다. 조조가 직접 이곳으로 군을 움직인 이유는 명확했다. 유비보다 먼저 한중을 점령해 전쟁의 주도권을 쥐겠다는 계산이었다.

험지에서 꺾인 조조의 야망

건안 20년(215년) 7월, 조조는 양평관陽平關에 도달했다. 장로의 군대는 험준한 지형을 방패로 완강히 저항했지만, 조조군의 무시무시한 힘을 꺾을 수는 없었다. 장로는 파중巴中으로 달아났고, 마침내 조조는 한중의 땅까지 손에 넣었다. 하지만 승리의 기쁨은 오래가지 않았다. 조조 앞에는 이제 두 갈래의 길이 놓여 있었다. 유비가 자리를 비운 틈을 타 익주를 기습하느냐, 아니면 한중을 지키며 방어에 집중하느냐. 조조와 삼국의 역사가 달라지는 운명적인 선택의 순간이었다.

조조 휘하에서 한중 정벌에 따라나섰던 사마의司馬懿는 조조에게 익주를 공격할 것을 간언했다. 그러나 조조는 "사람이란 만족할 줄 모르는 법이구나. 이미 농우를 얻었는데, 또다시 촉을 얻고자 하다니!"라며 사마의의 간언을 받아들이지 않았다. 조조가 한중을 정벌하고 곧바로 익주의 심장부인 성도로 진격하지 않은 이유에 대해서는 다양한 견해가 존재하지만, 가장 큰 이유로는 익주의 지리적 특수성을 생각할 수 있다.

조조가 한중으로 진격했던 경로를 따라가 보면, 진창陳倉을 출발해 산관散關을 넘어 하지河池에 이른다. 조조가 하지로 간 주요 목적은 하지 동남쪽에서 발원하는 천가수泉街水 수로를 확보하기 위함으로 볼 수 있다. 천가수는 동남쪽으로 흘러 면수沔水(또는 저수)와 합류하며, 이 물길은 다시 양평관까지 이어졌다. 조조는 정벌에 나설 때마다 항상 수로를 통한 군량 수송과 보급 확보를 기본 원칙으로 삼았다. 하지 지역에 주둔 중이던 저족氐族이 조조군에 대항하며 수로 확보를 방해했을 때는 이들을 즉시 무력으로 진압했다.

그러나 수로를 확보했음에도 불구하고, 진령산맥을 넘어 군량을 보급하는 일은 너무나 고되었다. 이 보급의 어려움 때문에 조조는 한중 정벌을 포기하려고도 했다. 〈유엽전劉曄傳〉에서는 당시 절박한 상황을 이렇게 전한다.

> 조조가 장로를 정벌할 때, 유엽을 주부로 삼았다. 조조군은 한중에 이르렀는데 산이 험하여 오르기 어려웠고 군량마저 거의 바닥이 났다. 이에 조조가 말했다. "이곳은 요망한 곳일 뿐이니, 이곳을 차지하건 말건 간에 무슨 문제가 있겠는가? 우리는 식량이 적으니 빠르게 돌아가는 것이 낫겠다."
>
> —《삼국지·위서》〈유엽전〉 중

중원 평야에서 기동성과 속도로 전쟁을 주도해 온 조조에게 한중은 말 그대로 '멈추게 만드는 땅'이었다. 실제로 조조는 양평관을 돌파하고 장로를 항복시켰지만, 험난한 익주의 지리적 특성 때문에 '대익주 전략'을 다시 검토하게 되었다.

일찍이 화흡和洽이 조조에게 한중의 백성들을 다른 지역으로 이주시키자고 건의한 적이 있었다. 조조는 처음에는 이 의견을 받아들이지 않았지만 나중에는 백성들을 이주시켰다. 원래 조조는 한중의 백성들을 이주시킬 계획이 없었으나, 전략적 판단에 따라 방침이 변경되었음을 보여준다. 《삼국지·위서》〈두습전杜襲傳〉에 따르면 조조는 한중 정벌 이후 8만여 명에 달하는 대규모의 백성들을 이주시켰고, 장합에게는 파巴 지역의 백성까지 이주시킬 것을 명했으며, 장기張旣에게는 무도武都 지역의 저족 5만 명을 천수天水와 관중 일대로 이주시킬 것을 지시했다.

조조가 백성들을 이주시킨 이유는 분명했다. 조조는 한중의 험준한 환경을 직접 체감하고, 이 지역을 행정 중심지가 아닌 군사적 전진기지로 삼고자 방침을 바꾼 것이다. 익주를 장악하겠다는 대익주 전략은 한중의 산맥과 수로 그리고 보급의 벽 앞에서 꺾여버렸고, 조조는 전면 진격 대신 지키는 방법을 택했다.

조조의 한중 재편과 계륵

조조는 한중을 손에 넣은 후 바로 한중군의 행정구역 개편에 착수했다. 먼저, 장로가 점령한 기간 동안 독자적으로 사용하던 한녕군漢寧郡이라는 명칭을 폐지하고, 본래의 명칭인 한중군漢中郡으로 복원시켰다. 이는 단순한 지명 변경이 아니라 조조식 통치 방식의 첫 번째 조율이자 한중을 군사적 거점으로 활용하기 위한 기본 작업이었다.

이어서 한중군에 속한 안양현安陽縣과 서성현西城縣을 분리해, 서성군西城郡을 신설하고 태수를 두었다. 반면, 한중군에는 태수를 임명하지 않고 하후연을 정서장군征西將軍[60]에 임명해 한중을 지키게 했다. 한중군에는 행정 관료인 태수가 아닌 무관을 배치하고, 분리 신설된 서성군에는 태수를 임명한 것이다.

정서장군은 '서방을 정벌한다'라는 의미를 지닌 무관직으로 서쪽 변경의 군사작전과 방어, 토벌 등 군사적 업무를 총괄하는 고위 장군직이다. 조조가 하후연을 태수가 아닌 정서장군으로 임명한 것은 한중을 군사적 거점으로 삼아 군사 업무만을 전담하도록 한 전략적 조치였다. 반면, 신설된 서성군에 태수를 파견한 것은 민정과 치안을 위임해 한중의 후방을 안정시키고자 한 또 다른 조치였다. 한중은 방패로, 서성은 주춧돌로 만든 조조식 이중 축이 완성된 것이다.

이러한 인사 조치는 조조가 사마의의 간언을 받아들이지 않고 익주 공략을 단념한 결정과도 맞물려 있었다. 험준한 지형과 보급 문제를 체감한 조조는 한중을 점령하되 주력 통치지로 삼지는 않는 방식, 즉 유비가 한중을 차지하더라도 얻을 것이 없도록 하는 전략을 펼쳤다. 백성을 미리 이주시켜 군사력과 인프라를 비우고, 관리 조직 없이 무관만을 배치하는 방식이었다. 이 방식은 조조가 새롭게 수립한 대익주 전략의 일환이었다. 즉, 조조는 한중을 계륵으로 만든 것이다.

2

탕거전투의 현장과
장비의 도시

파서를 지켜낸 장비의 일격

공안에 주둔하고 있던 유비에게도 조조가 한중을 장악했다는 급보가 전해졌다. 유비는 한중이 촉의 생명줄과 같은 전략적 요충지임을 그 누구보다 잘 알고 있었기에 바로 손권과의 협상에 나섰다. 유비와 손권은 상수湘水[61]를 기준으로 형주를 분할했고, 유비는 촉을 지키기 위해 서둘러 익주로 귀환했다. 조조가 한중에 이어 남하를 시도할 가능성이 높다고 판단했기 때문이다.

그 무렵, 조조의 휘하 장수 장합은 명을 받아 대군을 이끌고 파동과 파서 일대로 진격하며 백성들을 한중으로 강제 이주시켰다. 이 상황을 가장 먼저 간파한 이는 파서 낭중 출신의 황권黃權이었다. 본래 유장을 섬기다 유비에게 귀순한 황권은 곧장 유비에게 달려가 삼파三巴[62] 지역의 중요성을 설명했다

황권의 우려는 결코 기우가 아니었다. 삼파 지역은 익주 북동부를 지탱하는 방패였고, 한중과 이어지는 미창도米倉道는 군사적 생명선이었다. 실제로《삼국지·위서》〈장로전〉에는 장로가 남산을 넘어 파중으로 도주했다는 기록이 남아 있으며, 이는 곧 미창산을 통과하는 경로를 의미한다. 조조군 역시 이 길을 따라 파서로 진입한 뒤 전략적 지대를 잠식하고자 했다.

유비는 황권의 건의를 받아들여 장비를 파서태수로 삼고 장합을 저지하게 했다. 그리하여 탕거宕渠에서 벌어진 장비와 장합의 일전은 파서를 사수하느냐 빼앗기느냐를 가르는 중대한 전투였다. 두 장수는 무려 50일 이상을 대치했고, 마침내 장비가 장합을 물리치며 파 지역의 조조군을 몰아냈다.

장합은 본래 원소 휘하에 있다가 관도대전 때 조조에게 귀순했고, 오자양장五子良將[63] 중 한 명으로 성장해 조조 휘하에서 큰 활약을 펼치고 있었다. 그런 장합을 물리친 장비는 승리를 기념하고자 바위에 글을 새겼는데, 이른바 〈장비입마명張飛立馬銘〉이다.

> 한나라 장군 장비가 정예 병사 1만 명을 이끌고 팔몽에서 직접 장합을 격파시키고, 말을 세워 글을 새기다.

이 바위의 진위에 대해서는 지금도 논란이 분분하다. 〈장비입마명〉은 위작일 수도 있다고는 하지만 장비가 장합을 격파시켰다는 탕거전투는 의심할 여지가 없는 역사적 사실이다.

탕거전투의 현장에 서다

후한 말, 탕거는 파서군에 속한 현급 행정 단위였으며, 오늘날 사천성 달주시達州市 거현渠縣에 해당한다. 장비와 장합이 격전을 벌였던 팔몽八濛은 현재 팔몽산八濛山64이라는 이름으로 전해지고 있다.

팔몽산까지는 고속철도 노선이 개통되지 않아, 중경시重慶市에서 일반열차를 타고 거현으로 이동했다. 기차는 굽이굽이 이어진 산맥을 따라 달렸고, 창밖으로 펼쳐지는 풍경은 사방이 온통 산으로 둘러싸여 있어 마치 《삼국지》 시대의 오지로 돌아간 듯한 느낌을 주었다. 깊은 산속을 지나다 보면 간간이 모습을 드러내는 산중 마을이 마치 숨겨진 작은 세상처럼 다가왔다. 두 시간에 걸쳐 거현역에 도착하자, 역 입구부터 버스정류장까지 식당 주인들이 줄지어 서서 승객들에게 분주히 호객하는 모습이 눈길을 끌었다.

지도로 본 팔몽산은 단숨에 시선을 주목시킬 만한 독특한 지형을 가지고 있었다. 강줄기가 팔몽산을 사방에서 감싸안은 듯

위 팔몽산공원의 패루
아래 팔몽산을 오르는 길

흐르며, 북쪽만 육지와 연결된 모습은 성문 앞에 놓인 다리를 연상케 했다. 이러한 형세는 천연의 방어진을 이루고 있어, 자연이 만든 요새 역할을 톡톡히 했을 것이다. 직접 눈으로 마주한 팔몽산은 인공적으로 축조된 요새라 해도 믿을 만큼 치밀한 형태를 갖추고 있었다.

입구에는 '팔몽산공원'이라 적힌 패루 형태의 구조물이 세워져 있었는데, 다소 급히 만든 듯했지만 어딘가 전시된 군영의 출입문처럼도 보였다. 마치 장합군이 이 일대를 급히 점거하며 일시적으로 진영을 구축해 놓은 듯한 모습이라 묘한 긴장감이 돌았다. 산길은 매우 좁았다. 좁은 산길은《삼국지·촉서》〈장비전〉에서 묘사된 대로 "길이 좁아 장합의 군대는 앞뒤가 서로를 구할 수 없었기에 장비에게 패했다."라는 구절을 절로 떠올리게 했다.

팔몽산은 해발 300미터에 불과한 낮은 산이지만, 정상에 오르니 저 멀리 끝없이 이어지는 산맥과 그 앞에 펼쳐진 평야가 한눈에 들어왔다. 이 광활한 풍경 속에서 장합군을 포위한 장비군은 깃발을 휘날리며 팔몽산을 응시한 채 "투항하라!"라고 힘차게 외쳤을 것이다. 그 상상 속에 빠져 나도 모르게 "야호!"를 외치며 장비를 향해 말을 건네고 있었다.

극적인 전투가 벌어졌던 역사적 현장이지만 팔몽산은 제대로 된 관광 자원화가 이루어져 있지는 않았다. 교통이 불편한 것은 물론, 이곳이《삼국지》의 격전지였다는 안내조차 없었다. 특히《삼국지》덕후라면 누구나 보고 싶어 할 〈장비입마명〉의 탁본을 찾아볼 수 없다는 점이 매우 안타까웠다. 팔몽산은 단순한 산이 아니다. 그곳은 장비가 말을 세우고, 장합과 맞서 싸웠던 전쟁의 무대였다.

풍류와 전설이 살아 숨 쉬는 낭중

팔몽산을 떠나 다음 목적지인 낭중시閬中市로 향했다. 낭중시는 삼국시대에는 파서군의 치소였고, 당시 파서태수였던 장비가 7년간 주둔하며 다스렸던 역사적 장소다. 지금은 낭중고성閬中故城이라는 이름으로 보전되고 있다. 역사 도시답게 관광지가 잘 정비되어 있었고, 산과 강, 성곽이 절묘하게 조화를 이루며 도시 전체에 고풍스러운 분위기가 흘렀다. 도시의 사방은 산으로 둘러싸여 있고, 가릉강이 서쪽에서 흘러들어와 남쪽으로 굽이치다가 동쪽으로 방향을 틀고, 다시 북쪽으로 휘돌아 도시를 감싸안은 채 유유히 흘러 나갔다. 도시를 반원처럼 감싸는 물길과 사방을 두른 산세는 풍수에서 말하는 이상적인 명당 그대로였다.

특히 낭중고성 거리 곳곳에 유비, 관우, 장비의 모습을 다소 유머러스하게 그려놓아, 고전적인 《삼국지》 이미지에서 벗어나 젊은 세대에게 관심을 끌 수 있는 문화 콘텐츠로 탈바꿈시켰다는 점이 인상 깊었다.

장비가 오랫동안 다스렸던 도시답게, 이곳은 장비를 테마로 만든 다양한 음식들이 넘쳐났다. 길거리에서는 장비우육면과 사천식 향신료를 곁들인 장비과회張飛鍋盔라는 요리가 특히 눈길을 끌었다. 화덕에 구운 빵 사이로 두툼하게 들어간 고기 한 점은 보기만 해도 배가 부를 정도였다. '만인지적萬人之敵'이라 불릴 만큼 체격 좋고 호방했던 장비의 위용을 담아낸 듯한 큼직한 크기

낭중시의 모습

유비, 관우, 장비가 그려진 낭중시의 벽화

한환후사 안의 장비 무덤

가 먹음직스러워 보였다.

한 식당에서 장비소고기를 맛보았는데, 말린 소고기 특유의 풍미에 부드러운 육질이 더해져 감탄을 자아냈다. 여기에 낭중시에서만 맛볼 수 있다는 수제 맥주 장비정양張飛精釀을 곁들이니, 그야말로 입안 가득 장비의 기개가 펼쳐지는 듯했다. 식당 밖으로 보이는 풍경도 운치가 있어 '신선이 사는 곳'이라는 말이 왜 나왔는지 단번에 실감할 수 있었다.

고성을 걷는 내내, 마치 장비의 통치가 지금도 도시 곳곳에 흐르고 있는 듯한 기분이 들었다. 하지만 이 도시는 장비의 마지막 순간을 함께했다는 슬픈 전설도 간직하고 있다. 장비는 부하였던 장달張達과 범강范彊에게 암살당했고, 두 사람은 장비의 수급을 들고 도망치다가 운양雲陽에 버렸다고 한다. 결국 장비의 머리는 운양에, 몸은 낭중에 따로 묻히게 되었는데, 지금도 낭중시 한환후사漢桓侯祠에 장비의 몸이, 중경시 운양현雲陽縣 장환후묘張桓候廟에 장비의 머리가 안치되어 있다.

이 무덤에 관해서는 기이한 전설이 있다. 전해지는 이야기에 따르면, 과거 무덤 위에 소나무와 측백나무가 우람하게 자랐지만 유독 줄기가 없었다고 한다. 옛 사람들은 이를 두고 "장비의 무덤에 머리가 없기 때문에 무덤 위 나무에도 줄기가 없다."라고 믿었다. 마치 무덤 위 나무조차 그의 비극적인 운명을 안타까워했던 것은 아닐까.

장비를 낭중에 남긴 이유

훗날 한중을 장악한 유비는 위연을 한중태수로 임명했다. 《삼국지·촉서》〈위연전〉에 따르면, "사람들은 틀림없이 장비가 임명될 것이라고 이야기했고, 장비도 마음속으로는 자신일 거라 생각하고 있었다."라고 한다. 그러나 유비는 많은 이들의 예상과 달리 위연을 발탁했다.

이 결정에는 명백한 이유가 있었다. 유비가 황제로 즉위한 뒤 장비에게 내린 직책은 거기장군 겸 사예교위였다. 한때 유장이 형식적인 직함으로 유비에게 부여했던 사예교위는 촉한 정권의 수립과 함께 조정 질서를 책임지는 중추 요직으로 격상되었다.

유비가 장비를 사예교위로 임명한 것은 수도 성도의 질서를 감찰하고 안정과 안보를 책임지는 중대한 직무를 맡기겠다는 의미였다. 유비가 장비에게 품었던 깊은 신뢰와 중용의 의지가 고스란히 담겨 있는 직책이었다.[65]

또한 장비는 파서의 전략적 거점인 낭중에 주둔해 서쪽의 성도, 북쪽의 한중, 남쪽의 강주를 통해 동쪽 형주까지 연결되는 위치에 있으며 어느 방향에서 긴급사태가 발생하더라도 즉시 나설 수 있는 준비 태세를 갖추고 있었다. 실제로 유비가 오나라를 토벌하고자 했을 때, 장비는 병사 1만 명과 함께 낭중에서 강주 방면으로 출병하라는 명을 받았다.

한환후사를 나와 가릉강을 따라 천천히 걸으며, 낭중이라는 도시 자체가 장비의 존재감으로 가득 차 있음을 다시 한번 느꼈다. 이곳에는 장비의 혼이 깃들어 있었다. 그는 낭중의 수호신이 되어 강 건너 흐르는 세월을 조용히 지켜보고 있는 듯했다. 낭중은 이제 장비 없이 이야기할 수 없는 도시가 되었고, 그 기억은 사람들의 마음속에 오랫동안 남을 것이다.

장비의 숨결이 곳곳에 배어 있는 도시인 낭중을 가슴에 새기고, 유비와 조조의 운명이 격돌했던 또 다른 역사적 격전지인 한중으로 향했다.

3

위와 촉의 운명이 걸린 양평관전투

유비의 반격, 한중 진군의 서막

촉의 성도로 진격하는 것을 포기한 조조는 하후연에게 한중을 지키라 명하고는 업성으로 돌아갔다. 겉으로는 한중을 '계륵'이라는 방어 거점으로 다져놓아 장기 주둔이 불필요했기 때문이었지만, 실제로는 조조의 정치적 야망과도 깊이 연결되어 있었다. 업성으로 복귀한 조조는 곧바로 헌제의 명으로 위왕에 책봉되었다. 이는 조조가 명실상부하게 후한 정권의 실질적 통치자로 인정받은 순간이었으며, 위나라 창건의 기초를 닦는 중대한 전환점이기도 했다.

조조가 한중을 떠나자 유비에게는 반격의 기회가 찾아왔다. 당시 유비는 공안에 있었는데, 법정이 유비를 설득하며 말했다.

> "조조는 한 번의 전투로 장로를 항복시키고 한중을 평정했는데 이에 의지하여 파와 촉을 취하지 않은 채 하후연과 장합을 남겨 지키게 하고 업성으로 돌아갔습니다. 이것은 그 지혜나 힘이 모자라서가 아니라 틀림없이 마음속에 급박한 걱정거리가 있기 때문입니다. 지금 하후연과 장합의 재능과 책략을 생각해 보면 우리 장수들이 더 나으니 병사들을 출동시켜 토벌하게 하면 반드시 이길 수 있습니다."
>
> ―《삼국지·촉서》〈법정전〉중

유비는 법정의 조언을 받아들여 한중 정벌을 위한 본격적인 진군을 시작했다. 유비는 먼저 장비, 마초, 오란吳蘭을 무도군武都郡의 치소인 하변下辯 방면으로 파견했다. 이 지역은 조조가 진창에서 한중으로 진격할 당시, 무도 지역의 저족을 공격하고 군량을 수탈했던 곳이었다. 유비는 조조군에게 반감을 가지고 있는 저족과 접촉해 협력을 이끌어냈고, 동시에 저수의 수로를 장악해 조조군의 보급로인 진창 방면 교통을 차단하고자 했다. 결과적으로 저족 1만여 명이 유비 측에 합류했고, 이에 조조는 조홍을 보내 진압에 나섰다.

장비는 고산固山[66]에 주둔하며 조홍군의 후방을 차단하려고 했으나, 조홍의 참모 조휴曹休가 장비의 유인책을 간파하고 오란을 먼저 공격하자고 제안했다. 결국 조홍군은 오란을 격파했고 장비 역시 퇴각하게 되었다. 하변전투는 유비군의 패배로 끝났지만, 본대는 양평관까지 진군해 하후연과 장합이 이끄는 조조군과 일전을 벌이게 되었다.

한중 대치의 핵심 요새

양평관은 오늘날 섬서성 한중시漢中市에서 서쪽으로 약 40킬로미터 떨어진 면현勉縣에 있다. 비가 오는 날, 나는 《삼국지》의 격전지를 직접 밟아보기 위해 한중기차역에서 열차에 몸을 실었다. 기차가 출발하자마자 창밖에는 장관이 펼쳐졌다. 북쪽으로는 동서로 웅장하게 뻗은 진령산맥이, 남쪽으로는 대파산大巴山이 마주 보고 있어 마치 조조의 위군과 유비의 촉군이 맞서고 있는 전장을 방불케 했다. 양평관은 면현 시내에서도 서쪽 외곽의 한적한 곳에 위치해 기차역에서 내려 택시를 타고 이동해야 했다. 택시 기사는 비가 이렇게 많이 오는 날에 왜 그런 곳을 가냐고 물었고, 나는 망설임 없이 "꼭 가봐야 하는 곳입니다."라고 대답했다. 내심 걱정스럽기도 했다. 장대비가 쏟아져 유적지에 들어갈 수 없을지도 몰랐기 때문이다.

다행히 목적지에 도착했다. 양평관으로 가는 길 곳곳에서 '무

위 **양평관 성벽**
아래 양평관 안쪽 마을. 한중전투에 참여한 장군들도 이 길을 밟았을 것이다.

후武侯'라는 글자를 어렵지 않게 발견할 수 있었다. 무후중학武侯中學, 무후상점武侯商店, 무후민숙武侯民宿 등의 이름은 제갈량의 작위인 무향후武鄉侯와 시호인 충무후忠武侯에서 '武'와 '侯'를 따온 것이다. 후세 사람들이 그를 존경하는 뜻을 담아 부르는 명칭이었다. 또한 면현은 제갈량이 생전에 머물렀던 곳이었고, 제갈량을 기리는 사당 중 가장 먼저 세워졌다는 면현무후사勉縣武侯祠와 제갈량의 무덤인 무후묘武侯墓도 남아 있는 곳이다.

양평관에 도착하자 상상으로만 그리던 웅장한 성벽이 눈앞에 모습을 드러냈다. 남북으로 길게 이어진 성벽은 서쪽에 정문을 냈고, 마치 "뚫을 수 있다면 뚫어보라."라고 말하는 듯 묵직한 위용을 품고 있었다. 하지만 이곳의 진정한 방어력은 성벽이 아니라 자연 지형에 있었다.

양평관의 남쪽에는 서쪽에서 동쪽으로 한수가 흐르고, 정문에는 북쪽에서 흐르는 진수浸水가 해자 역할을 하며 한수와 합류해 천연의 방어막을 이루고 있었다. 남북 양쪽으로는 험준한 산세가 양평관을 감싸 방어선을 만들어주는 형태였다. 건안 20년(215년), 조조가 장로를 정벌할 당시 "장로군이 산을 둘러싸고 10여 리나 성을 쌓았다."라는 기록이 실감 나는 순간이었다. 특히 양평관 정면에는 험준한 산이 가로막고 있어 양평관에 접근하는 것조차 쉽지 않았다.

실제로 조조는 양평관에 도착했을 당시 이 지형에 크게 감탄했다고 한다.《삼국지·위서》의 배송지주에는 동소가 올린 〈위명신주魏名臣奏〉에 다음과 같은 기록이 있다.

> 조조는 양주종사涼州從事와 무도에서 투항한 사람들의 말을 들

고 믿었다. 장로는 공격하기 쉽고, 양평성 밑의 남산과 북산은 서로 멀리 떨어져 있어 방어하기 어렵다고 했는데, 조조는 이 말을 믿었다. 하지만 막상 그곳에 도착하여 지형을 직접 살펴보니, 들었던 것과 전혀 달라 조조는 탄식하며 말했다. "다른 사람이 헤아린 것이 내 생각과 같은 경우가 드물구나."

—《삼국지·위서》〈장로전〉 배송지주 중

실제로 조조는 양평관을 함락시키면서 고전을 면치 못했다. 지금은 진수의 물길도 말랐고 전장의 흔적은 대부분 사라졌다. 하지만 나는 폭우의 격류를 맞으며 옛 전장의 기운을 온전히 느낄 수 있었다.

이후 유비는 본격적으로 한중 진격에 나섰고, 하후연, 장합, 서황이 수비 중이던 양평관을 집중적으로 공격했으나 지형적 열세 탓에 끝내 돌파하지 못했다. 그리하여 약 1년간의 긴 대치전이 이어지게 되었다. 양평관은 관문이자 성문일 뿐 아니라, 위와 촉의 운명이 정면으로 충돌했던 전장의 중심이었다.

4

황충과 하후연이 대치한 정군산전투

역전의 서막이 열리다

건안 23년(218) 7월, 한중을 떠났던 조조가 다시 유비를 정벌하기 위해 군을 일으키자, 양평관을 함락시키지 못한 채 오랜 대치에 지쳐 있던 유비는 초조해질 수밖에 없었다. 그는 성도에 남아 후방을 담당하던 군사장군軍事將軍 제갈량에게 긴급히 서신을 보내, 병력과 군수물자를 증원할 것을 요청했다. 군사장군이란 전방에서 지휘하지 않고 후방에서 세금 징수, 군량 조달 등 군수행정을 총괄하는 직책으로, 유비가 1년 가까이 위군과 대치할 수 있었던 배경에는 제갈량의 든든한 후방 지원이 있었다. 법정이 전방에서 전략을 조율하는 참모였다면, 제갈량은 전쟁의 지속 가능성을 뒷받침하는 실질적 동력이었던 셈이다.

그해 9월, 조조가 장안에 도착했으나 얼마 지나지 않아 남양 출신의 후음侯音[67]이 완현에서 반란을 일으켰다. 뜻밖의 변고에 조조는 행군을 멈추고 장안에 주둔하며 한중과 완현의 상황을 주시할 수밖에 없었고, 유비는 이 기회를 놓치지 않았다. 유비는 양평관의 고착된 전세를 뒤집고자 군을 이끌고 남쪽으로 진군했다. 정군산定軍山전투의 막이 오른 것이다.

비가 쏟아지던 정군산

양평관에 서서 동남쪽으로 8킬로미터 정도 떨어져 있는 정군산을 바라보니 산맥이 병풍처럼 둘러서 있어 정군산은 쉽게 얼굴을 드러내지 않았다. 고개를 조금 숙이니 산 아래를 잔잔히 흐르는 한수가 보였다. 《삼국지·촉서》〈선주전〉에 따르면, "유비는 양평관에서 남쪽으로 내려와 면수[68]를 건넜고, 산을 따라 점차 앞으로 나아가다가 마침내 정군산에 진영을 구축했다."라고 했다. 다시 고개를 들어 산맥을 바라보면서 한수를 건너 산을 따라 조심스럽게 진군했을 유비군의 모습을 상상했다. 그들의 진군은 수차례 험준한 산을 넘어야 하는 고된 길이었다. 거듭된 산악 행군 끝에 유비는 마침내 정군산에 이르러 군영을 설치했고, 이는

정군산 입구

양평관에서의 불리한 전세를 역전시키는 전환점이 되었다.

더욱 거세진 빗줄기를 가르며 다시 택시를 타고 정군산으로 향했다. 이번 택시 기사도 고개를 갸우뚱하며 "이런 날씨에 왜 산에 가나요? 산이 꽤 높을 텐데."라고 물었고, 나는 또다시 "오늘 꼭 가야 하는 곳입니다."라고 답했다.

정군산은 열두 개의 산봉우리가 늘어서 있어서 십이연주산이라고도 불린다. 해발 고도가 833미터로 그다지 높지 않았고, 정비가 잘되어 있어 올라가는 길이 어렵지 않았다. 실제로 마주한 정군산은 놀라움 그 자체였다. 정군산을 중심으로 양쪽 산줄기가 앞으로 나와 있는 반면, 정군산은 안으로 깊숙이 들어간 지형이었다. 마치 안쪽이 움푹 파인 천연의 요새와 같았다. 특히 좌우의 산봉우리들이 길게 뻗어 산 전체가 하나의 긴 능선처럼 이

'신병천강'이라 새겨진 조형물

유비의 군영을 재현한 듯한 막사

어졌다. 이런 지형 덕분에 외부에서 접근하거나 공격하기가 쉽지 않았고, 유비가 정군산에 군영을 설치하자 하후연이 병력을 이끌고 정군산 쟁탈전을 벌였음에도 쉽게 점령할 수 없었다.

정군산 입구에 도착하자 마치 유비군의 군영을 재현한 듯한 구조물이 나를 맞아주었다. 나무를 깎아 만든 듯한 단단한 문 그리고 빗소리와 섞여 들려오는 듯한 옛 전장의 함성은 지금 막 전투가 벌어지고 있는 것 같은 착각을 불러일으켰다.

긴장된 마음으로 발걸음을 옮기자, '신병천강神兵天降'이라 새겨진 거대한 조형물이 눈에 들어왔다. 조형물 주위에는 말을 타고 적을 향해 돌진하는 촉나라 장수들의 동상이 세워져 있었고, 활시위를 당기고 있는 마지막 장수는 바로 황충이었다. 노장 황충은 정군산전투에서 하후연을 베며 전세를 결정지은 인물이다. 하후연을 쓰러뜨린 황충의 활약상을 재현한 듯, 그의 표정과 기세에는 거침이 없었다.

산을 중간쯤 오르자 실제로 유비의 군영을 재현한 공간이 나타났다. 입구 좌우에는 적의 접근을 감시하기 위한 높은 망루가 우뚝 솟아 있었고, 그 안쪽에는 유비가 법정, 장비, 황충 등과 함께 하후연을 격파할 작전을 논의했을 것만 같은 군막들이 설치되어 있었다. 물론 지금은 텅 비어 있었지만, 당시의 모습을 상상하기에는 충분했다.

정상에 오르니 시야가 확 트이며 양평관과 그 너머 한중평원이 한눈에 들어왔다. 유비군이 얼마나 유리한 고지를 점했던가

위 정군산에서 바라본 양평관
아래 정군산 정상을 나타내는 비석

를 새삼 실감할 수 있었다. 말 그대로 '신의 한 수'였다. 정상에 오른 기쁨도 잠시, 수많은 생명이 사그라든 전장에 서 있다고 생각하니 갑자기 기분이 으스스해졌다. 이상한 기분을 느끼며 목을 잠시 축인 뒤 빠르게 하산했다.

유비는 암석도 많고 산세가 험한 이곳에 서서 하후연의 군영을 굽어보았으리라. 고지를 빼앗긴 하후연은 장합에게 동쪽 방어를 맡기고 직접 정군산으로 진군했지만, 험준한 산세에 가로막혀 끝내 정상을 오르지 못하고 그저 산 아래에서 깊은 한숨을 내쉬었을 것이다. 어찌 보면 유비는 조조로부터 도망을 다니는 신세였지만, 한중전투에서는 군주로서의 카리스마를 아낌없이 보여주었다.

하후연의 실패

본격적으로 정군산전투가 시작되면서 하후연은 녹각鹿角(말뚝을 촘촘히 세운 방어 시설)을 설치해 유비군이 한중평원으로 내려오지 못하도록 방어 태세를 갖추었다. 그 모습을 지켜본 유비는 먼저 동쪽에 주둔 중인 장합을 공격했다. 장합이 위기에 처하자 하후연은 즉시 병력을 나누어 구원에 나섰고, 유비는 그 틈을 노려 하후연이 설치한 녹각을 불태워 무너뜨렸다.

급보를 들은 하후연이 경무장한 병사들을 이끌고 현장을 살피러 나온 그 순간, 고지에서 모든 상황을 지켜보고 있던 법정이 기회를 놓치지 않고 말했다. "지금이 공격할 시기입니다." 그의 한마디는 전세를 뒤흔드는 전환점이 되었다. 그 뒤 정군산 아래에서 벌어진 치열한 전투 상황은 다음과 같이 묘사되어 있다.

> 한중 정군산에서 하후연을 공격했다. 하후연의 병력은 정예군이었지만 황충이 적의 기세를 뚫고 앞장서서 병사들을 격려하자 종과 북이 하늘을 진동시켰으며 환호성에 계곡이 움직일 정도였다. 한 번의 싸움으로 하후연의 목을 베니 하후연의 군대가 대패했다.
>
> —《삼국지·촉서》〈황충전〉 중

전투에서 목숨을 잃은 하후연은 일개 장수가 아니었다. 조조 휘하의 수많은 장군 중에서도 용맹으로 이름을 떨쳤으며, 수차례 공을 세우며 군신軍神과 같은 위상을 떨쳤다. 그러나 하후연이 승승장구하던 시절에 조조는 다음과 같은 조언을 남긴 바 있었다.

"대장이 된 자는 무릇 두려워하고 나약할 순간이 있어야 하며, 오직 용기만 믿어서는 안 되오. 대장은 마땅히 용기를 근본으로 삼아야 하지만, 행동으로 옮길 때는 지혜와 계책을 사용해야 하오. 단지 용기에만 의지한다면 일개 필부의 적수에 불과

정군산 아래에 있는 벽화. 하후연을 베는 황충의 모습

할 뿐이오."

―《삼국지·위서》〈하후연전〉중

하후연은 정서장군이라는 지위에서 한중 전역을 지휘하던 총사령관이었다. 그런 그가 최전방으로 직접 출동해 녹각의 손상 여부를 확인하고자 한 것은 장군으로서 책임감의 발로였으나, 결과적으로는 조조가 경계하던 용기만 앞선 리더십의 전형이었다. 최전선에서 일개 장수처럼 행동하다 전사한 그의 죽음은, 조조가 말했던 "대장은 마땅히 용기를 근본으로 삼아야 하지만, 행동으로 옮길 때는 지혜와 계책을 사용해야 하오."라는 가르침과 거리가 먼 행동이었다.

하후연의 전사 소식을 접한 조조는 더 이상 장안에 머물 수 없었다. 마침 조인이 완현에서 일어난 후음의 반란을 진압했기에 조조는 곧장 군을 이끌고 한중으로 향했다. 적벽대전 이후 오랜 대치를 이어오던 유비와 조조, 두 영웅은 다시금 한중의 산세 아래에서 격돌하게 되었다.

이 거대한 전장의 긴장감은 점점 고조되었고, 그 누구도 이 싸움의 결말을 쉽게 예측할 수 없었다. 이제 운명의 저울추는 한중의 하늘 아래에서 조용히 흔들리고 있었다.

5

유비가 삼국의 문을 연 그 자리

한중을 장악한 유비

조조 휘하에는 배잠裵潛이란 인물이 있었다. 그는 형주에서 유표를 섬겼고, 유비가 유표에게 몸을 의탁하고 있던 시절에 가까이에서 유비를 지켜본 적이 있었다. 조조가 배잠을 등용한 뒤, 그에게 다음과 같은 질문을 던졌다.

"그대는 이전에 유비와 함께 형주에 있었소. 유비의 지략이 어떠하다고 생각하오?" 배잠이 말했다. "그가 중원에 있으면 사람들을 소란스럽게 할 수는 있지만 중원을 다스릴 수는 없을 것입니다. 하지만 기회를 잡아 요충지를 지킨다면, 한 지역의 군주 정도는 충분히 될 수 있습니다."

— 《삼국지·위서》〈배잠전裴潛傳〉 중

유비가 넓은 땅을 다스릴 만한 정치적 기량을 가지고 있지는 않지만, 유리한 거점을 확보할 경우 결코 가벼이 볼 수 없는 세력의 수장으로 부상할 수 있음을 꿰뚫어본 통찰이었다. 실제로 유비는 익주를 차지한 뒤 한중으로 진격하면서 조조의 세력을 위협하는 존재로 성장해 있었다. 조조는 분명 한중으로 향하며 주먹을 불끈 쥐었겠지만, 마음 깊은 곳에서는 끊임없이 자신에게 도전해 오는 유비라는 인물에 대한 존경심과 긴장감이라는 상반된 감정을 떨칠 수 없었을 것이다.

정군산전투에서 대승을 거둔 직후, 유비는 조조가 직접 군을 이끌고 한중으로 온다는 소식을 듣게 되었다. 유비는 더 이상 조조를 두려워하지 않았으며 오히려 결연한 의지를 드러냈다.

"조조가 지금 진격해 온다고 해도 어쩔 수 없다. 나는 반드시 한천漢川(한중)을 지킬 것이다."

— 《삼국지·촉서》〈선주전〉 중

유비에게 조조는 넘을 수 없는 벽과 같았다. 한동안 유비는 조조와 마주칠 때마다 도망치는 신세를 면치 못했다. 그랬던 유비가 이제는 익주라는 지역에 확고한 근거지를 마련하고, 오히려 조조를 긴장 속으로 몰아넣으며 위협하는 존재로 성장하게 된 것이다. 유비와 조조, 이 대조적인 인물들이 서로 다른 배경과 개성 속에서 입체적으로 변화하고 성장하는 여정을 지켜보는 것이 《삼국지》에 깊이 빠져들게 되는 중요한 매력 중 하나일 것이다.

마침내 조조가 한중에 도착하자, 유비는 병력을 집결시켜 견고한 진지에 의지하며 조조군과 대치 상태에 들어갔다. 조조가 장로를 굴복시키고 한중을 차지한 후, 이곳 백성들을 북방으로 이주시켜 버렸기 때문에 현지에서의 군량 확보는 사실상 불가능했다. 모든 물자는 장안에서 진령산맥을 넘어와야 했고, 이를 간파한 유비는 군량 차단에 집중했다.

조조군이 군량을 북산 아래로 운반하자 유비는 황충을 출전시켜 그 길을 노리게 했다. 그러나 시간이 지나도록 황충이 돌아오지 않았고, 유비는 조운에게 기병을 이끌고 출전하라 명했다. 조운은 위군과 맞서 싸우며 후퇴했고, 위군이 추격해 오자 공영계空營計[69]로 조조군을 크게 무찔렀다. 이튿날 아침, 유비는 조운의 진영을 찾아 살펴보고는 "자룡은 한 몸 전체가 담력이로구나!"라며 감탄했다고 한다. 이후에도 유비는 조조와의 직접적인 충돌을 피하고 대치 전략을 펼쳤다. 한동안 조조군은 유비군을 무너뜨리지 못했다. 서황이 양평관을 지키고 있던 유비 측 장수 고상高翔을 격파하는 등 성과를 내기는 했으나, 전세를 뒤집을 만큼의 결정타는 아니었다.

건안 24년(219) 5월, 조조군은 점점 지쳐가기 시작했다. 진령 산맥을 넘는 장거리 원정도 무리였지만, 날씨가 점점 더워지고 있었고, 군량 보급 등의 문제까지 겹쳤기 때문이었다. 이로 인해 탈영병도 하나둘 나타나기 시작했다. 반면, 유비군은 성도에 주둔 중인 제갈량으로부터 안정적으로 군량을 보급받아 조조군을 상대로 지구전을 펼칠 수 있었다. 관도대전에서 원소군의 군량을 기습해 대승을 거두었던 조조는 군량 보급의 중요성을 뼈저리게 알고 있었다. 전투 양상이 관도대전과 유사하게 흘러가자, 이미 한중을 계륵으로 만들어버린 상황에서 조조는 더 이상 한중을 고집할 이유도, 버텨낼 힘도 잃고 있었다.

결국 패색을 읽은 조조는 군을 이끌고 장안으로 철수했다. 유비는 한중전투에서 위군을 물리치고 마침내 이 전략적 요충지를 완전히 장악했다. 유비에게 있어 한중은 단순한 승리의 땅이 아니었다. 이곳은 과거 유방이 한왕漢王으로 즉위해 천하를 도모했던 성지이기도 했기 때문이다. 유비는 조조를 몰아낸 한중에서 새로운 각오를 다졌다.

그해 7월, 유비는 제갈량과 촉군 장수들의 추대를 받아 한중왕漢中王의 자리에 올랐다. 면양沔陽에 단장을 설치하고, 헌제에게 올리는 상표문上表文을 낭독한 후 유비는 한중의 군주로 거듭났다. 이제 유비는 단순한 유랑 장수가 아니라, 천하의 한 축을 담당하는 정통 군주로서 역사에 뚜렷한 발자취를 남기기 시작한 것이다.

유비의 왕좌가 놓인 곳으로

비가 오는 정군산에서 내려와 한중을 차지한 유비가 한중왕으로 즉위한 장소로 이동했다. 지금은 유비칭한중왕설단처劉備稱漢中王設壇處 또는 유비설단유적劉備設壇遺跡으로 알려져 있으며, 정군산에서 동북쪽으로 약 10킬로미터 떨어진 면양진勉陽鎭 구주포촌舊州鋪村에 위치한다.

지도를 따라 외진 시골길을 한참 달렸지만, 도착한 장소는 기대와는 달리 폐쇄되어 있었다. 유비가 왕좌에 오른 바로 그 장소를 눈앞에 두고도 직접 볼 수 없다는 사실은 커다란 아쉬움을 남겼다. 허망함을 삼키며 발길을 돌리려던 그때, 차량 한 대가 멈춰 서며 한 남자가 내렸다. 그는 아무 말 없이 붉은 대문의 자물쇠에 열쇠를 꽂아 돌렸다. 굳게 닫혀 있던 대문이 무거운 소리를 내며 활짝 열렸다. 나는 때를 놓치지 않고 조심스럽게 "안으로 들어가서 봐도 되나요?"라고 물었다. 그는 잠시 의심스러운 눈빛을 보였지만, 이내 "그럼요."라고 짧게 대답했다.

내가 한국에서 왔다고 하자 그제야 미소를 짓고는 환영이라도 하듯 다시 한번 "들어가세요."라고 말했다. 알고 보니 이 유적지는 평소에는 출입이 제한된 미개방 구역으로, 사전에 신청을 해야만 들어갈 수 있다고 했다. 나는 우연히도 중국의 《삼국지》 유적 기행자인 사호射虎와 같은 시간대에 방문하게 되어, 문화재 관리국의 안내를 받아 내부 관람을 할 수 있었다. 다시 생각해도

높은 벽으로 둘러싸인 유비설단유적

유비설단유적의 비석

정말 천운이었다. 자신을 보기 위해 머나먼 길을 돌아온 한 기행자를 위한 한중왕의 배려였을까.

안으로 들어서니 '설단設壇'이라는 이름에서 기대했던 장엄한 제단은 보이지 않았고, 비석 하나만이 자리를 지키고 있었다. 가까이 다가가 보니 '유비초위한중왕설단처劉備初爲漢中王設壇處'라는 글씨가 새겨져 있었다. '유비가 한중왕으로 즉위하며 제단을 세운 곳'이라는 의미다. 한 시대의 개막을 당당히 증언하는 듯한 비석 앞에서 잠시 발걸음을 멈추고 바라보았다. 허창의 수선대처럼 제단이 남아 있었다면 그 위에 올라 유비가 한중왕으로 즉위하던 순간을 상상해 볼 수 있었겠지만, 이곳은 담백한 정적 속에서 그 상상을 마음속에서 되새겨야 했다.

조조는 위왕에 책립되며 후한 황실의 권위를 넘어섰고, 손권은 강동을 실질적으로 지배하며 독립적인 세력을 굳혔다. 유비 역시 한중에서 왕의 자리에 오르며 천하삼분지계를 향한 정당한 주자로 자리매김하게 되었다. 유비의 한중왕 즉위는 삼국시대의 본격적인 개막을 알리는 사건이었다. 비록 화려한 전각도, 장엄한 제단도 없었지만, 한 시대의 막이 오르던 순간을 기억하는 장소라는 사실만으로 이 유적은 경건한 감동을 전해주었다.

장수와 군사, 백성까지 휩쓸었던 시대의 격랑은 이제 한 갈피를 접고, 새로운 길로 나아갈 준비를 하고 있었다.

양양이의 기행 루트

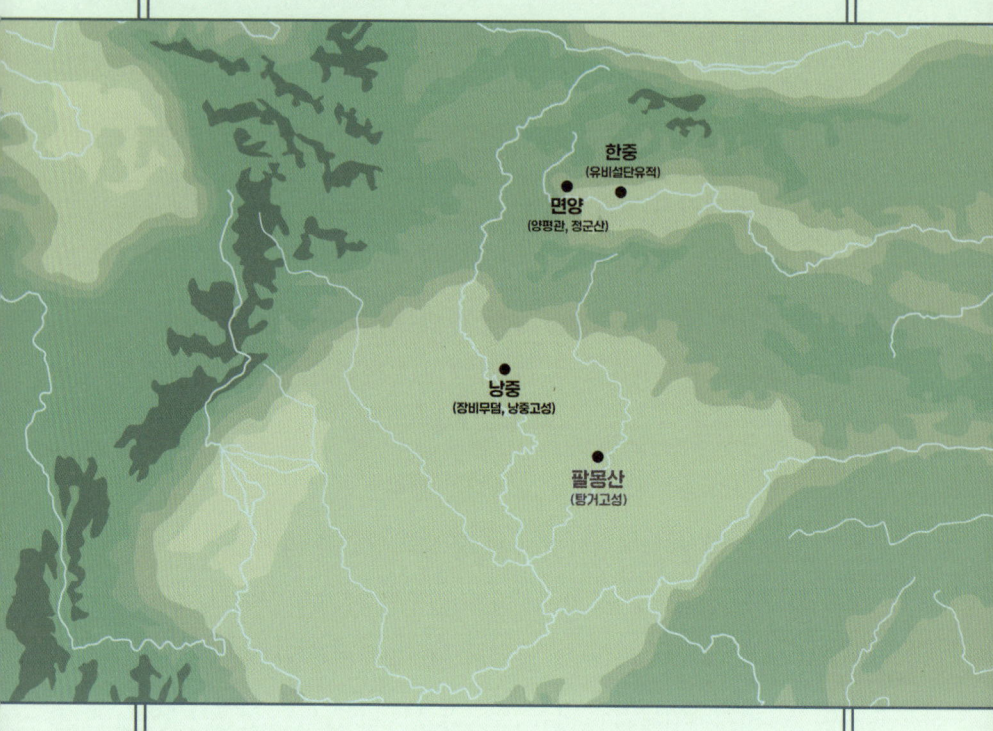

- **팔몽산** 장비가 장합과 맞서 싸웠던 무대. 탕거전투의 현장
- **낭중** 장비가 통치했던 도시. 장비무덤과 낭중고성이 자리함
- **면양** 유비가 한중을 두고 조조와 대치하던 군사적 요충지인 양평관, 유비군이 하후연을 꺾고 전세를 뒤집은 정군산전투의 현장. 험준한 산세에서 위군의 진격을 막아낸 장소
- **한중** 유비가 한중왕으로 즉위한 역사적 장소. 삼국시대 정립의 신호탄을 울린 상징적인 지역

나가며

"상상 속 무대가 아닌
치열했던 100년의 현장으로"

'기행장군 양양이' 유튜브 채널은 어느덧 구독자가 5.5만 명을 넘어섰다. 그동안 약 80곳을 기행하고, 총 120개의 영상을 제작했다. 이 모든 여정은 《삼국지》를 사랑해 주는 분들 그리고 영상을 꾸준히 시청해 주는 시청자 여러분 덕분에 가능했다.

사실 많은 분의 응원이 없었다면 나는 유튜브도, 이 책도 중도에 포기했을지 모른다. 삼국시대의 지명과 오늘날의 행정구역은 많은 차이가 있어 찾아가는 데에 어려움이 있었고, 길이 정리되지 않은 마을이 많아 이동하는 것도 쉽지 않았기 때문이다. 무엇보다 구독자 여러분에게 정확한 정보를 전달하기 위해 수차례 문헌을 찾고 지리적 대조까지 마친 뒤에 기행하는 것을 원칙으로 삼아서 생각보다 품이 많이 들었다.

많은 분이 '방구석에서 편하게《삼국지》현장을 볼 수 있어서 감동이다', '실제 전장을 보니 가슴이 웅장해진다'라고 이야기해 주신다. 이런 구독자 여러분의 따뜻한 응원과 지원 덕분에 쉽지 않은 길임에도 힘을 받아 즐거운 '덕질'을 하고 있다. 언제나 댓글로 따뜻한 응원을 보내주신 구독자 여러분께 진심으로 감사의 인사를 전한다. 또한 여러 차례 원고 지연에도 불구하고 끝까지 방향을 잡아준 오수영 편집자님께도 감사드린다.

단순한 흥미로 시작한 기행이지만《삼국지》무대를 걷다 보면 그 이상의 궁금증이 든다. 그 시절 영웅들은 치열했던 전쟁을 겪으면서 어떤 감정을 품었을까? 난관을 극복하고 마침내 원하던 지역을 평정했을 때는 기분이 어땠을까? 계책이 실패해서 필사적으로 후퇴할 땐 어떤 마음이었을까? 적에게 사로잡혀 죽음을 앞두었을 땐 과연 무엇을 떠올렸을까?

현장을 거닐며 나는 수없이 그들의 마음을 상상해 본다. 승자의 환희, 패자의 절망, 끝내 돌아오지 못한 이들의 쓸쓸한 뒷모습까지, 그 모든 감정이 시대를 지나온 돌무더기 앞에서 천천히 그러나 찬란하게 되살아난다.

《삼국지》를 따라 걷는 이 기행은 단지 옛 역사의 흔적을 좇는 여정이 아니다. 오히려 그 속에서 현재를 살아가는 삶을 마주하는 일이다. 그들의 흔적을 밟으며 나는 스스로에게 많은 질문을 던진다. 유튜브 구독자분들 그리고 이 책을 읽는 독자분들에게도 그런 시간이 되었으면 더할 나위 없겠다.

　《삼국지》 무대와 영웅들은 역사 속으로 사라졌지만, 인간의 욕망과 열정은 여전히 현재진행형이다. 그래서 나는 오늘도 다시 걷는다. 과거의 시간을 딛고 지금 여기를 살아내기 위해.

주석

1. 열세 개의 주로 나누었다. 사주(사예교위부), 유주, 기주, 병주, 연주, 예주, 서주, 형주, 청주, 양주(揚州), 양주(凉州), 익주, 교주를 말하며, 각 주에는 감찰을 담당하는 자사 한 명이 파견되었다. 주는 자사들이 업무의 편의를 위해 지역을 나눈 감찰 행정구역으로 부(部)라고도 불렀다.
2. 국은 국상을, 군은 태수를 임명해 그 지역을 다스리게 했다. 조조는 한때 제남국의 상, 유비는 평원국의 상을 맡았다.
3. 위나라는 후한에 이어 낙양을 도읍으로 삼았으며, 초를 선조들의 본국으로, 허창을 한나라의 근거지로, 장안을 서경의 유적으로, 업성을 왕조 대업의 기틀로 삼아 다섯 도시를 오도라 정했다.
4. 관도에서 벌어진 대규모 전투. 조조와 원소 간의 패권을 결정지은 중국 후한 말 최대 규모의 전투 중 하나다.
5. 배송지(372~451년)는 남북조시대 송나라 사람으로 송문제(宋文帝) 유의륭(劉義隆)은 진수의 《삼국지》가 지나치게 간결하다고 판단해 배송지에게 다양한 문헌을 조사해 누락된 자료를 보충하라고 명령했다. 이에 배송지는 방대한 사료를 수집해 《삼국지주》를 완성했으며, 오늘날 '배송지주'로 알려져 있다.
6. 연주에는 진류군, 동군, 동평국, 임성국, 태산군, 제북국, 산양군, 제음군이 속했으며, 그중 진류는 서쪽 가장자리에 있다.

7   위진시대 사료로, 인물 행적과 가문 기록 등을 전한 책

8   한나라 말, 혼란기에 황건적 이후 등장한 유민 도적 무리 중 하나로, 하북·하남 일대에서 활동한 산적·군벌 집단

9   비정 지역을 봉토로 가진 후작이라는 뜻. 조조의 할아버지 조등은 비정후로 봉해졌으며, 그의 양자 조숭과 손자 조조 모두 비정후의 작위를 계승했다. 비정은 현재 중국 하남성 상구시(商丘市) 영성시(永城市) 신교향(新橋鄕) 일대에 해당한다.

10 동승도 헌제를 보필해 낙양까지 온 인물이었으나 한섬과 사이가 좋지 않았다. 낙양 입성 후, 한섬이 제멋대로 행동하며 정사를 어지럽히자, 동승은 비밀리에 조조와 연락을 취해 그가 낙양에 입성할 수 있도록 도왔다.

11 한섬은 황건적의 잔당인 백파적의 두목으로, 헌제의 낙양 귀환 여부를 두고 장수들 간에 의견이 엇갈리자 반대하던 동승을 공격했다. 또한 자신의 공을 과시하며 제멋대로 권력을 행사했고, 이러한 독단적인 행동은 동승이 조조가 낙양으로 들어오도록 돕는 데 결정적인 계기가 되었다. 장양은 동탁이 그를 건의장군과 하내태수로 임명했을 뿐, 뚜렷한 죄목은 기록에서 확인할 수 없다.

12 조조가 후한의 도읍지로 허현을 선택하면서 허도라 부르게 되었다. 이 책에서는 조조가 도읍을 정하기 전에는 허현으로 썼고 도읍이 된 후부터는 허도라는 표현을 사용했다. 또한 조비가 위나라를 세우면서 도읍을 낙양으로 정했고, 그때부터 허도는 도읍이 아니기 때문에 허창으로 부르게 되었다.

13 전쟁이나 재해로 인해 농사가 중단된 지역이나, 유휴지를 대상으로 국가 또는 군대가 직접 농사를 짓게 하는 제도. 삼국시대 조조가 시행한 둔전은 전쟁으로 흩어진 백성들을 모아 국유지에서 농사를 짓게 하고, 그 수확물로 군량과 군수물자를 자급자족하도록 만든 정책이었다.

14 오늘날의 하남성 허창시다.

15 둔전을 담당하는 관직으로 전농도위의 관청이 있었다는 뜻이다.

16 《수경주》의 영수, 이수, 유수에서 허창과 관련된 부분만 발췌했다.

17 주나라 초기에 주공(周公)은 낙읍(훗날 낙양의 전신)을 두고 "이곳은 천하의 중심이며, 사방에서 공물을 바치는 길이 고르게 통한다."라고 말하며, 도시를 세

우고 성주라 불렀다.

18 《후한서》〈동명팔왕열전(東明八王列傳)〉에 따르면, "중평 원년(184년), 황건적이 침입하자 하비왕 유의는 나라를 버리고 도망쳤다. 난이 평정된 후 돌아왔으나 얼마 지나지 않아 사망했다. 뒤를 이은 아들 애왕 유의도 몇 개월 만에 세상을 떠났고, 후사가 없어 건안 11년(206년)에 하비국은 군(郡)으로 변경되었다."라고 했다.

19 판자 틀에 흙을 넣고 다져 쌓아 만든 전통 건축 기술로, 주로 성벽, 궁전, 성곽 등에 사용됐다.

20 하비성과 별도로 하비성 서남쪽에 작은 성이 하나 더 있다. 《비주지》에 나온 대성, 중성, 소성 총 세 겹이 하나의 성이고, 그와 별도로 하비성 서남쪽에 석숭이 지은 아주 작은 성이 하나 더 있었다. 즉, 서로 다른 소성이 두 개 있는 것이다.

21 본초(本初)는 원소의 자다.

22 허유의 자는 자유(子遠)로 남양 출신이다. 본래 원소의 참모로 관도대전에 참전했으나, 가족이 범죄로 체포되는 일이 발생하자 이를 계기로 원소를 배반하고 조조에게 투항했다. 원소군의 군량 보급지인 오소 기습을 제안해 조조군이 관도대전에서 승리를 거두는 데 결정적인 역할을 했다.

23 배송지는 조조군이 《삼국지·유서》〈무제기〉에 기록된 1만 명보다 훨씬 많았을 것이라 보며, 수천 명으로는 수십 리에 걸쳐 둔영을 설치한 원소군 10여만 명과 대치하는 것이 이치에 맞지 않다고 지적했다.

24 위문후(?~기원전 396년)는 전국시대 위나라의 초대 군주로, 인재를 적극 등용하고, 사회 개혁과 농업 발전을 추진해 위나라 패권의 기반을 다졌다.

25 서문표는 전국시대 위나라의 정치가로 업의 악행을 끊어내고 수리 사업을 통해 농업을 발전시켜 업을 부유하고 강력한 거점으로 만들었으나, 위무후 시절 모함을 받아 억울하게 죽음을 맞이했다.

26 '형'이란 산맥이 중간에 끊어진 것을 말하며, 북쪽에서부터 군도형, 비호형, 포음형, 정형, 부구형, 백형, 태행형, 지관형이 태행산 8형에 해당한다.

27 삼군 오환이란 요서의 답돈(踏頓), 소복연(蘇僕延), 우북평(右北平), 오연(烏延)

을 말한다.

28 조위(曹魏), 후조(後趙), 염위(冉魏), 전연(前燕), 동위(東魏), 북제(北齊)까지 여섯 왕조가 업성을 도성으로 삼았다.

29 팔왕의 난은 서진 말기(약 291~306년)에 벌어진 왕족 8인의 권력 쟁탈전을 가리키는 말로, 중앙 정부의 혼란을 야기하고 중국 북부에 본격적인 혼란기와 이민족 침입 시대(오호십육국시대)를 불러온 사건

30 '건안시대의 일곱 문인'이라는 뜻으로, 대표적으로 공융, 왕찬(王粲), 진임(陳琳), 서간(徐幹), 응참(應瑒), 유정(劉楨), 완우(阮瑀)를 지칭

31 육기(261~303년)의 자는 사형(士衡)으로 오군 오현 사람이다. 그의 조부는 오나라의 승상 육손이고, 아버지는 대사마 육항이다. 육기는 원강 8년(298년) 저작랑의 신분으로 비각에서 조조의 유언을 보고 오랫동안 마음이 아파 〈조위무제문〉를 지었다고 서문에서 밝히고 있다.

32 자는 자중(子仲)이며, 동해군 구현 사람이다. 그는 집안이 대대로 부유했다고 전해지며, 도겸이 그를 초빙해 별가종사(別駕從事)로 임명했다. 도겸이 사망한 후 유비를 섬겼으며, 이후 익주까지 유비를 따랐고 중신으로 활약했다.

33 한무제는 원삭 2년에 추은령을 반포해, 제후왕이 사망한 후 적장자만 왕위를 계승할 수 있도록 했고, 나머지 왕자들은 왕국의 토지를 나누어 열후로 봉하도록 했다.

34 한나라 시절, 천자가 종묘에서 제사를 지낼 때, 제후와 열후들은 세 번 걸러낸 술과 함께 황금을 바쳤는데, 이를 '주금'이라 했다. 한무제는 남월(南越)을 정벌하려 했는데, 열후들이 참여하지 않자 이를 빌미로 106명의 열후 작위를 박탈했으며, 육성후 유정도 그중 한 명이었다.

35 독우는 태수의 명을 받아 현과 향의 감찰을 담당하는 한나라 때 관직이었다.

36 특정 정규 부대에 소속되지 않은 부대를 임시로 지휘하는 직책으로, 그 병력의 규모는 상황에 따라 유동적으로 편성되었다.

37 이 전투는 일명 계교전투로 알려져 있다. 원소가 승리하면서 공손찬의 남하를 저지하는 한편, 기주에서의 지배력을 더욱 공고히 다지는 계기가 되었다.

38 《삼국지·위서》〈여포전〉, 배송지주에 인용된 〈영웅기〉에 등장하는 인물로, 허

담은 단양 사람으로 조표가 장비에게 살해되자 여포에게 항복해 그를 맞아들였다고 기록되어 있다.

39 《삼국지·오서》〈유요전〉에 따르면, 도겸은 착융에게 광릉과 팽성의 물자를 나르는 일을 감독하게 했다.

40 별가종사란, 자사 또는 주목을 보좌하는 관직이다.

41 본래 형주의 치소는 무릉군(武陵郡)의 한수(漢壽)였으나, 유표가 형주자사로 부임한 후 양양으로 옮겼다.

42 장수는 동탁의 부장 장제(張濟)의 조카로, 조조가 장제의 미망인을 받아들이자 분노해 조조를 기습했다. 완현에서 벌어진 이 전투에서 조조의 장남 조앙(曹昂)과 조카 조안민(曹安民), 호위무사 전위(典韋)가 전사했다. 조조는 해마다 장수를 공격했으나 그를 격파시키지 못했다.

43 주호는 후한 말기, 황건적을 토벌하며 명성을 떨친 장군 주준의 아들이다.《후한서》〈주준열전〉에 따르면, 그는 재능과 행실을 갖추었다고 한다.

44 《수경주》에 따르면, "면수는 다시 동쪽으로 흘러 융중을 지나며, 공명의 옛 거처 북쪽을 지난다."고 기록되어 있다.

45 번성은 현재의 호북성 양양시 북쪽 한수 건너편에 위치한 군사적 거점이었다.

46 몽충은 기동성이 높은 공격용 함선으로 선체가 좁고 길어서 뛰어난 기동성을 바탕으로 주로 적선을 돌격하는 데 사용되었다.

47 무릉(武陵)태수 김선(金旋), 장사(長沙)태수 한현(韓玄), 계양(桂陽)태수 조범(趙範), 영릉(零陵)태수 유도(劉度)가 모두 유비에게 항복했다.

48 오두미도(五斗米道)라고도 하며, 신도가 도를 전수받을 때 쌀 다섯 말을 바쳤기 때문에 미적이라 불리기도 했다.

49 독의사마는 유언이 익주에 들어온 이후 독자적으로 설치한 관직으로, 한중을 공격하기 위해 장로에게 임명한 임시직이다.

50 《삼국지·촉서》〈방통전〉의 배송지주에 인용된 〈구주춘추(九州春秋)〉의 내용을 참고했으며, 본문에서는 내용을 간략하게 정리했다.

51 서좌란 하급 관리직으로, 문서 작성과 기록 업무를 보조하는 역할을 맡았다.

52 건녕군은 본래 익주군으로, 건흥 3년(225년) 승상 제갈량이 남중을 평정한 뒤

이회가 태수가 되었고, 치소는 미현(昧縣)에 두었다.

53 오늘날의 가릉강 상류에 해당하며,《수경주》에 따르면 "낭수는 낭양현(閬陽縣)에서 발원하여 동쪽으로 흘러 낭중현의 남쪽을 지나고, 다시 동쪽으로 흘러 한수와 합류한다."라고 한다.

54 파동은 오늘날의 중경시(重慶市) 동북쪽에 있는 봉절현(奉節縣)에 해당하며, 익주와 형주의 경계에 자리한 지역이다. 백제성(白帝城)이 있던 곳으로, 훗날 영안(永安)으로 이름을 바꾸었다.

55 본래 익주자사부의 치소는 낙현(雒縣)이었으나, 유언이 익주목으로 임명된 후 면죽을 치소로 삼았다가 훗날 다시 성도로 옮겼다.

56 둘레는 약 5미터, 높이는 약 17미터에 해당한다. 하지만 성벽의 높이는 다소 믿기 어렵고, 기록에 오류가 있을 가능성이 있다.

57 전한의 도성 장안성에는 총 열두 개의 성문이 있었다.

58 후한의 연호인 건안은 본래 26년이 존재하지 않는다. 이 해는 촉나라의 장무(章武) 원년이자 위나라 황초 2년에 해당하지만, 유비가 아직 즉위하기 전이기 때문에 연호를 건안으로 칭한 것이다.

59 창업계에는 관우, 장비, 조운, 미축 등이 있었으며, 형주계에는 제갈량, 방통, 황충, 위연, 마량, 곽준 등이 속한다. 익주계로는 동화, 황권, 팽양, 이회 등이 있고, 동주계는 이엄, 허정, 법정, 맹달 등이 포함된다.

60 정서장군 외에 정동장군, 정남장군, 정북장군이 있었으며, 이들을 통칭해 사정장군(四征將軍)이라 했다. 본래 후한시대에는 잡호장군(雜號將軍)에 불과했으나, 조조가 군사 체계를 새롭게 개편하면서 황초 연간에는 그 지위가 삼공 바로 아래에 해당하는 고위 무관직으로 격상되었다.

61 상수를 경계로 동쪽의 장사군(長沙郡), 강하군, 계양군(桂陽郡)은 손권에게 서쪽의 남군, 영릉군(零陵郡), 무릉군은 유비에게 속하게 했다.

62 익주목 유장은 본래 파군을 영녕군(永寧郡), 고릉군(固陵郡) 두 개의 군으로 나누었다가, 다시 영녕군을 파군으로, 고릉군을 파동군(巴東郡)으로 개칭하고, 별도로 파서군을 설치하였다. 삼파란 파, 파동, 파서 세 군을 말한다.

63 《삼국지》의 저자 진수는 장료, 악진, 우금, 장합, 서황을 하나의 열전을 묶었으

며, 조조가 군사적 업적을 세우던 시기에 이 다섯 장수가 가장 뛰어났다고 평가했다. 후세 사람들은 이들을 일컬어 오자양장이라 불렀다.

64 1980년대에 들어 거현 북쪽 약 30킬로미터 지점에서 탕거고성 유적지가 발견되었으나, 사료에 따르면 장합은 성을 지키며 장비와 전투를 벌인 것은 아니었다. 탕거고성은 성패유적(城壩遺址)으로도 불린다.

65 장비가 세상을 떠난 뒤, 제갈량이 사예교위직을 이어받았다.

66 고산의 구체적인 위치는 분명하지 않으나, 오늘날 감숙성(甘肅省) 농남시(隴南市) 성현(成縣) 일대로 추정된다.

67 후음은 남양군 완현의 수장으로, 남양군이 과도한 부역에 시달리자 위개(衛開) 등과 함께 반란을 일으켰다.

68 《수경주》에 따르면 면수는 무도 저현(沮縣) 동쪽의 낭곡(狼谷)에서 발원해, 한중에 이르면 한수로 불리며 서로 통칭되었다고 한다.

69 일부러 진영 정문을 열어놓고 숨죽이듯 조용히 있으면서 적군이 복병을 의심하게 만드는 계책이다. 위나라 군사들이 의심하며 후퇴하자, 조운은 기습을 감행해 그들을 격파시켰다.

참고문헌

도서

박한제 저,《중국 도성 건설과 입지》, 서울대학교출판문화원(2019)
반고 저, 이한우 역,《완역 한서: 표(表)》, 21세기북스(2020)
반고 저, 이한우 역,《완역 한서: 지(志) 2》, 21세기북스(2020)
반고 저, 이한우 역,《완역 한서: 열전(列傳) 2》, 21세기북스(2020)
범엽 저, 장은수 역,《후한서 본기》, 새물결(2014)
범엽 저, 진기환 역,《원문 역주 후한서1》, 명문당(2018)
범엽 저, 진기환 역,《원문 역주 후한서6》, 명문당(2018)
범엽 저, 진기환 역,《원문 역주 후한서8》, 명문당(2018)
범엽 저, 진기환 역,《원문 역주 후한서9》, 명문당(2018)
사마천 저, 김원중 역,《사기열전 2》, 민음사(2015)
사마광 저, 권중달 역,《자치통감 5》, 삼화(2007)
사마광 저, 권중달 역,《자치통감 6》, 삼화(2007)
사마광 저, 권중달 역,《자치통감 7》, 삼화(2007)
사마광 저, 권중달 역,《자치통감 8》, 삼화(2007)
사마광 저, 권중달 역,《자치통감 9》, 삼화(2007)
사마광 저, 권중달 역,《자치통감 10》, 삼화(2019)

상거 저, 이은상 외 역,《화양국지(상)》, 세창출판사(2023)
소명태자 저, 김영문 외 역,《문선역주1》, 소명출판(2010)
소명태자 저, 김영문 외 역,《문선역주2》, 소명출판(2010)
소명태자 저, 김영문 외 역,《문선역주7》, 소명출판(2010)
소명태자 저, 김영문 외 역,《문선역주9》, 소명출판(2010)
소명태자 저, 김영문 외 역,《문선역주10》, 소명출판(2010)
양관 저, 최재영 역,《중국 고대 도성제도사(상)》, 세창출판사(2019)
역도원 저, 조경래 역,《원서발췌 수경주》, 지식을만드는지식(2024)
여사면 저, 정병윤 역,《삼국지를 읽다》, 유유(2012)
진수 저, 김원중 역,《정사 삼국지: 오서》, 휴머니스트(2018)
진수 저, 김원중 역,《정사 삼국지: 위서1》, 휴머니스트(2018)
진수 저, 김원중 역,《정사 삼국지: 위서2》, 휴머니스트(2018)
진수 저, 김원중 역,《정사 삼국지: 촉서》, 휴머니스트(2018)
최진열 저,《역사 삼국지》, 미지북스(2022)
司馬遷 撰, 許嘉璐, 安平秋 編,《二十四史全譯·史記》, 同心出版社(2012)
班固 撰, 許嘉璐, 安平秋 編,《二十四史全譯·漢書》, 同心出版社(2012)
范曄, 司馬彪 撰, 許嘉璐, 安平秋 編,《二十四史全譯·後漢書》, 同心出版社(2012)
陳壽 撰, 許嘉璐, 安平秋 編,《二十四史全譯·三國志》, 同心出版社(2012)
房玄齡 等 撰, 許嘉璐, 安平秋 編,《二十四史全譯·晉書》, 同心出版社(2012)
沈約 撰, 許嘉璐, 安平秋 編,《二十四史全譯·宋書》, 同心出版社(2012)
陳壽 撰, 楊耀坤, 揭克倫 校注,《今注本二十四史·三國志》, 中國社會科學出版社(2020)
房玄齡 等 撰, 梁滿倉 校注,《今注本二十四史·晉書》, 中國社會科學出版社(2020)
沈約 撰, 朱紹侯 校注,《今注本二十四史·宋書》, 中國社會科學出版社(2020)
陳壽 撰, 盧弼 集解,《三國志集解》, 上海古籍出版社(2009)
酈道元 撰, 陳橋驛 等譯,《水經注全譯(上下)》, 貴州人民出版社(2015)
李吉甫 撰,《元和郡縣圖志》, 中華書局(1983)
袁宏 撰,《袁宏後漢紀集校》, 雲南大學出版社(2008)
陸翽 撰,《鄴中記·晉紀輯本》, 商務印書館(1937)
譚其驤 等 撰,《中國歷史地圖集》, 中國地圖出版社(1982)
四川省文史研究館 撰,《成都城坊古蹟考》, 成都時代出版社(2006)

袁燦興 撰,《疫病年代：東漢至魏晉時期的瘟疫, 戰爭與社會》, 嶽麓書社(2023)

梁允麟 撰,《三國地理志》, 廣東人民出版社(2004)

史念海 撰,《中國的運河》, 山東人民出版社(2022)

呂宗力 撰,《中國歷代官制大辭典(修訂版)》, 商務印書館(2015)

張紹勳 修,《許昌縣志》, 寶蘭齋出版(1924)

丁觀堂 修, 陳夔 纂,《邳州志》, 清嘉慶十七年刻本(1812)

歐陽詢 撰,《藝文類聚》, 唐武德七年(624)

祝穆 撰,《方輿勝覽》, 南宋

王象之 撰,《輿地紀勝》, 南宋中期

연구서 및 논문

曹磊,《曹操屠泗南三縣辨析》, 內蒙古大學歷史與旅遊文化學院(2014)

曹磊,《曹操屠徐州若干問題辨析》, 內蒙古大學(2014)

陳代光,《曹操開鑿運河及其影響》, 中原地理研究(1982)

陳衛東, 周科華,《宕渠與賨城—渠縣城壩遺址的考古發現與研究》, 四川省文物考古研究院(2021)

陳有忠,《許昌城址考》, 中原文物(1985)

陳忠海,《劉備：從"地攤少年"到蜀漢開國皇帝》, 瞭望智庫(2020)

方北辰,《銅雀三台與曹魏政治》, 四川大學歷史文化學院(2010)

方詩銘,《"梟雄"劉備的起家與"爭盟淮隅"》, 史林(1994)

符友豐,《曹操兵敗赤壁原因何在》, 北京中醫學院(2004)

高二旺,《諸葛亮躬耕地論考》, 南陽師範學院漢文化研究中心(2011)

賈慶申,《漢魏許昌官景福殿基址考辯》, 許昌學院學報(1993)

胡寧,《〈張飛立馬銘〉真偽考辨》, 中國歷史文物(2008)

黃盛璋,《曹操主持開鑿的運河及其貢獻》, 中國科學院地理研究所(1982)

黃永年,《鄴城和三台》, 陝西師範大學古籍整理研究所(1995)

黃子瑞,《諸葛亮躬耕地辨考述評》, 南陽地委統戰部(1991)

黃涓,《張飛傳說與閬中旅遊》, 西華師範大學歷史文化學院(2009)

姬長飛,馬永強,《睢寧古邳與下邳故城》,睢寧縣博物館 南京博物院考古所(2018)

李金彝,《秦漢(三國)時期的成都》,成都大學學報(1990)

李國華,《曹操兵敗赤壁的主要原因不是血吸蟲病》,鄭鐵教育學院(1999)

劉長榮,何興明,《試論曹魏制勝之道—交通水利建設》,西南民族學院學報(1996)

劉紅玉,《再論諸葛亮躬耕在南陽》,南陽市博物館(2011)

劉慶柱,《從曹魏都城建設與北方運河開鑿看曹操的歷史功績》,中國社會科學院考古研究所(2011)

馬寶記,《曹魏時期許昌政治地位的變遷》,許昌學院學報(2009)

孟明漢,《兩漢時期南陽郡與南郡分界辨析》,河南師範大學歷史文化學院(2015)

潘民中,《曹操在統一北方戰爭中修鑿的四條運河》,許昌學院學報(1982)

龐博,《從長安到許都—漢獻帝朝廷的政治架構,決策過程與歷史命運》,北京大學歷史學系(2020)

薛瑞澤,《曹操對鄴城的經營》,河南科技大學人文學院(2012)

邢馨元,《〈吊魏武帝文〉中陸機的英雄情結與價值判斷》,西北師範大學文學院(2017)

沈祖祥,《曹操移民初探》,復旦學報(1988)

施丁,《論赤壁之戰的幾個問題》,史學月刊(1981)

孫紅昺,《研究醫學史必須實事求是地對待史料—對〈曹操兵敗赤壁與血吸蟲關係之探討〉的商榷》,中山醫學院(1981)

孫紹華,《〈三國志〉和陳壽的史識》,史學史研究(1997)

田冰,《古代鄴城的行政建制與城市興衰》,河南省社會科學院歷史與考古研究所(2013)

王成功,《諸葛亮躬耕地,三顧處與草廬對辨考》,河南南陽市委黨校(1995)

王建中,李兆鈞,《襄陽,南陽諸葛亮在何處躬耕?》,人民論壇(1998)

王前程,《劉備三次入川路線略考》,三峽大學文學與傳媒學院(2019)

王遂川,王子今,《建安二十年米倉道戰事》,中國人民大學國學院 四川大學產業經濟研究所(2013)

王育民,《南北大運河始於曹魏論》,上海師範大學學報(1986)

楊鵬程,明勇軍,彭丹,《建國前湖南洞庭湖區血吸蟲病流行情況》,湖南科技大學歷史系(2010)

易立,《蜀漢宮城位置及相關問題初探》,成都文物考古研究所(2016)

於天宇,《從"空漢中"政策看曹操蜀道戰略的重構》,中國社會科學院古代史研究所(2024)

張保同,《古鄧國, 鄧縣的地望與諸葛亮躬耕地》, 南陽師範學院歷史文化學院(2011)

張博,《論曹魏鄴城部分功能區佈局的地理因素》, 陝西師範大學西北歷史環境與經濟社會發展研究院(2017)

張功,《徐州爭奪與劉備集團之崛起》, 首都師大歷史系(2002)

張平一,《古都鄴城略述》, 河北學刊(1983)

張修桂,《赤壁古戰場歷史地理研究》, 復旦大學中國歷史地理研究所(2004)

張宇辰, 李劍鋒,《論陸機〈吊魏武帝文〉中的曹操形象》, 山東大學文學院(2022)

張子宇, 趙陽陽, 王號輝,《曹魏時期鄴北城與漳河關係淺析》, 西安郵電大學計算機學院(2015)

趙伯陽,《赤壁之戰曹軍敗因新說》, 中共江蘇省委血吸蟲地方病防治領導小組辦公室(1988)

趙伯陽,《血吸蟲病猖獗是曹軍在赤壁之戰中慘敗的主因》, 江蘇社聯通訊(1988)

鄭先興,《南陽與襄陽:諸葛亮躬耕地論爭問題述論》, 南陽師範學院漢文化研究中心(2011)

朱玲玲,《曹魏鄴城及其歷史地位》, 中國古都研究(1988)

周振剛,《諸葛亮"躬耕於南陽"解析》, 中共襄陽市委黨校(2022)

石小生,《從漢晉行政區劃看諸葛亮躬耕地》, 尋根(2010)

申雷,《三國曹劉漢中之戰研究》, 成都武侯祠博物館(2020)

楊德炳,《官渡之戰新探》, 武漢大學中國三至九世紀研究所(2011)

沈祖祥,《官渡之戰是以少勝多的戰役嗎—曹操官渡之戰兵力考》, 復旦大學歷史系(1991)

潘逸,《三國時期經典戰役研究之一:官渡之戰》, 長江職業學院湖北技能型人才培養研究中心(2014)

吳國聯,《從官渡之戰看曹操與袁紹的用人之道》, 大連教育學院成人教育教師教育中心(2012)

朱紹侯,《官渡之戰與赤壁之戰雙方勝敗原因試探》, 河南大學歷史文化學院(2015)

朱紹侯,《赤壁之戰曹軍是大敗不是小敗—與何德章同志商榷》, 河南大學歷史文化學院(2017)

朱子彥, 邊銳,《從夏口之戰略地位論曹操赤壁戰敗的原因》, 上海大學歷史學系(2007)

楊偉立,《劉備成功之道述論》, 河北學刊(1990)

張曉連, 唐淑珍,《劉備建國道路述論》, 重慶師院學報(1999)

王永平,《論袁紹》, 揚州師院學報(1995)

張功,《徐州爭奪與劉備集團之崛起》, 首都師大歷史系(2002)

방구석 삼국지 기행(위나라, 촉나라 편)

초판 발행 · 2025년 9월 12일

지은이 · 기행장군 양양이(박창훈)
발행인 · 이종원
발행처 · (주)도서출판 길벗
브랜드 · 더퀘스트
출판사 등록일 · 1990년 12월 24일
주소 · 서울시 마포구 월드컵로 10길 56 (서교동)
대표전화 · 02) 332-0931 | **팩스** · 02) 323-0586
홈페이지 · www.gilbut.co.kr | **이메일** · gilbut@gilbut.co.kr

기획 및 책임편집 · 오수영(cookie@gilbut.co.kr), 유예진, 송은경
제작 · 이준호, 손일순, 이진혁 | **마케팅** · 정경원, 정지연, 이지원, 이지현 | **유통혁신** · 한준희
영업관리 · 김명자 | **독자지원** · 윤정아

교정 · 김민영 | **디자인** · studio forb | **일러스트** · 이은설 | **CTP 출력 및 인쇄** · 금강 | **제본** · 신정

- 더퀘스트는 (주)도서출판 길벗의 인문교양·비즈니스 단행본 브랜드입니다.
- 이 책은 저작권법의 보호를 받는 저작물로 이 책에 실린 모든 내용, 디자인, 이미지, 편집 구성은
  허락 없이 복제하거나 다른 매체에 옮겨 실을 수 없습니다.
- 인공지능(AI) 기술 또는 시스템을 훈련하기 위해 이 책의 전체 내용은 물론 일부 문장도 사용하는 것을 금지합니다.
- 잘못 만든 책은 구입한 서점에서 바꿔 드립니다.

© 박창훈, 2025

ISBN 979-11-407-1559-6(03910)
(길벗 도서번호 090262)

정가 24,300원

독자의 1초까지 아껴주는 정성 길벗출판사
(주)도서출판 길벗 | IT단행본, 성인어학, 교과서, 수험서, 경제경영, 교양, 자녀교육, 취미실용 www.gilbut.co.kr
길벗스쿨 | 국어학습, 수학학습, 주니어어학, 어린이단행본, 학습단행본 www.gilbutschool.co.kr

인스타그램 · thequest_book | 페이스북 · thequestzigi | 네이버포스트 · thequestbook